Symposion Insolvenz- und Arbeitsrecht 2019

Professor Dr. Christian Heinrich (Hrsg.)

Krise als Chance?!

Neues zur Restrukturierung, Sanierung und Insolvenz von Unternehmen

SYMPOSION
Insolvenz- und Arbeitsrecht

Nomos

Onlineversion
Nomos eLibrary

Die Deutsche Nationalbibliothek verzeichnet diese Publikation in der Deutschen Nationalbibliografie; detaillierte bibliografische Daten sind im Internet über http://dnb.d-nb.de abrufbar.

ISBN 978-3-8487-6736-6 (Print)

ISBN 978-3-7489-0808-1 (ePDF)

1. Auflage 2020

Vorwort

Während die Zahl der Unternehmensinsolvenzen im Jahr 2019 weiterhin noch rückläufig ist, deuten die Konjunkturprognosen eine Trendwende an. Für 2019 wird mit rund 19.400 Unternehmensinsolvenzen gerechnet. Das ist die niedrigste Zahl der letzten 26 Jahre; seit dem Höchststand im Jahr 2003 mit 39.470 Firmeninsolvenzen hat sich die Menge der betroffenen Unternehmen halbiert.

Die Wirtschaftsdaten sprechen für zunehmende Krisenszenarien. In etlichen Branchen sind die Auftragseingänge erheblich gefallen und auch der Arbeitsmarkt verliert an Schwung. Die allmählich einsetzende Stagnation wird sich zeitlich verzögert 2020/2021 in der Insolvenzstatistik widerspiegeln. Die aktuelle Insolvenzquote von 61 Firmenpleiten je 10.000 Unternehmen wird steigen. Dabei ist das Insolvenzrisiko in Berlin mit 95 Unternehmen und Nordrhein-Westfalen mit 89 Unternehmen am höchsten.

Bei beiden wissenschaftlichen Symposien in Ingolstadt und am Tegernsee kamen rund 420 Vertreter aus Wirtschaft und Politik sowie aus Anwaltschaft, Justiz und Wissenschaft zusammen, um aktuelle Fragen der Restrukturierung, Sanierung und Insolvenz von Unternehmen zu erörtern.

Den Referenten danke ich besonders sowohl für die zeitraubende und mühevolle Aufarbeitung der verschiedenen Themen als auch für die zahlreichen praxisrelevanten Vorträge und hilfreichen Gestaltungsvorschläge. Die engagierten Beiträge der Teilnehmer haben interessante Facetten der komplexen Fragestellungen deutlich gemacht, weiterführende Hinweise ermöglicht und auf die Weise den Dialog zwischen Wissenschaft und Praxis vertieft. Vielen Dank!

Herzlicher Dank gebührt Frau Dr. Uta Karen Klawitter, der Leiterin der Rechtsabteilung der AUDI AG, ohne deren freundliches Engagement die Veranstaltung nicht durchführbar gewesen wäre. Zu danken habe ich überdies Herrn Rechtsanwalt Jan Gerrit Kehbel von KPMG Rechtsanwaltsgesellschaft für das herausragende Entgegenkommen bei der wissenschaftlichen Organisation.

Frau Rechtsreferendarin Cathrin Hug und Frau Birgit Schirmer ist für wissenschaftliche Hinweise sowie für redaktionelle Arbeiten an diesem Sammelband zu danken. Ferner möchte ich dem Nomos Verlag für die hervorragende Betreuung und die unkomplizierte Drucklegung danken.

Ingolstadt, im Oktober 2019 Christian Heinrich

Inhaltsverzeichnis

Update Arbeitsrecht

Professor Dr. Martina Benecke, Universität Augsburg

I. Einführung

Ein „Update Arbeitsrecht" erfordert zwangsläufig eine Auswahl. Zeitlich geht es hier um die Jahre 2018 und 2019. Inhaltlich war mehr Raum für Subjektivität. So widmen sich die folgenden Ausführungen vor allem aktuellen Entscheidungen des BAG und europäischer Gerichte; die Literatur wird insoweit mit einbezogen, als vor allem solche Judikate ausgewählt wurden, die intensiv diskutiert wurden. In der Auswahl finden sich aber auch Entscheidungen, die vielleicht nicht hinreichend genug Beachtung fanden und solche, die neben ihrer juristischen Relevanz auch einen gewissen Unterhaltungswert aufwiesen. Große Schwerpunkte gab es dabei anders als in vergangenen Jahren nicht, wohl aber einige kleinere und durchaus bemerkenswerte.

II. Individualarbeitsrecht

Das Individualarbeitsrecht kann auch im Hinblick auf die aktuelle Rechtsprechung traditionsgemäß in Fragen seiner Begründung, seines Bestandes und seiner Beendigung eingeteilt werden. Daneben soll auch das Arbeitsinsolvenzrecht Aufmerksamkeit erfahren.

1. Begründung des Arbeitsverhältnisses

Seit es das AGG gibt, wirft es gerade bei Begründung des Arbeitsverhältnisses immer wieder Fragen auf. Viel diskutiert wurde die Entscheidung des BVerfG zur Vorbeschäftigung bei sachgrundloser Befristung und ihre Umsetzung durch das BAG. Weiter bildeten Ausschlussklauseln einen Schwerpunkt der Rechtsprechung.

a) Einstellung und Diskriminierung

aa) Diskriminierung wegen der Religion

Bis in die Tagespresse hinein Aufsehen erregt haben die Entscheidungen des EuGH in den Sachen Egenberger[1] und „Chefarzt“[2], die 2018/19 vom BAG umgesetzt wurden. Es ging um die Frage, ob das Selbstbestimmungsrecht der Kirchen Benachteiligungen wegen der Religion bei Personalentscheidungen rechtfertigen kann.[3] Der EuGH zog hier dem Selbstbestimmungsrecht wesentlich engere Grenzen als es die deutsche Rechtsprechung zuvor getan hatte.

Das BAG folgte dem EuGH dahingehend, dass die Regelung des § 9 Abs. 1 Alt. 1 AGG, wonach eine unterschiedliche Behandlung wegen der Religion durch das Selbstbestimmungsrecht der Kirchen gerechtfertigt sein kann, „mit den unionsrechtlichen Vorgaben der Richtlinie 2000/78/EG nicht vereinbar“ ist und daher unangewendet bleiben muss.[4] Möglich bleibt aber eine Rechtfertigung der Ungleichbehandlung nach § 9 Abs. 1 Alt. 2 AGG, also nach dem Kriterium der wesentlichen, rechtmäßigen und gerechtfertigten beruflichen Anforderung.

Da eine entsprechende Differenzierung nach „verkündigungsnahen“ und „verkündigungsfernen“ Tätigkeiten[5] bereits heute herrschender europarechtskonformer Auslegung entspricht, wird sich daher vermutlich in der Praxis weniger ändern als vermutet. Im Übrigen ist anzumerken, dass die verfassungsrechtliche Rechtslage unklar bleibt, da das BVerfG noch 2014 zum selben Chefarzt wie EuGH und BAG das Selbstbestimmungsrecht der Kirche hervorgehoben hatte.[6]

1 EuGH, 17.4.2018 – C-414/16, NZA 2018, 569.

2 EuGH 11.9.2018 – C-68/17, NZA 2018, 1187.

3 Zu den Einzelheiten der Sachverhalte und der Entscheidungen des EuGH *Reichold/Beer,* NZA 2018, 681; *Thüsing/Mathy*, BB 2018, 2805.

4 BAG 25.10.2018, 8 AZR 501/14 (Egenberger), NZA 2019, 455, 460; BAG 20.2.2019 – 2 AZR 746/14, NZA 2019, 901 (Chefarzt). Ebenso BAG 25.10.2018 - 8 AZR 562/16, NZA 2019, 527 – dazu unten!

5 Dazu BeckOGK/*Benecke*, 1.6.2019, AGG § 9 Rn. 33 ff.

6 BVerfG 22.10.2014 – 2 BvR 661/12, NZA 2014, 1387, 1389 ff.; kritisch auch *Joussen,* EuZA 2018, 421; anders *Junker,* NJW 2018, 1850. Die Diakonie hat im Fall Egenberger Verfassungsbeschwerde eingereicht; https://www.lto.de/recht/hintergruende/h/kirchhof-kritik-eugh-bundesverfassungsgericht-kirche-arbeitsrecht/.

bb) Diskriminierung und Rechtsmissbrauch

Im Zusammenhang mit AGG ist sein Missbrauch durch sog. „AGG-Hopping“ ein zentrales Problem und bereits seit Erlass des Gesetzes diskutiert. Hier gab es eine bemerkenswerte neue Tendenz in der Rechtsprechung, die ebenfalls zu einem Fall der – angeblichen – Diskriminierung wegen der Religion erging. Der spätere Kläger – ein aus anderen Fällen einschlägig bekannter Münchener Rechtsanwalt – bewarb sich auf eine Stelle einer Institution der evangelischen Kirche und wies in seinem Bewerbungsschreiben darauf hin, er sei aus finanziellen Gründen aus der Kirche ausgetreten, fühle sich ihren Werten aber weiter verbunden.[7]

Zur Lösung des Falles sei daran erinnert, dass das BAG bis ca. 2015 auf der Suche nach Indizien für Rechtsmissbrauch vor allem das Verhalten im Bewerbungsverfahren betrachtete.[8] In den folgenden Jahren wurde der Rechtsmissbrauchsbegriff allerdings wieder eingeschränkt; so solle er nur dann gegeben sein, wenn die festgestellten Tatsachen den Schluss auf ein „systematisches und zielgerichtetes Vorgehen“ zulassen, „das auf der Annahme beruht, bei wirtschaftlicher Betrachtungsweise werde letztlich ein auskömmlicher ‚Gewinn‘ verbleiben“.[9] Die Mühe bei der Erstellung des Bewerbungsschreibens dürfe nicht berücksichtigt werden.[10] Kaum ein Jahr später blieb die Frage eines „Gewinns“ dahingestellt, entscheidend sei nur noch der Inhalt des Bewerbungsschreibens, in dem der Kläger „es geradezu auf eine Absage des Beklagten angelegt, mithin eine Absage provoziert hat.“[11] Auf einem rechtspolitisch wie praktisch wichtigem Gebiet herrscht nun erhebliche Rechtsunsicherheit.

b) Vertragsgestaltung

aa) Befristung

Im Bereich Befristung erging ebenfalls eine Entscheidung zum Rechtsmissbrauch; so kann die Befristung des Arbeitsvertrags mit einer Vertre-

7 BAG 25.10.2018 – 8 AZR 562/16, NZA 2019, 527; Inhalt des Bewerbungsschreibens vereinfach zusammengefasst.

8 Dazu *Benecke,* EuZA 2017, 47; *dies.,* EuZA 2018, 403.

9 BAG 19.5.2016 – 8 AZR 470/14, NZA 2016, 1394, 1400; BAG 11.8.2016 – 8 AZR 4/15, NZA 2017, 310, 316.

10 BAG 26.1.2017 – 8 AZR 848/13, BeckRS 2017, 112923.

11 BAG 25.10.2018 – 8 AZR 562/16, Rn. 55, NZA 2019, 527, 534.

tungskraft nicht auf den Sachgrund der Vertretung gestützt werden, wenn mit der abwesenden Stammkraft ein (Abruf-)Arbeitsverhältnis nach § 12 Abs. 1 TzBfG begründet wird, das dem Arbeitgeber die Möglichkeit eröffnet, aufgrund seines Direktionsrechts die Stammkraft gleichzeitig mit der Vertretungskraft zur Arbeitsleistung heranzuziehen.[12]

Ebenfalls hilfreich sind die in den Leitsätzen gut zusammengefassten Aussagen einer weiteren Entscheidung zur auflösenden Bedingung:[13] Danach endet ein auflösend bedingter Arbeitsvertrag nach §§ 21, 15 Abs. 2 TzBfG frühestens zwei Wochen nach Zugang der schriftlichen Unterrichtung des Arbeitnehmers durch den Arbeitgeber über den Eintritt der Bedingung; die Klagefrist der §§ 21, 17 S. 1 TzBfG kann grundsätzlich auch durch die Erhebung einer Kündigungsschutzklage gewahrt werden, wenn die auflösende Bedingung bis zum Kündigungstermin wirksam werden soll und das Formerfordernis des § 15 Abs. 2 TzBfG durch die Einhaltung der Textform nach § 126b BGB gewahrt wird.

Anfang 2019 erhielt eine lange, viel diskutierte Episode der Rechtsgeschichte eine Fortsetzung: das Vorbeschäftigungsverbot nach § 14 Abs. 2 S. 2 TzBfG und die Frage nach seinen Ausnahmen. 2011 hatte das BAG mit vernünftigem Ergebnis, aber in fragwürdiger Rechtsfindung über drei Jahre zurückliegende Vorbeschäftigungen von § 14 Abs. 2 S. 2 TzBfG ausgenommen.[14] 2018 hob das BVerfG dieses Urteil als unzulässige richterliche Rechtsfortbildung auf: Befristung bei Vorbeschäftigung sei danach nur zulässig, wenn entweder die Vorbeschäftigung lange zurückliegt oder der Charakter der Beschäftigung ein grundlegend anderer ist.[15]

Die Reaktion des BAG darauf ist möglicherweise übertrieben mit problematischen Folgen.[16] Der Anwendungsbereich des § 14 Abs. 2 S. 2 TzBfG sei im Wege verfassungskonformer Auslegung der Vorschrift einzuschränken; dazu genüge allein ein Zeitablauf von – immerhin! – acht Jahren seit dem Ende der Vorbeschäftigung nicht. Vertrauensschutz in die frühere Senatsrechtsprechung werde nicht gewährt.[17] Das führt dazu, dass die in diesem Vertrauen geschlossenen Arbeitsverträge unbefristet gelten. Zwar werden grundsätzlich betriebsbedingte Kündigungen möglich sein,

12 BAG 21.2.2018 – 7 AZR 765/16, NZA 2018, 858, 861.

13 BAG 20.6.2018 – 7 AZR 689/16, NZA 2019, 103; AP TzBfG § 21 Nr. 12 m. Anm. *Rolfs;* die Klarstellungen begrüßend auch *Schütt/Rothe,* DB 2018, 3130.

14 BAG 21.9.2011 – 7 AZR 375/10, BAGE 139, 213 = NZA 2012, 255; 6. 4. 2011 – 7 AZR 716/09, BAGE 137, 275 = NZA 2011, 905.

15 BVerfG 6.6.2018 – 1 BvL 7/14, NZA 2018, 774, 779.

16 Kritisch auch *Fuhlrott,* EWiR 2019, 313.

17 BAG 23.1.2019 – 7 AZR 733/16, NZA 700, 705.

die dann aber durch die Sozialauswahl möglicherweise ganz andere Beschäftigte treffen. Immerhin dürften Beschäftigungen im Rahmen der Ausbildung (studentische Hilfskraft, Werksstudent) einen „grundlegend anderen Charakter“ haben.

bb) Ausschlussfristen

Etliche Entscheidungen des BAG befassten sich mit dem praxisträchtigen Problem arbeitsvertraglicher Ausschlussfristen. Wegen ihrer schwerwiegenden Wirkung und der oft recht kurzen Fristen sind ihr Beginn und Ende oft umstritten. Das BAG stellte zweierlei klar. Fällig ist ein Anspruch regelmäßig erst dann im Sinne der Ausschlussfrist, wenn der Gläubiger ihn annähernd beziffern kann.[18] In dem auch im Übrigen zu Schadensersatz und Arbeitnehmerhaftung interessanten Urteil spielten Ansprüche gegen einen Kunden eine Rolle, zu deren Bezifferung Übersetzungen aus dem Italienischen abgewartet werden mussten.

Das Ende der Ausschlussfrist hängt entscheidend von der Frage ihrer Hemmung ab. Nach einem Urteil des BAG ist eine arbeitsvertragliche Ausschlussfristenregelung, welche verlangt, dass ein Anspruch aus dem Arbeitsverhältnis zur Vermeidung seines Verfalls innerhalb einer bestimmten Frist gerichtlich geltend gemacht werden muss, in entsprechender Anwendung des § 203 S. 1 BGB gehemmt, solange die Parteien vorgerichtliche Vergleichsverhandlungen führen.[19]

Mit Einführung des MiLoG stellte sich die Frage, ob die Unabdingbarkeit des Mindestlohns nach § 3 MiLoG Ausschlussfristen entgegensteht.[20] Entsprechend der überwiegenden Meinung in der Literatur bejahte das BAG – auf AGB-rechtlicher Grundlage – diese Frage. Nach einer Entscheidung des Neunten Senats verstößt eine vom Arbeitgeber vorformulierte arbeitsvertragliche Verfallklausel, die ohne jede Einschränkung alle beiderseitigen Ansprüche aus dem Arbeitsverhältnis und damit auch den ab dem 1. Januar 2015 von § 1 MiLoG garantierten Mindestlohn erfasst, gegen das Transparenzgebot des § 307 Abs. 1 S. 2 BGB und ist – jeden-

18 BAG 7.6.2018 – 8 AZR 96/17, NZA 2019. 44, 46.

19 BAG 20.6.2018 – 5 AZR 262/17, NZA 2018, 1402, 1403; dazu *Naber/Schulte*, NZA 2018, 1526.

20 Zur Diskussion ErfK/*Franzen*, 19. Aufl. 2019, MiLoG § 3 Rn. 2-3a m.w.N.

falls dann – insgesamt unwirksam, wenn der Arbeitsvertrag nach dem 31. Dezember 2014 geschlossen wurde.[21]

Bereits zuvor hatte der Fünfte Senat die Unwirksamkeit unmittelbar aus § 3 S. 1 MiLoG abgeleitet.[22] In der Entscheidung ging es um den Anspruch auf Entgeltfortzahlung im Krankheitsfall nach § 3 Abs. 1 EFZG, der trotz seiner Unabdingbarkeit (§ 12 EFZG) grundsätzlich einer tariflichen Ausschlussfrist unterworfen werden könne. Allerdings sei eine tarifliche Ausschlussfrist nach § 3 S. 1 MiLoG unwirksam, soweit sie auch den während Arbeitsunfähigkeit nach § 3 Abs. 1, § 4 Abs. 1 EFZG fortzuzahlenden gesetzlichen Mindestlohn erfasst.[23]

2. Bestehendes Arbeitsverhältnis

a) Arbeit und Arbeitszeit

aa) Vergütungspflichtige Arbeitszeit

Ein ebenfalls praxiswichtiges Problem ist die Vergütung von Umkleidezeiten.[24] Nach einer aktuellen Entscheidung sind jedenfalls Umkleidezeiten für das Tragen besonders auffälliger Schutzkleidung (der Entscheidungsfall spielt in der Chemiebranche) als Arbeitszeit grundsätzlich nach § 611a Abs. 2 BGB vergütungspflichtig, Ansprüche darauf können jedoch tarifvertraglich ausgeschlossen werden.[25]

Aufsehen erregt hat eine Entscheidung, wonach auch die für Hin- und Rückreise erforderlichen Zeiten wie Arbeit zu vergüten sein können, wenn der Arbeitgeber den Arbeitnehmer vorübergehend zur Arbeit ins Ausland entsendet.[26] Die Reisen zur auswärtigen Arbeitsstelle und von dort zurück erfolgten ausschließlich im Interesse des Arbeitgebers und seien deshalb in der Regel wie Arbeit zu vergüten.[27] Erforderlich ist dabei grundsätzlich die Reisezeit, die bei einem Flug in der Economy-Class anfällt.

21 BAG 18.9.2018 – 9 AZR 162/18, NZA 2018, 1619, 1621; zum auch „erzieherischen Zweck“ des Urteils *Wank*, EWiR 2019, 89.
22 Zu beiden Entscheidungen *Sura* SAE 2019, 35.
23 BAG 20.6.2018 – 5 AZR 377/17, NJW 2019, 3472, 3475.
24 Dazu grundlegend BAG 6.9.2017 – 5 AZR 382/16, NJW 2018, 1276.
25 BAG 25.4.2018 – 5 AZR 245/17, NZA 2018, 1077, 1079; zu den Praxisfolgen *Körlings*, AiB 2019, Nr. 2, 55.
26 BAG 17.10.2018 – 5 AZR 553/17, NZA 2019, 159.
27 Zur Grundlage der Vergütung ausführlich *Freyler*, BB 2019, 1397.

Zusammenfassend kann also festgestellt werden, dass für die Vergütung bei Einhalten von Nebenleistungspflichten jeweils die Fremdnützigkeit der Tätigkeit maßgeblich ist. Es ist aber eine anderweitige Regelung in Tarifvertrag oder Arbeitsvertrag möglich. Auch durch diese darf aber der Mindestlohn nach dem MiLoG nicht unterschritten werden.

bb) Umfang der Arbeitszeit

Aus Kompetenzgründen können Entscheidungen des EuGH nicht die Frage der Vergütung von Arbeitszeit betreffen, wohl aber die in der Arbeitszeitrichtlinie[28] festgelegte Höchstarbeitszeit. So wurde 2018 wenig überraschend zu einem Fall der deutschen Feuerwehr festgelegt, dass Bereitschaftsdienst auch dann Arbeitszeit sein kann, wenn diese Zeit zuhause verbracht wird.[29]

Viel diskutiert wird aber ein kürzlich ergangenes Urteil des EuGH zu einem spanischen Fall. Danach sind Arbeitgeber verpflichtet, ein – objektives, verlässliches und zugängliches – System einzurichten, mit dem die von einem jeden Arbeitnehmer geleistete tägliche Arbeitszeit gemessen werden kann.[30] Die bisher in Spanien wie in Deutschland vorgeschriebene Erfassung allein der Überstunden genügt danach nicht. Eine restriktive Auslegung der Arbeitszeitrichtlinie sei wegen Art. 31 Abs. 2 GR-Charta nicht möglich.

Die Entscheidung kann schon wegen der Prärogative, die der Gerichtshof den Mitgliedstaaten bezüglich des erforderlichen Systems einräumt, keine unmittelbare Drittwirkung entfalten; man darf also auf den deutschen Gesetzgeber warten. Wie erwähnt, hat die Arbeitszeitrichtlinie auch keine Entgeltfolgen. Allerdings können sich Betriebsräte nach dem Sinn und Zweck der Richtlinie und auf Grundlage von Art. 11 Abs. 3 RL 89/391/EWG (Gesundheitsschutz der Arbeitnehmer) schon jetzt für die Einführung von Zeiterfassungssystemen einsetzen. Fraglich ist, ob nach der aktuellen Rechtsprechung Vertrauensarbeitszeit weiter möglich sein

28 Richtlinie 2003/88/EG des Europäischen Parlaments und des Rates vom 4. November 2003 über bestimmte Aspekte der Arbeitszeitgestaltung.

29 EuGH 21.2.2018 – C-518/15 (Matzak), NZA 2018 293, 296; grundlegend EuGH 3.10.2000 – C-303/98 (Simap), NZA 2000, 1227. Weiterführend dazu *Freyler*, EuZA 2018, 463.

30 Auch zu Folgendem EuGH 14.5.2019 – C-55/18 (CCOO), NZA 2019, 683, 686; zu den Folgen *Ulber*, NZA 2019, 677.

wird. In der Literatur wird das bejaht;[31] das kann aber wegen der Umgehungsgefahr mit guten Gründen auch anders gesehen werden.

b) Urlaubsrecht

aa) Vererbung von Urlaubsansprüchen

Auch das Urlaubsrecht wurde maßgeblich vom Europarecht und der Rechtsprechung des EuGH beeinflusst. Wie beim AGG-Hopper kann auch bei der Frage der Vererblichkeit von Urlaubsansprüchen auf das Symposion 2017 verwiesen werden. Dort war von der ersten Reaktion des BAG auf die Entscheidung „Bollacke" des EuGH von 2014[32] berichtet worden, die von einer Vererblichkeit von Urlaubsansprüchen ausging. Das BAG war allerdings der Auffassung gewesen, dass das deutsche Erbrecht dem ausdrücklich entgegenstehe und dass der EuGH darüber nicht entschieden habe.[33]

2018 stellte der EuGH auf diese Anfrage hin fest, der durch Art. 7 Abs. 1 der Arbeitszeitrichtlinie RL 2003/88/EG gewährleistete Anspruch auf bezahlten Mindestjahresurlaub dürfe nicht mit dem Tod des Arbeitnehmers im laufenden Arbeitsverhältnis untergehen, ohne dass ein Anspruch auf finanzielle Vergütung für diesen Urlaub bestehe, der im Wege der Erbfolge auf den Rechtsnachfolger des Arbeitnehmers überzugehen habe.[34]

Das BAG setzte Anfang 2019 diese Rechtsprechung um, indem es einen Anspruch der Erben auf Abgeltung des von dem Erblasser nicht genommenen Urlaubs anerkannte. Der Abgeltungsanspruch des Erben nach § 7 Abs. 4 BUrlG sei richtlinienkonform dahingehend auszulegen, dass die Vergütungskomponente des Anspruchs auf den vor dem Tod nicht mehr genommenen Jahresurlaub als Bestandteil des Vermögens Teil der Erbmasse werde. Ausdrücklich beziehe sich das nicht nur auf den Anspruch auf bezahlten Erholungsurlaub nach §§ 1, 3 Abs. 1 BUrlG von 24

31 *Marquardt,* ArbRB 2019, 162, 163.

32 EuGH 12.6.2014 – C-118/13 (Bollacke), NZA 2014, 651.

33 BAG 18.10.2016 – 9 AZR 196/16, NZA 2017, 207 und BAG 13.12.2016 – 9 AZR 541/15 (A), NZA 2017, 271.

34 EuGH 6.11.2018 – C-569/16 und C-570/16 (Bauer und Willmeroth), NZA 2018, 1467, 1471; dazu und zu weiteren urlaubsrechtlochen Entscheidungen des EuGH *Arnold/Zeh,* NZA 2019, 1.

Werktagen, sondern ebenso auf den Anspruch auf Zusatzurlaub für schwerbehinderte Menschen nach § 125 Abs. 1 S. 1 SGB IX a.F. sowie auf tarifliche, den gesetzlichen Mindesturlaub übersteigende Urlaubsansprüche.[35]

bb) Umfang des Urlaubs

Zum Umfang des Urlaubs ist auf zwei Entscheidungen des Neunten Senats vom März 2019 hinzuweisen. So stellte sich der Senat auf den Standpunkt, dass § 17 Abs. 1 S. 1 Bundelterngeld- und Elternzeitgesetz (BEEG), wonach der Arbeitgeber den Urlaub für jeden vollen Kalendermonat der Elternzeit um ein Zwölftel kürzen darf, nicht gegen EU-Recht verstoße, eine Vorlage zum EuGH sei nicht erforderlich.[36]

Eine ausdrückliche Aufgabe früherer Rechtsprechung enthält die andere Entscheidung. So hatte sich das BAG früher auf den Standpunkt gestellt, dass Urlaubstage stets auf den für das Urlaubsjahr maßgeblichen Arbeitsrhythmus umgerechnet werden müssen, weil § 3 Abs. 1 BUrlG von einer Sechstagewoche ausgeht.[37] Im Entscheidungsfall hatte sich der Arbeitnehmer mit seinem Arbeitgeber auf einen ganzjährigen unbezahlten Sonderurlaub geeinigt, verlangte dann aber – bezahlte – Abgeltung des Erholungsurlaubs. Nach der Entscheidung schließt der Sonderurlaub den Erholungsurlaub aus, da keine Arbeitspflicht besteht, da und soweit die Arbeitsvertragsparteien ihre Hauptleistungspflichten durch die Vereinbarung von Sonderurlaub vorübergehend ausgesetzt hätten.[38]

cc) Obliegenheiten des Arbeitgebers

Zwei Entscheidungen begründen Obliegenheiten des Arbeitgebers im Zusammenhang mit dem Urlaubsanspruch des Arbeitnehmers. So kann aus einem Streit um den Umfang des dem Arbeitnehmer zustehenden Urlaubs ein – ersatzbegründender – Verzugsanspruch gegen den Arbeitgeber fol-

35 BAG 22.1.2019 – 9 AZR 45/16, NZA 2019, 829, 831; weiterführend *Wienbracke,* NZA-RR 2019, 121.

36 BAG 19.3.2019 – 9 AZR 362/18, NZA 2019, 1141.

37 BAG 6.5.2014 – 9 AZR 678/12, BAGE 148, 115 Rn. 11 ff. = NZA 2014, 959, 960.

38 BAG 19.3.2019 – 9 AZR 315/17, juris; auch zum bisherigen Meinungsstand *Bernhardt/Kilian,* DB 2014, 1619.

gen: Im Bestreiten des Bestehens eines erhöhten Urlaubsanspruchs liege grundsätzlich eine ernsthafte und endgültige Leistungsverweigerung des Arbeitgebers gemäß § 286 Abs. 2 Nr. 3 BGB mit der Folge, dass Verzug ohne Mahnung eintritt.[39] Hintergrund des Entscheidungsfalles war eine „Jugenddiskriminierung" in der Urlaubsregelung des Arbeitgebers.

Noch größere praktische Folgen hat eine weitere Entscheidung, die ebenfalls von früherer Rechtsprechung abweicht. Die Rechtsprechung des EuGH brachte das BAG hier zu dem dogmatisch merkwürdig klingenden Ergebnis, wonach der Arbeitgeber als Schuldner den Arbeitnehmer als Gläubiger auf den Urlaubsanspruch aufmerksam machen muss. Nach früherer Rechtsprechung trat der Verfall des Urlaubs gemäß § 7 Abs. 3 BUrlG auch dann ein, wenn der Arbeitnehmer erfolglos zur Urlaubsgewährung aufgefordert hatte; in Betracht kam allenfalls ein Schadensersatzanspruch unter den Voraussetzungen des § 251 Abs. 1 BGB.[40]

Auf Vorlage des BAG[41] entschied der EuGH dagegen im November 2018, dass Art. 7 RL 2003/88/EG und Art. 31 Abs. 2 GRCh einen Verfall des Urlaubs nur dann zulassen, wenn der Arbeitnehmer vom Arbeitgeber „z.B. durch angemessene Aufklärung tatsächlich in die Lage versetzt wurde, diesen Anspruch wahrzunehmen."[42] Nach der neuen Rechtsprechung des BAG erlischt der Urlaub nunmehr nur dann, wenn der Arbeitgeber den Arbeitnehmer zuvor über seinen konkreten Urlaubsanspruch und die Verfallfristen belehrt und er den Urlaub dennoch aus freien Stücken nicht genommen hat.[43] Diese richtlinienkonforme Auslegung von § 7 Abs. 1 S. 1 BUrlG auf Grundlage von Art. 7 Abs. 1 der RL 2003/88/EG (Arbeitzeitrichtlinie) verlagert also das Initiativrecht bei der Gewährung des Urlaubs von den Arbeitnehmer auf den Arbeitgeber.

c) Vertragsverletzungen: Mobbing

Zwei Mitarbeiterinnen europäischer Organisationen gingen vor dem Gericht der Europäischen Union gegen Mobbing vor. Die Entscheidung brachte das Gericht zu einer treffenden Definition des Mobbing-Tatbestandes, der in Deutschland vage geblieben war. In zwei Entschei-

39 BAG 11.12.2018 – 9 AZR 161/18, NZA 2019, 634, 639.

40 S. BAG 15.9.2011 – 8 AZR 846/09, Rn. 66 ff., NZA 2012, 377.

41 BAG, EuGH-Vorlage vom 13.12.2016 – 9 AZR 541/15 (A), NZA 2017, 271.

42 EuGH 6.11.2018 – C-684/16 (Max-Planck-Gesellschaft zur Förderung der Wissenschaften), 1. Orientierungssatz, NZA 2018, 1474.

43 BAG 19.2.2019 – 9 AZR 423/16, NZA 2019, 977, 981.

dungen aus dem Jahr 2007 hatte das BAG lediglich festgestellt, „Mobbing“ sei kein Rechtsbegriff und keine Anspruchsgrundlage; seine Besonderheit liege in einer Persönlichkeitsrechtsverletzung durch mehrere Teilakte[44] und der selbe Senat meinte kurz darauf, mit dem Begriff „Belästigung“ in § 3 Abs. 3 AGG ist „letztlich auch Mobbing umschrieben“.[45]

Nach Auffassung des EuG gilt: Der Begriff des Mobbings umfasse ein ungebührliches Verhalten, das über einen längeren Zeitraum, wiederholt oder systematisch in Verhaltensweisen, mündlichen oder schriftlichen Äußerungen, Handlungen oder Gesten zum Ausdruck kommt, so dass unter Mobbing ein Vorgang zu verstehen ist, der notwendigerweise eine gewisse Zeitspanne umfasst und wiederholte oder andauernde Handlungen voraussetzt, die vorsätzlich und nicht zufällig sind. Darüber hinaus müssen diese Verhaltensweisen, mündlichen oder schriftlichen Äußerungen, Handlungen oder Gesten die Persönlichkeit, die Würde oder die physische oder psychische Integrität einer Person angreifen.[46] Diese Definition ist ebenso sachgerecht wie der Schadensersatz – in beiden Fällen 10.000 €.

3. Beendigung des Arbeitsverhältnisses

Die Beendigung des Arbeitsverhältnisses bildet naturgemäß ein prozessträchtiges Gebiet. Die aktuelle Rechtsprechung befasst sich mit ordentlicher und außerordentlicher Kündigung wie Aufhebungsvertrag; die Befristung wurde bereits oben bei der Vertragsgestaltung behandelt.

a) Ordentliche Kündigung

aa) Kündigung Schwerbehinderter

Die Kündigung schwerbehinderter Beschäftigter ist oft mit Unsicherheit verbunden. Hilfreich kann eine Entscheidung des BAG vom Ende des Jahres 2018 sein, da hier die Voraussetzungen der Unwirksamkeit nach dem jetzigen § 178 Abs. 2 S. 3 SGB IX (vom 30.3.2016 bis 31.12.2017 § 95 Abs. 2 S. 3 SGB IX) ausführlich dargelegt werden.[47] Zur Rechtssi-

44 BAG 16.5.2007 – 8 AZR 709/06, NZA 2007, 1154, 1159.

45 BAG 25.10.2007 – 8 AZR 593/06, NZA 2008, 223, 225.

46 EuG 13.7.2018 – T-275/17, BeckRS 2018, 14994.

47 BAG 13.12.2018 – 2 AZR 378/18, NZA 2019, 305; zustimmend und ergänzend *Fuhlrott,* NZA-RR 2019, 231.

cherheit trägt auch bei, dass nach der Entscheidung bei der Anhörung der Schwerbehindertenvertretung vor Ausspruch der Kündigung die für die Beteiligung des Betriebsrats gemäß § 102 Abs. 1 und Abs. 2 BetrVG geltenden Grundsätzen entsprechend gelten.

bb) Kündigung und Abfindung

Ebenfalls zur Verbesserung der Rechtssicherheit beitragen können zwei unterschiedliche Urteile zum Bereich „Kündigung und Abfindung". So entsprach es zwar ständiger Rechtsprechung, dass Abfindungen aufgrund eines Sozialplans und aufgrund eines gesetzlichen Nachteilsausgleichs – im Wege der Erfüllungswirkung gemäß § 362 Abs. 1 BGB – verrechenbar sind.[48] Im Februar 2019 stellte der erste Senat aber dazu klar, dass darin kein Verstoß gegen Art. 6 MERL (Massenentlassungsrichtlinie RL 98/59/EG) liegt.[49]

Der Abgrenzung von Masseverbindlichkeiten und (bloßen) Insolvenzforderungen bei der Kündigung in der Insolvenz dient eine Entscheidung des Sechsten Senats. Danach ist eine durch Auflösungsurteil zuerkannte Abfindung immer dann eine Masseverbindlichkeit i.S.d. § 55 Abs. 1 S. 1 InsO, wenn der Insolvenzverwalter das durch § 9 Abs. 1 KSchG eingeräumte Gestaltungsrecht selbst ausübt, indem er erstmals den Auflösungsantrag stellt oder diesen erstmals prozessual wirksam in den Prozess einführt. Um eine bloße Insolvenzforderung i.S.d. § 38 InsO handelt es sich demgegenüber, wenn der Insolvenzverwalter lediglich den von ihm vorgefundenen, bereits rechtshängigen Antrag des Schuldners weiterverfolgt und an dem so schon von diesem gelegten Rechtsgrund festhält.[50]

cc) Massenkündigung

Eine Entscheidung vom Juni 2019 nimmt Stellung in einem auch innerhalb der LAG umstrittenen Frage zu den Pflichten bzw. Obliegenheiten des Arbeitgebers bei Massenkündigungen nach §§ 17 ff. KSchG. Nach der Rechtsprechung des EuGH hat der Arbeitgeber u.a. seiner Anzeigepflicht

48 Dazu m. w. N. ErfK/*Kania*, 19. Aufl. 2019, BetrVG § 113 Rn. 2.

49 BAG 12.2.2019 – 1 AZR 279/17, BB 2019, 499; zu den Praxisfolgen *Denecke*, jurisPR-ArbR 20/2019 Anm. 2.

50 BAG 14.3.2019 – 6 AZR 4/18, AP InsO § 55 Nr. 24 m. krit. Anm. *Hergenröder*.

(umgesetzt in § 17 Abs. 1 KSchG) *vor* einer Entscheidung zur Kündigung des Arbeitsverhältnisses nachzukommen.[51] Umstritten war, ob das objektiv – Versand der jeweiligen Nachrichten – oder subjektiv – vor der Entscheidung über die Kündigung – auszulegen ist.

Der Sechste Senat entschied sich in Richtung der ersten Ansicht:[52] Danach kann die nach § 17 Abs. 1 KSchG erforderliche Massenentlassungsanzeige auch dann noch wirksam erstattet werden, wenn der Arbeitgeber im Zeitpunkt ihres Eingangs bei der Agentur für Arbeit bereits zur Kündigung entschlossen ist. Allerdings muss die Anzeige bei der zuständigen Agentur für Arbeit eingehen, bevor dem Arbeitnehmer das Kündigungsschreiben zugegangen ist. Dem Wortlaut der EuGH-Rechtsprechung mag das nur begrenzt entsprechen, die systematische Begründung überzeugt aber, denn das selbstständig neben dem nach § 17 Abs. 2 KSchG durchzuführenden Konsultationsverfahren stehende, in § 17 Abs. 1, Abs. 3 S. 2 bis 5 KSchG geregelte Anzeigeverfahren dient nur beschäftigungspolitischen Zwecken. Anders als der Betriebsrat im Rahmen des Konsultationsverfahrens soll und will die Agentur für Arbeit auf den Kündigungsentschluss des Arbeitgebers ohnehin keinen Einfluss nehmen.

b) Außerordentliche Kündigung

Neue Tendenzen zu bekannten Fragen zeigen zwei Entscheidungen des BAG zur außerordentlichen Kündigung. So entspricht und entsprach es nahezu allgemeiner Ansicht, dass beharrliche Arbeitsverweigerung eines Arbeitnehmers den Arbeitgeber zur außerordentlichen Kündigung berechtigt. Auch hier ist aber die Änderung der Rechtsprechung von 2017 zu beachten, wonach ein Arbeitnehmer nicht, auch nicht vorläufig, an eine Weisung des Arbeitgebers gebunden ist, die die Grenzen billigen Ermessens nicht wahrt.[53] Demzufolge kann die Nichtbefolgung unbilliger Weisungen auch keine Kündigung rechtfertigen.[54]

In einem weiteren Entscheidungsfall hatte die Arbeitgeberin erst im August 2016 aufgrund von Verdachtsmomenten Videoaufnahmen vom Februar desselben Jahres ausgewertet, die zum Beweis von Straftaten des

51 EuGH 27.1.2005 – C-188/03, NZA 2005, 213, 214.

52 BAG 13.6.2019 – 6 AZR 459/18, Pressemitteilung des BAG Nr. 25/19.

53 BAG 18.10.2017 – 10 AZR 330/16, NZA 2017, 1452, 1459.

54 BAG 28.6.2018 – 2 AZR 436/17, NZA 2018, 1259, 1260; dazu *Joussen*, ZMV 2019, 47.

daraufhin gekündigten Arbeitnehmers dienten. Nach Auffassung des Zweiten Senats wird die Speicherung von Bildsequenzen aus einer rechtmäßigen offenen Videoüberwachung, die vorsätzliche Handlungen eines Arbeitnehmers zulasten des Eigentums des Arbeitgebers zeigen, nicht durch bloßen Zeitablauf unverhältnismäßig, solange die Ahndung der Pflichtverletzung durch den Arbeitgeber arbeitsrechtlich möglich ist.[55]

Der Arbeitgeber kann mit der Auswertung warten, bis er einen berechtigten Anlass dafür sieht. Das gilt jedenfalls bei einer rechtmäßigen offenen Videoüberwachung, die nach § 32 Abs. 1 S. 1 BDSG aF zulässig war. Auch die DSGVO spricht nicht gegen eine – auch gerichtliche – Verwertung der Daten. Das mag im Entscheidungsfall einleuchten. Problematisch wird die Verwertung aber spätestens dann, wenn dem Arbeitnehmer aufgrund des Zeitablaufs keine Stellungnahme zu den Vorwürfen mehr möglich ist.

c) Aufhebungsvertrag

Aufhebungsverträge verbessern die Rechtssicherheit, können aber auch durch Druck und Überrumpelung zur Umgehung des Kündigungsschutzes eingesetzt werden. Im Einklang mit der herrschenden Meinung stellte der Sechste Senat im Februar 2019 fest, die Einwilligung zum Abschluss eines arbeitsrechtlichen Aufhebungsvertrags könne nicht gemäß § 355 BGB widerrufen werden, denn ein Aufhebungsvertrag ist keine „besondere Vertriebsform“ im Sinne der Überschrift des Unterkapitels und enthält keine entgeltliche Leistung gemäß § 312 Abs. 1 BGB.[56] Jedoch sei der Aufhebungsvertrag unwirksam, wenn er unter Missachtung des Gebots fairen Verhandelns zustande gekommen ist – im Entscheidungsfall hatte der Lebensgefährte der Arbeitgeberin die an diesem Tag kranke Arbeitnehmerin in ihrer Wohnung überrascht, was zu Recht als überrumpelungsähnliche Situation angesehen wird. Rechtsfolge ist dann unmittelbar die Unwirksamkeit des Vertrages, nicht Naturalrestitution, also Schadensersatz.[57]

55 BAG 23.8.2018 – 2 AZR 133/18, NZA 2018, 1329, 1335; zustimmend *Fuhlrott,* NZA-RR 2018, 597; *Ley,* BB 2019, 704; vertiefend *Ley,* SAE 2019, 54.

56 BAG 7.2.2019 – 6 AZR 75/18, NJW 2019, 1966.

57 Weiterführend dazu *Fischinger,* NZA 2019, 729.

4. Arbeitsinsolvenzrecht

Drei Entscheidungen zum Arbeitsinsolvenzrecht betreffen die Kündigung in masseunzulänglichen Insolvenzverfahren.[58] Mit der Eröffnung des Insolvenzverfahrens werden die Ansprüche des Arbeitnehmers gegen den Schuldner in Insolvenzforderungen und Masseverbindlichkeiten geteilt. Bei Anzeige der (drohenden) Masseunzulänglichkeit kommt es darauf an, welche Masseverbindlichkeiten Altmasseverbindlichkeiten sind. Nach § 209 Abs. 2 Nr. 2 und Nr. 3 InsO ist dann entscheidend, wann der Verwalter (rechtlich) kündigen könnte und ob er noch Arbeitsleistung in Anspruch genommen hat.

Nach mehreren Entscheidungen des Fünften und Sechsten Senats gilt:[59] Kündigt der Insolvenzverwalter in einer masseunzulänglichen Insolvenz das Arbeitsverhältnis rechtzeitig, d.h. spätestens zum erstmöglichen Termin nach der Anzeige der Masseunzulänglichkeit, gelten Annahmeverzugsansprüche, die im Fall der Unwirksamkeit der Kündigung für die Zeit nach diesem Termin entstehen, gemäß § 209 Abs. 1 Nr. 2, § 209 Abs. 2 Nr. 2 InsO als Neumasseverbindlichkeiten. Der Insolvenzverwalter trägt danach also das Risiko der Unwirksamkeit der Kündigung. Nach der letzten Entscheidung erfasst das auch Fortbildungskosten. In der Literatur wurden die Entscheidungen als wenig sanierungsfreundlich kritisiert.[60]

III. Kollektives Arbeitsrecht

1. Betriebsverfassungsrecht:

a) Betriebsorganisationsrecht – Kündigung von Betriebsratsmitgliedern

Zwei Gerichtsentscheidungen vom vergangenen Jahr lassen auf ein – vorsichtig ausgedrückt – unentspanntes Verhältnis zwischen Arbeitgeber und einzelnen Betriebsratsmitgliedern schließen. So hatte sich das Bundesver-

58 Beachte auch die Vorlagefrage zur eingeschränkten Betriebsrentenhaftung des Betriebserwerbers im Betriebsübergang; BAG 16.10.2018 – 3 AZR 139/17, WM 2018, 2199.

59 BAG 22.2.2018 – 6 AZR 868/16, NJW 2018, 1563; BAG 22.2.2018 – 6 AZR 95/17, NJW 2018, 1628; BAG 2.10.2018 – 5 AZR 376/17, NZA 2018, 1544.

60 *Röger/Stütze,* ZInsO 2019, 368.

fassungsgericht mit der Frage zu befassen, in welchen Fällen Kritik des Betriebsrats noch von der Meinungsfreiheit gedeckt und wann eine Kündigung möglich ist.[61] Die Entscheidung ist ausgewogen, aber wenig präzise. So sei „Schmähkritik" auch von Betriebsratsmitgliedern nicht von der Meinungsfreiheit gedeckt und eine Kündigung daher möglich.

Jedoch seien an die Einordnung als Schmähkritik hohe Anforderungen zu stellen – im Entscheidungsfall genügte die Bezeichnung als „Ausbeuter" noch nicht.[62] Entscheidend sei aber, ob das Arbeitsgericht in der zugrundeliegenden Entscheidung sorgfältig zwischen den betroffenen Interessen und Grundrechten abgewogen habe, was im Ausgangsfall bejaht wurde.

Im Entscheidungsfall des BAG wollte der Arbeitgeber ein Betriebsratsmitglied unter Berufung auf verhaltensbedingte Gründe außerordentlich kündigen. Nach Einleitung eines Verfahrens zur Ersetzung der Zustimmung des Betriebsrats zu der Kündigung und nach vorausgegangenen Verhandlungen schlossen die Parteien eine Vereinbarung „über die Beendigung des Arbeitsverhältnisses gegen Zahlung einer Abfindung und ggf. andere Zuwendungen" – dabei ging es immerhin um eine Abfindung von 120.000 € zuzüglich der Fortzahlung der Vergütung von ca. 5000 € für 30 Monate.

Es lag also nicht völlig fern, dass diese beträchtliche Zuwendung nicht versprochen worden wäre, wenn der Betroffene nicht Betriebsratsmitglied gewesen wäre. Das BAG sah darin und in ähnlichen Fällen aber „regelmäßig keine nach § 78 S. 2 BetrVG unzulässige Begünstigung des Betriebsratsmitglieds".[63] Die Begründung ist ein wenig formal: Da Abfindungen von allen Arbeitnehmern frei ausgehandelt werden können, können sie keine unzulässige Begünstigung enthalten. Zu beachten ist allerdings, dass eine unzulässige Begünstigung regelmäßig zur Strafbarkeit gem. § 119 Abs. 1 Nr. 3 BetrVG führt,[64] was die Zurückhaltung in der Entscheidung möglicherweise erklärt.

61 BVerfG, Nichtannahmebeschluss vom 30.5.2018 – 1 BvR 1149/17, NZA 2018, 924.

62 Der BGH hatte in einem Urteil aus dem Jahr 1977 „Halsabschneider" dagegen als Schmähkritik angesehen; BGH 1.2.1977 – VI ZR 204/74, Rn. 52, GRUR 1977, 801.

63 BAG 21.3.2018 – 7 AZR 590/16, NZA 2018, 1019.

64 Dazu *Mues,* ArbRB 2018, 234.

b) Mitbestimmungsrechte

aa) Örtlicher Geltungsbereich

Zu den Mitbestimmungsrechten klärte das BAG den örtlichen Geltungsbereich der Mitbestimmung in personellen Angelegenheiten – im Zeitalter auch örtlich flexiblen Arbeitens von großer praktische Bedeutung. Danach ist die ordentliche Kündigung eines ins Ausland entsandten Mitarbeiters nach deutschem BetrVG mitbestimmungspflichtig, diejenige eines ständig im Ausland beschäftigtem Mitarbeiters nicht.[65] Für die Abgrenzung ist die Eingliederung in den – entweder inländischen bzw. ausländischen – Betrieb entscheidend.

bb) Mitbestimmungsrechte und Arbeitskampf

Ebenfalls von grundlegender Bedeutung ist ein Beschluss des BAG zum Verhältnis von Arbeitskampf und Mitbestimmung. Hier ist für die Maßnahmen des Arbeitgebers entscheidend, ob es sich um eine Streikabwehrmaßnahme handelt, weil dann nach Art. 9 Abs. 3 GG Mitbestimmung suspendiert ist. Mitbestimmungspflichtig sind dagegen Maßnahmen des Arbeitgebers, die zwar während des Kampfgeschehens getroffen werden, mit der Kampfabwehr nicht im Zusammenhang stehen und keine Wirkungen auf das Kampfgeschehen entfalten.

Danach gilt für die Mitbestimmung des Betriebsrats bei der vorübergehenden Verlängerung der betriebsüblichen Arbeitszeit nach § 87 Abs. 1 Nr. 3 BetrVG, dass sie nicht aus arbeitskampfrechtlichen Gründen suspendiert ist, wenn der Arbeitgeber Mehrarbeit gegenüber allen dienstplanmäßig eingeteilten Arbeitnehmern zur Aufarbeitung streikbedingter Arbeitsrückstände nach Beendigung der Arbeitsniederlegung anordnet.[66] Gleiches gilt, wenn mit der Mehrarbeitsanordnung in einer von Warnstreiks begleiteten Verhandlungsphase der Tarifvertragsparteien dem Streikdruck vorgebeugt werden soll und der Arbeitgeber nicht deutlich macht, dass er die Maßnahme auf arbeitswillige, einem gewerkschaftlichen Streikaufruf nicht Folge leistende Arbeitnehmer beschränkt.

65 BAG 24.5.2018 – 2 AZR 54/18, NZA 2018, 1396; mit praktischen Hinweisen dazu *Hoffmann-Remy,* DB 2018, 2940.

66 BAG 20.3.2018 – 1 ABR 70/16, NZA 2018, 1081, 1086; ausführlich zur Problematik *Nothelfer/Schlotthauer,* SAE 2019, 63.

cc) Betriebsvereinbarungen und andere Vereinbarungen

Der Erste Senat des BAG war in einer umstrittenen Entscheidung aus dem Jahr 2013 davon ausgegangen, dass Arbeitsbedingungen in AGB, also in vorformulierten Arbeitsverträgen, regelmäßig konkludent betriebsvereinbarungsoffen seien.[67] Im Entscheidungsfall des Vierten Senats von 2018 hätte das freilich zu einer Verschlechterung der Arbeitsbedingungen des betroffenen Arbeitnehmers geführt. Nach der Entscheidung sind auch in einem vom Arbeitgeber vorformulierten Arbeitsvertrag geregelte Arbeitsbedingungen nicht schon dann – konkludent – „betriebsvereinbarungsoffen“ ausgestaltet, wenn und soweit die Arbeitsvertragsparteien ausdrücklich Vertragsbedingungen vereinbart haben, die unabhängig von einer für den Betrieb geltenden normativen Regelung Anwendung finden sollen. Bei einer einzelvertraglich vereinbarten – dynamischen – Verweisung auf einen Tarifvertrag sei das stets der Fall.[68]

In einer Entscheidung mit eigentlich selbstverständlichem Ergebnis finden sich grundlegende Aussagen zum Verhältnis von Betriebsvereinbarung und Regelungsabrede. Der Arbeitgeber war ohne neue Vereinbarung einseitig von den in der Betriebsvereinbarung normierten Entlohnungsgrundsätzen abgewichen, wogegen der Betriebsrat allerdings nichts unternommen hatte. Der Arbeitgeber sah darin eine konkludent geschlossene abweichende Regelungsabrede.

Nach dem Beschluss des BAG war das – selbstverständlich – nicht der Fall.[69] Die Ablösung einer (ungekündigten) Betriebsvereinbarung durch eine Regelungsabrede sei wegen der Normenhierarchie nicht möglich; überdies führe die bloße Hinnahme mitbestimmungswidrigen Verhaltens des Arbeitgebers durch den Betriebsrat nicht zu einer Regelungsabrede; sondern dafür sei ein ausdrücklicher Beschluss erforderlich. Es muss also nicht befürchtet werden, dass durch bloße Untätigkeit von Betriebsräten neue Regelungen mit normativer Wirkung entstehen.

67 BAG 5.3.2013 – 1 AZR 417/12, NZA 2013, 916.

68 BAG 11.4.2018 – 4 AZR 119/17, AP TVG § 1 Bezugnahme auf Tarifvertrag Nr. 143 mit weiterführender Anmerkung *Hromadka*.

69 BAG 23.10.2018 – 1 ABR 26/17, NZA 2019, 483; dazu *Fink*, DB 2019, 975.

2. Arbeitskampfrecht

Zwei Entscheidungen des BAG zum Arbeitskampfrecht setzen die u.a. mit dem Flashmob-Urteil[70] begründete Linie einer Liberalität in der Anerkennung von Arbeitskampfmitteln fort.[71]

a) Kampfmittel des Arbeitgebers: Streikbruchprämie

Nach einem Urteil des Ersten Senats[72] ist ein bestreikter Arbeitgeber grundsätzlich berechtigt, zum Streik aufgerufene Arbeitnehmer durch Zusage einer Prämie (Streikbruchprämie) von einer Streikbeteiligung abzuhalten. Es handele sich vor dem Hintergrund der für beide soziale Gegenspieler geltenden Kampfmittelfreiheit um eine grundsätzlich zulässige Maßnahme des Arbeitgebers. Die darin liegende Ungleichbehandlung der streikenden und der nicht streikenden Beschäftigten ist aus arbeitskampfrechtlichen Gründen gerechtfertigt, soweit der Arbeitgeber betrieblichen Ablaufstörungen begegnen und damit dem Streikdruck entgegenwirken will.

Grenze ist – auch das auf der Linie weiterer Entscheidungen[73] – nur das Verhältnismäßigkeitsprinzip, das aber auch hier locker gesehen wird. So sei die im Entscheidungsfall ausgelobte Streikbruchprämie – auch soweit sie den Tagesverdienst Streikender um ein Mehrfaches überstieg – nicht unangemessen. Zu beachten ist noch, dass nach derselben Entscheidung ein Betriebsratsmitglied, das während des Streiks erforderliche Betriebsratstätigkeit verrichtet, keinen Anspruch auf die Streikbruchprämie hat; diese bezieht sich also ungeachtet der Prinzipien des § 37 BetrVG nicht auf Betriebsratstätigkeit.

70 BAG 22.9.2009 – 1 AZR 972/08, BAGE 132, 140 = NJW 2010, 631.

71 Beachte auch BVerfG 25.2.2019 – 1 BvR 842/17, NZA 2019, 415: Ablehnung einstweilige Anordnung gerichtet auf Außervollzugsetzung des „Streikbrecherverbots“ in § 11 Abs. 5 AÜG nF.

72 BAG 14.8.2018 – 1 AZR 287/17, NJW 2019, 538.

73 Ebenso *Greiner*, EWiR 2019, 91.

b) Kampfmittel der Gewerkschaft: Streikaufruf

Auf der anderen Seite zeigte sich das BAG auch bei Streikaufrufaktionen der Gewerkschaft großzügig. Im Entscheidungsfall sollte zum Streik in einem Logistikunternehmen aufgerufen werden, das offenbar „auf der grünen Wiese“ lag. In einem solchen Fall, so das BAG, umfasse das Streikrecht die Befugnis einer streikführenden Gewerkschaft, die zur Arbeitsniederlegung aufgerufenen Arbeitnehmer unmittelbar vor dem Betreten des Betriebes anzusprechen, um sie für die Teilnahme am Streik zu gewinnen, was auch auf einem vom bestreikten Arbeitgeber vorgehaltenen Firmenparkplatz vor dem Betriebsgebäude zulässig sein könne.[74]

Die Gründe lesen sich weniger apodiktisch als die Orientierungssätze der Entscheidung. So wird eingeräumt, dass ein erfolgreicher Streikaufruf auf dem zum Betriebsgelände des Arbeitgebers gehörenden Parkplatz den Arbeitgeber in seiner Berufsfreiheit in Gestalt der unternehmerischen Handlungsfreiheit beeinträchtigt und sein Hausrecht im Rahmen der Eigentumsgarantie einschränkt. Es sei also eine Abwägung erforderlich, die aber zugunsten der Gewerkschaft ausgeht, denn es handelte sich um eine „zeitlich und örtlich beschränkte, situative Inanspruchnahme geringer Flächen des Firmenparkplatzes im Zusammenhang mit kurzzeitigen Arbeitsniederlegungen und [außerdem] liefe ohne diese Möglichkeit das Recht der Gewerkschaft leer, ihren Forderungen durch Streik Nachdruck zu verleihen und ein Verhandlungsgleichgewicht mit dem Arbeitgeber herzustellen“.[75] Ist das der Fall, sei die nach den richterrechtlichen Grundsätzen erlaubte Arbeitskampfmaßnahme eine gesetzliche Gestattung i.S.v. § 858 Abs. 1 BGB.

74 BAG 20.11.2018 – 1 AZR 189/17, NZA 2019, 402, 405.

75 Man kann hier anderer Ansicht sein, weil der Stand der Gewerkschaft direkt vor dem Eingang war (so *Scharff,* DB 2019, 916), allerdings wäre eine andere Stelle auf dem Parkplatz wohl kaum von den Beschäftigten beachtet worden.

IV. Schluss

Ein „Fazit“ im herkömmlichen Sinne verbietet sich angesichts der Vielschichtigkeit der angesprochenen Fragen. Das Bundesarbeitsgericht hat in vielen praktisch relevanten Fragen seine Rechtsprechung präzisiert und konsequent vertieft und damit zur Rechtssicherheit beigetragen. Vor allem bei Umsetzung der Vorgaben von EuGH und BVerfG bestehen aber auch fatale Unsicherheiten.

Rechtsprechung zur Unternehmensinsolvenz des Jahres 2018/2019

Professor Dr. Markus Gehrlein, Richter am IX. Zivilsenat des Bundesgerichtshofes, Karlsruhe

I. Eröffnungsverfahren

1. Zahlungsunfähigkeit

a) Zahlungseinstellung begründet Vermutung der Zahlungsunfähigkeit

Zur Feststellung der Zahlungsunfähigkeit im Sinne des § 17 Abs. 2 S. 1 InsO ist die Aufstellung einer Liquiditätsbilanz entbehrlich, wenn eine Zahlungseinstellung (§ 17 Abs. 2 S. 2 InsO) die gesetzliche Vermutung der Zahlungsunfähigkeit begründet. Eine Zahlungseinstellung kann aus einem einzelnen, aber auch aus einer Gesamtschau mehrerer darauf hindeutender, in der Rechtsprechung entwickelter Beweisanzeichen gefolgert werden. Sind derartige Indizien vorhanden, bedarf es einer darüber hinausgehenden Darlegung und Feststellung der genauen Höhe der gegen den

Schuldner bestehenden Verbindlichkeiten oder einer Unterdeckung von mindestens 10 v.H. nicht.[1]

b) Voraussetzungen einer Zahlungseinstellung

Die tatsächliche Nichtzahlung eines erheblichen Teils der fälligen Verbindlichkeiten kann eine Zahlungseinstellung begründen. Das gilt selbst dann, wenn tatsächlich noch geleistete Zahlungen beträchtlich sind, aber im Verhältnis zu den fälligen Gesamtschulden nicht den wesentlichen Teil ausmachen. Ein weiteres Indiz für eine Zahlungseinstellung kann aus der Nichtzahlung sowie der schleppenden Zahlung von Sozialversicherungsbeiträgen oder Steuerforderungen erblickt werden. Haben im fraglichen Zeitpunkt fällige Verbindlichkeiten bestanden, die bis zur Verfahrenseröffnung nicht mehr beglichen worden sind, kann regelmäßig von einer Zahlungsunfähigkeit zu diesem Zeitpunkt ausgegangen werden. Eigene Erklärungen des Schuldners, fällige Verbindlichkeiten nicht begleichen zu können, deuten auf eine Zahlungseinstellung hin, auch wenn sie mit einer Stundungsbitte versehen sind. Schließlich können gegen den Schuldner betriebene Vollstreckungsverfahren die Schlussfolgerung der Zahlungseinstellung nahelegen. Verwirklichen sich mehrere gewichtige Beweisanzeichen, ermöglicht dies die Bewertung, dass eine Zahlungseinstellung vorliegt.[2]

c) Größe der Liquiditätslücke ohne Bedeutung

Vor diesem Hintergrund kann eine Zahlungseinstellung nicht allein deswegen abgelehnt werden, weil es an Feststellungen dazu fehlt, ob ein erheblicher Teil der fälligen Verbindlichkeiten nicht beglichen wurde. Scheidet dieses Indiz einer Zahlungseinstellung aus, kann diese vielmehr aus sonstigen, im konkreten Streitfall einschlägigen Beweisanzeichen gefolgert werden. Bei dieser Sachlage verbietet es sich, allein mangels Darlegung des Verhältnisses der fälligen Verbindlichkeiten zu den Gesamtverbindlichkeiten eine Zahlungseinstellung abzulehnen. Diese Würdigung

1 BGH, Beschl. v. 15.11.2018 – IX ZR 81/18, ZInsO 2019, 192, Rn. 4.
2 BGH, Beschl. v. 15.11.2018 – IX ZR 81/18, ZInsO 2019, 192, Rn. 5.

liefe auf die Notwendigkeit der Erstellung einer Liquiditätsbilanz hinaus, die in Anwendung des § 17 Abs. 2 S. 2 InsO gerade entbehrlich ist.[3]

2. Vorläufiges Eigenverwaltungsverfahren

a) Keine Begründung von Masseverbindlichkeiten durch Schuldner

Der Schuldner begründet im vorläufigen Eigenverwaltungsverfahren auch außerhalb des Schutzschirmverfahrens nach § 270b InsO nur insoweit Masseverbindlichkeiten, als er vom Insolvenzgericht hierzu ermächtigt worden ist.

Die Rechtsstellung des Schuldners entspricht nicht derjenigen eines starken vorläufigen Insolvenzverwalters gemäß § 22 Abs. 1 InsO. Ordnet das Insolvenzgericht mit Eröffnung des Insolvenzverfahrens die Eigenverwaltung an, erlangt der Schuldner das Recht, die Insolvenzmasse zu verwalten und über sie gleichsam als Amtswalter in eigenen Angelegenheiten zu verfügen (§ 270 Abs. 1 S. 1 InsO). Anders verhält es sich im vorläufigen Eigenverwaltungsverfahren. In diesem Verfahrensabschnitt steht dem Schuldner die Verwaltungs- und Verfügungsbefugnis über sein Vermögen aus eigenem Recht zu, soweit das Insolvenzgericht keine beschränkenden Anordnungen erlässt. Insolvenzspezifische Befugnisse sind dem Schuldner – anders als einem starken vorläufigen Insolvenzverwalter – im Eröffnungsverfahren nicht zugewiesen.[4] Gegen die Auffassung, vom Schuldner im vorläufigen Eigenverwaltungsverfahren begründete Verbindlichkeiten seien analog § 55 Abs. 2 InsO stets Masseverbindlichkeiten, spricht in systematischer Hinsicht die gesetzliche Regelung in § 270b Abs. 3 InsO. Danach hat das Gericht im Schutzschirmverfahren auf Antrag des Schuldners anzuordnen, dass der Schuldner Masseverbindlichkeiten begründet; § 55 Abs. 2 InsO gilt entsprechend. Im ursprünglichen Entwurf des Gesetzes zur weiteren Erleichterung der Sanierung von Unternehmen (ESUG) war diese Regelung noch nicht enthalten. Sie wurde erst auf Vorschlag des Rechtsausschusses eingefügt. Zur Begründung wurde ausgeführt, unter den Voraussetzungen eines Verfahrens nach § 270b InsO, wenn also beim Schuldner noch keine Zahlungsunfähigkeit vorliege, sei es geboten und gerechtfertigt, den Beteiligten einen weiten Rechtsrahmen zu eröffnen und

3 BGH, Beschl. v. 15.11.2018 – IX ZR 81/18, ZInsO 2019, 192, Rn. 6.
4 BGH, Urt. v. 22.11.2018 – IX ZR 167/16, WM 2018, 2373, Rn. 11.

die Verfügungsbefugnis des Schuldners so auszugestalten, wie sie im Interesse einer Sanierung am sinnvollsten sei. Dem Schuldner solle die Möglichkeit eröffnet werden, über eine Anordnung des Gerichts gewissermaßen in die Rechtsstellung eines starken vorläufigen Insolvenzverwalters einzurücken. Die Regelung in § 270b Abs. 3 InsO stellt sich danach als eine von einer gerichtlichen Anordnung abhängige Privilegierung des Schuldners im Schutzschirmverfahren gegenüber dem Schuldner im eigenverwalteten Eröffnungsverfahren nach § 270a InsO dar. Ihr liegt ersichtlich die Annahme zugrunde, dass ein Schuldner im Verfahren nach § 270a InsO nicht wie ein starker vorläufiger Insolvenzverwalter nach § 55 Abs. 2 InsO auch ohne Anordnung des Gerichts Masseverbindlichkeiten begründen kann.[5]

Dem praktischen Bedürfnis, dem Schuldner im vorläufigen Eigenverwaltungsverfahren die Begründung von Masseverbindlichkeiten im erforderlichen Umfang zu ermöglichen, kann dadurch Rechnung getragen werden, dass das Insolvenzgericht die notwendigen Ermächtigungen anordnet. Für das nicht auf eine Eigenverwaltung zielende Eröffnungsverfahren ist anerkannt, dass ein vorläufiger Insolvenzverwalter auch dann, wenn dem Schuldner kein allgemeines Verfügungsverbot auferlegt worden ist, die Verfügungsbefugnis deshalb nicht auf den vorläufigen Verwalter übergegangen ist (§ 22 Abs. 2 InsO) und dieser deshalb von der Regelung in § 55 Abs. 2 InsO nicht erfasst wird, Masseverbindlichkeiten begründen kann, wenn er vom Insolvenzgericht hierzu ermächtigt ist. In entsprechender Weise kann das Insolvenzgericht den Schuldner im eigenverwalteten Eröffnungsverfahren ermächtigen, Masseverbindlichkeiten zu begründen. Auch für das auf ein Eigenverwaltungsverfahren gerichtete Eröffnungsverfahren des § 270a InsO gelten nach § 270 Abs. 1 S. 2 InsO die allgemeinen Vorschriften, soweit in den §§ 270 ff. InsO nichts anderes bestimmt ist. Zu den allgemeinen Vorschriften gehört § 21 Abs. 1 S. 1 InsO. Das Insolvenzgericht hat daher auch hier die Maßnahmen zu treffen, die erforderlich erscheinen, um nachteilige Veränderungen in der Vermögenslage des Schuldners zu verhüten. Dazu kann auch die Ermächtigung zur Begründung von Masseverbindlichkeiten im Zuge der Fortführung des Unternehmens und der angestrebten Sanierung gehören. Die Ermächti-

5 BGH, Urt. v. 22.11.2018 – IX ZR 167/16, WM 2018, 2373, Rn. 12.

gung ist an den Schuldner zu richten, dem weiterhin die Befugnis zusteht, sein Vermögen zu verwalten und über es zu verfügen.[6]

b) Keine Analogie zu § 55 Abs. 4 InsO

Im vorläufigen Eigenverwaltungsverfahren ist die Bestimmung des § 55 Abs. 4 InsO nicht entsprechend anwendbar. Nach dieser Norm gelten Verbindlichkeiten des Schuldners aus dem Steuerschuldverhältnis, die von einem vorläufigen Insolvenzverwalter oder vom Schuldner mit Zustimmung eines vorläufigen Insolvenzverwalters begründet worden sind, nach Eröffnung des Insolvenzverfahrens als Masseverbindlichkeit. Die Voraussetzungen der Bestimmung liegen nicht vor, wenn kein vorläufiger Insolvenzverwalter bestellt war. Im Zuge des Gesetzgebungsverfahrens zum Gesetz zur weiteren Erleichterung der Sanierung von Unternehmen schlug der Bundesrat aber im Blick auf die vorgesehenen neuen Regelungen in den §§ 270a, 270b InsO vor, die Vorschrift des § 55 Abs. 4 InsO zu ergänzen und die dort vorgesehene Rechtsfolge auch auf Verbindlichkeiten aus dem Steuerschuldverhältnis zu erstrecken, die während eines Eröffnungsverfahrens nach begründet worden sind, sei es durch den Schuldner allein, durch den Schuldner mit Zustimmung des vorläufigen Sachwalters oder durch den vorläufigen Sachwalter. Die Bundesregierung sprach sich in ihrer Gegenäußerung jedoch gegen die vorgeschlagene Ergänzung aus. Dies zeigt, dass erwogen wurde, Steuerverbindlichkeiten, die im vorläufigen Eigenverwaltungsverfahren begründet werden, in den Regelungsbereich des § 55 Abs. 4 InsO einzubeziehen, auf eine Erweiterung der bestehenden Regelung aber letztlich bewusst verzichtet wurde.[7]

3. Sicherungsrechte von Gläubigern im Insolvenzeröffnungsverfahren

a) Einziehungs- und Verwertungsrechte des Schuldners

Der Schuldner, der ihm zustehende Forderungen zur Absicherung von eigenen Verbindlichkeiten global abgetreten, das Eigentum an Waren in einem Raumsicherungsvertrag übertragen und Vorbehaltsware käuflich er-

6 BGH, Urt. v. 22.11.2018 – IX ZR 167/16, WM 2018, 2373, Rn. 14 ff.
7 BGH, Urt. v. 22.11.2018 – IX ZR 167/16, WM 2018, 2373, Rn. 18 ff.

standen hat, verliert die ihm in der Sicherungsvereinbarung und dem Kaufvertrag eingeräumte Befugnis, die abgetretenen Forderungen einzuziehen und die sicherungsübertragenen und unter Eigentumsvorbehalt erworbenen Waren weiter zu veräußern, nicht ohne weiteres, wenn er die Eröffnung des Insolvenzverfahrens über sein Vermögen beantragt und ein vorläufiger Insolvenzverwalter mit Zustimmungsvorbehalt und Einziehungsbefugnis bestellt wird.

aa) Einziehungsbefugnis überdauert Antragstellung

Die Einziehungsermächtigung der Schuldnerin entfiel allerdings nicht ohne Weiteres mit der Stellung des Insolvenzantrags oder der Bestellung des vorläufigen Insolvenzverwalters. § 21 Abs. 2 S. 1 Nr. 5 InsO gebietet keine gegenteilige Auslegung.[8] Die Frage, wann Einziehungs-, Veräußerungs-, und Verarbeitungsermächtigung wegfallen, kann nur einheitlich beantwortet werden. Die Ermächtigungen sind aufeinander aufgebaut.[9] Der automatische Wegfall der Einziehungs-, Weiterveräußerungs- und Verarbeitungsermächtigungen mit Insolvenzantragstellung oder Bestellung eines vorläufigen Insolvenzverwalters hätte zur Folge, dass jedenfalls in Geschäftsbereichen, in welchen unter Eigentumsvorbehalt gelieferte oder Geldkreditgebern übereignete Ware verarbeitet oder unter Eigentumsvorbehalt gelieferte oder Geldkreditgebern übereignete Ware weiterveräußert wird, mit Stellung des Insolvenzantrags oder mit Bestellung eines vorläufigen Insolvenzverwalters die Produktion und der Verkauf sofort eingestellt werden müssten.[10] Das würde der Intention der Insolvenzordnung und dem Willen des Gesetzgebers widersprechen, den schuldnerischen Betrieb grundsätzlich bis zur Entscheidung der Gläubigerversammlung nach Insolvenzeröffnung fortzuführen.[11] Einer Betriebseinstellung könnte durch eine Anordnung nach § 21 Abs. 2 S. 1 Nr. 5 InsO nicht wirksam begegnet werden. Die Regelung kann zwar bei einem Widerruf der Einziehungsermächtigung helfen, nicht aber bei einem Widerruf der Weiterveräußerungs- und Verarbeitungsermächtigung.[12]

8 BGH, Urt. v. 24.1.2019 – IX ZR 110/17, WM 2019, 542, Rn. 25.
9 BGH, Urt. v. 24.1.2019 – IX ZR 110/17, WM 2019, 542, Rn. 29.
10 BGH, Urt. v. 24.1.2019 – IX ZR 110/17, WM 2019, 542, Rn. 30.
11 BGH, Urt. v. 24.1.2019 – IX ZR 110/17, WM 2019, 542, Rn. 31.
12 BGH, Urt. v. 24.1.2019 – IX ZR 110/17, WM 2019, 542, Rn. 32.

bb) Wegfall der Befugnis wegen Missachtung des ordnungsgemäßen Geschäftsverkehrs

Der Forderungseinzug war im Sinne von § 48 InsO unberechtigt. Denn die Einziehung der Forderungen unter Übergehung der Rechte aus der Globalzession erfolgte nicht im ordnungsgemäßen Geschäftsverkehr. Eine rechtmäßig mit Einwilligung des Eigentümers vorgenommene Forderungseinziehung kann einen Ersatzaussonderungsanspruch des Forderungsinhabers nicht begründen. Wenn ein Sicherungsnehmer oder Vorbehaltsverkäufer in die Forderungseinziehung im normalen oder ordnungsmäßigen Geschäftsgang einwilligt, so dient diese Vereinbarung dem Zweck, den Vorbehaltsverkäufer zu sichern. Sie ist deshalb nach § 157 BGB aus diesem Zweck heraus auszulegen.[13] Der Sicherungszessionar ist mit Bestellung eines vorläufigen Insolvenzverwalters und Anordnung der Forderungseinziehung durch diesen mit der Einziehung der an ihn aufgrund der Globalzession oder des verlängerten Eigentumsvorbehalts abgetretenen Forderungen durch den vorläufigen Insolvenzverwalter – für alle Beteiligten erkennbar – nur unter der Bedingung einverstanden, dass sein Sicherungsinteresse gewahrt ist.[14] Zieht der vorläufige Verwalter kraft einer ihm vom Insolvenzgericht erteilten Ermächtigung Forderungen ein, die der Schuldner zur Sicherheit abgetreten hatte, hat er den eingezogenen Betrag an den Sicherungsnehmer abzuführen oder ihn jedenfalls unterscheidbar zu verwahren. Dies gilt vorliegend auch für den Fall der Globalzession. Denn auch der Globalzessionar ist durch die fortlaufende Abtretung neu entstehender Forderungen nicht hinreichend geschützt, zumindest dann nicht, wenn Anfechtungsgründe bestehen oder er die Ermächtigung widerruft.[15]

cc) Ersatzaussonderung

Der Ersatzaussonderungsanspruch setzt voraus, dass der vom vorläufigen Verwalter aufgrund der gerichtlichen Einziehungsermächtigung vereinnahmte Erlös für die eingezogenen Forderungen in der Masse noch unterscheidbar vorhanden ist. Sofern die Zahlungen direkt auf ein Zahlungskonto erfolgten, kommt es bei der Ersatzaussonderung nur darauf an, dass

13 BGH, Urt. v. 24.1.2019 – IX ZR 110/17, WM 2019, 542, Rn. 36 f.
14 BGH, Urt. v. 24.1.2019 – IX ZR 110/17, WM 2019, 542, Rn. 38.
15 BGH, Urt. v. 24.1.2019 – IX ZR 110/17, WM 2019, 542, Rn. 39.

ein verfügbares Guthaben besteht. Ein Betrag, der dem Konto gutgeschrieben ist, aber materiell nicht der Masse gehört, gilt demnach so lange als vorhanden, wie das Konto eine ausreichende Deckung aufweist. Wird das Konto dagegen zur Zeit der Gutschrift im Soll geführt, so wird die Gegenleistung in dieser Höhe zur Schuldentilgung verbraucht mit der Folge, dass insoweit eine gegenständlich fassbare Gegenleistung nicht mehr vorhanden ist. Gleiches gilt, wenn der Saldo eines zunächst kreditorischen Kontos unter den Betrag der Gutschrift absinkt. Steigt der Saldo in der Folgezeit wieder an, lebt der Ersatzaussonderungsanspruch nicht wieder auf.[16]

dd) Keine Ansprüche aus § 55 InsO

§ 55 Abs. 2 S. 1 InsO betrifft ausschließlich Rechtshandlungen eines vorläufigen Insolvenzverwalters, auf den die Verfügungsbefugnis über das Vermögen des Schuldners übergegangen ist (§ 21 Abs. 2 S. 1 Nr. 2 Fall 1, § 22 Abs. 1 InsO). Sie gilt nicht für den vorläufigen Verwalter ohne Verfügungsbefugnis, dem durch das Insolvenzgericht auch nicht die Ermächtigung erteilt worden ist, einzelne, im Voraus genau festgelegte Verpflichtungen zu Lasten der späteren Insolvenzmasse einzugehen. Außerhalb einer Einzelermächtigung kann auch der mitbestimmende vorläufige Insolvenzverwalter (§ 21 Abs. 2 S. 1 Nr. 2 Fall 2, § 22 Abs. 2 InsO) keine Masseverbindlichkeiten begründen; die Vorschrift des § 55 Abs. 2 InsO ist auch nicht entsprechend anwendbar.[17] Ein Anspruch der Klägerin wegen Massebereicherung nach § 55 Abs. 1 Nr. 3 InsO scheidet ebenfalls aus, weil die Erlöse für die Veräußerung der Getränke aus den Lagern der Schuldnerin vor der Insolvenzeröffnung über ihr Vermögen auf ihre Konten oder die Konten des vorläufigen Insolvenzverwalters geflossen sind. § 55 Abs. 1 Nr. 3 InsO setzt demgegenüber voraus, dass die Insolvenzmasse erst nach der Verfahrenseröffnung bereichert worden ist.[18]

16 BGH, Urt. v. 24.1.2019 – IX ZR 110/17, WM 2019, 542, Rn. 42.
17 BGH, Urt. v. 24.1.2019 – IX ZR 110/17, WM 2019, 542, Rn. 53.
18 BGH, Urt. v. 24.1.2019 – IX ZR 110/17, WM 2019, 542, Rn. 55.

b) Verwertung von zur Sicherung übertragenen Forderungen und Sachen

Die Einziehung sicherungsabgetretener Forderungen und die Veräußerung sicherungsübertragener oder unter Eigentumsvorbehalt erworbener Ware ist unberechtigt, wenn die Sicherungsrechte der Sicherungsnehmer sich nicht auf die Ansprüche auf die Gegenleistung und die eingezogenen Geldbeträge oder das eingenommene Entgelt erstrecken, etwa dadurch, dass der vorläufige Insolvenzverwalter die zur Sicherung abgetretenen Forderungen und die Entgelte aus der Weiterveräußerung schuldnerfremder Gegenstände auf einem zugunsten der Sicherungsnehmer eingerichtetem offenen Treuhandkonto einzieht.

Es ist nicht auszuschließen, dass die Klägerin zumindest zum Teil unbelastetes Sicherungseigentum an den ihr zur Sicherheit übereigneten Waren in den im Raumsicherungsvertrag vereinbarten Lagern und Abholmärkten, zumindest aber ein Anwartschaftsrecht, erworben hat.

aa) Sicherungseigentum der Lieferanten

Die Warenlieferanten haben ihr Vorbehaltseigentum durch die Veräußerung der Waren durch die Einkaufs-GmbH an die Schuldnerin nicht verloren. Wenn die Einkaufs-GmbH, wie der Beklagte behauptet, der Schuldnerin das Eigentum unter einfachen Eigentumsvorbehalt zu eigenen Gunsten übertragen hätte (nachgeschalteter Eigentumsvorbehalt), hätten die Lieferanten ihr Vorbehaltseigentum nicht schon durch die Weiterveräußerung an die Schuldnerin verloren, sondern erst, wenn eine der beiden Kaufpreisforderungen getilgt worden wäre.[19]

bb) Kein Eigentumserwerb der Schuldnerin

Aber auch wenn die Einkaufs-GmbH sich ihrerseits gegenüber der Schuldnerin das Eigentum nicht vorbehalten hätte, hätten die Lieferanten ihr Eigentum durch die Veräußerung an die Schuldnerin nicht verloren. Das Eigentum an der ausgelieferten Ware wäre nur dann auf die Schuldne-

19 BGH, Urt. v. 24.1.2019 – IX ZR 110/17, WM 2019, 542, Rn. 66, 67.

rin übergegangen, wenn es die Einkaufs-GmbH auf die Schuldnerin aufgrund der Veräußerungsermächtigung der Lieferanten (§§ 929 ff., § 185 BGB) im ordentlichen Geschäftsgang wirksam übertragen oder die Schuldnerin aufgrund guten Glaubens (§ 932 BGB oder § 366 HGB) erworben hätte.[20]

Die Veräußerung der Einkaufs-GmbH an die Schuldnerin erfolgte nicht im ordentlichen Geschäftsgang. Der Vertrag zwischen Vorbehaltsverkäufern und der Einkaufs-GmbH als Vorbehaltskäuferin nach § 157 BGB ist aus dem Sicherungszweck heraus auszulegen. Es kommt hiernach darauf an, ob die Weiterveräußerung mit dem Sicherungsbedürfnis des Vorbehaltsverkäufers vereinbar ist. Von der Ermächtigung zur Weiterveräußerung ist daher die unbedingte Veräußerung an einen mit dem Käufer personell und finanziell verflochtenen Zweitabnehmer nicht gedeckt, dessen wirtschaftliche Lage – wie hier – erkennbar äußerst angespannt ist.[21] Aus diesen Erwägungen scheidet auch ein gutgläubiger Erwerb des Eigentums an der Vorbehaltsware durch die Schuldnerin nach § 932 BGB, § 366 HGB aus. Die Schuldnerin wusste um die vereinbarten Eigentumsvorbehalte. Ihr war deswegen auch bekannt, dass die Lieferanten nicht damit einverstanden waren, dass sie ihr Vorbehaltseigentum und weitere Rechte schon durch eine gruppeninterne Weitergabe der Ware verlören, sie vielmehr ihre Rechte gerade auch im Verhältnis zu den Kunden der Schuldnerin wahren wollten.[22]

Es ist aber nicht festgestellt, in welchem Umfang die in den der Klägerin sicherungsübereigneten Lagern und Abholmärkten eingebrachten Waren im Vorbehaltseigentum standen. Deswegen ist zugunsten der Klägerin revisionsrechtlich zu unterstellen, dass sie zumindest teilweise Sicherungseigentum an der eingelagerten Ware erworben hat.[23]

cc) Vermieterpfandrecht

Ein Vermieterpfandrecht, das dem Vermieter in der Insolvenz des Mieters nach § 50 InsO ein Recht auf abgesonderte Befriedigung verschafft, geht

20 BGH, Urt. v. 24.1.2019 – IX ZR 110/17, WM 2019, 542, Rn. 68.
21 BGH, Urt. v. 24.1.2019 – IX ZR 110/17, WM 2019, 542, Rn. 69.
22 BGH, Urt. v. 24.1.2019 – IX ZR 110/17, WM 2019, 542, Rn. 70.
23 BGH, Urt. v. 24.1.2019 – IX ZR 110/17, WM 2019, 542, Rn. 73.

einer Raumsicherungsübereignung vor, und zwar sowohl für die Ware, die im Zeitpunkt der Sicherungsübereignung bereits eingebracht war, als auch für die Ware, die erst nach der Sicherungsübereignung dem Warenlager zugeführt wurde.[24]

dd) Wirksamkeit einer Veräußerung an Letztverbraucher

Die Veräußerung des Sicherungsguts an Kunden der Schuldnerin war der Klägerin gegenüber wirksam. Diese hat ihr Sicherungseigentum an der in die Lager und Abholmärkte eingebrachten Ware verloren. Die Kunden der Schuldnerin, sofern sie die Ware von der Schuldnerin erworben haben, waren über die Sicherungsübereignung nicht informiert. Deswegen haben sie das Eigentum gemäß §§ 932, 933 BGB, § 366 HGB gutgläubig erworben.[25]

ee) Keine Befugnis zur Veräußerung

Die Schuldnerin oder der Beklagte als vorläufiger Insolvenzverwalter, namens und mit Vollmacht der Schuldnerin handelnd, haben die der Klägerin zur Sicherheit übereignete Ware unberechtigt veräußert. Der Beklagte durfte als vorläufiger Verwalter mit Zustimmungsvorbehalt weder die Veräußerung selbst vornehmen noch der Verfügung über das Absonderungsgut durch die Schuldnerin zustimmen. Auch hier ergibt sich die fehlende Berechtigung zur Weiterveräußerung daraus, dass die Weiterveräußerung des Sicherungsguts nicht dem ordnungsgemäßen Geschäftsverkehr entsprach, wenn der Klägerin nach Bestellung eines vorläufigen Verwalters mit Zustimmungsvorbehalt nicht an der Kaufpreisforderung und dem Erlös für die Sicherungsware ein Sicherungsrecht eingeräumt wurde.

ff) Ersatzaussonderung

Die Ersatzaussonderung bar gezahlten Geldes kann daran scheitern, dass es durch Einlage in eine Kasse des Schuldners oder des vorläufigen Insolvenzverwalters mit anderem massezugehörigen Geld ununterscheidbar

24 BGH, Urt. v. 24.1.2019 – IX ZR 110/17, WM 2019, 542, Rn. 74.
25 BGH, Urt. v. 24.1.2019 – IX ZR 110/17, WM 2019, 542, Rn. 75.

vermengt worden ist. Die Unterscheidbarkeit bleibt nur gewahrt, wenn der konkrete Geldbetrag getrennt von anderem Bargeld verwahrt wird. Daran fehlt es, wenn, was im Streitfall anzunehmen ist, vor und nach der Antragstellung bezogene Waren abverkauft und die Erlöse in einer Kasse vermengt werden.[26] Sofern die Erlöse aus der Veräußerung der sicherungsübereigneten Ware den Konten der Schuldnerin oder des Beklagten gutgeschrieben worden sind, sind sie noch in der Masse unterscheidbar vorhanden, wenn sie auf kreditorisch geführte Konten eingezahlt wurden.[27]

II. Eröffnetes Verfahren

1. Verträge in der Insolvenz

a) Girovertrag

Ein Girokonto wird aufgrund eines Girovertrags geführt. Bei diesem handelt es sich um einen Zahlungsdiensterahmenvertrag gemäß § 675f Abs. 2 BGB und damit um einen Geschäftsbesorgungsvertrag (§ 675 Abs. 1, § 675c Abs. 1 BGB). Als solcher erlischt der Girovertrag gemäß §§ 115, 116 InsO durch die Eröffnung des Insolvenzverfahrens. Eine Weiterführung des Kontos nach Insolvenzeröffnung ist nur im Rahmen eines neuen Girovertrags möglich; dieser kann auch konkludent geschlossen werden durch beiderseitige Fortführung der Geschäftsbeziehung.[28] Ein auf diese Weise neu abgeschlossener Girovertrag kommt mit der Masse zustande, sofern ein dem Insolvenzverwalter, auf den gemäß § 80 Abs. 1 InsO die Verwaltungs- und Verfügungsbefugnis über das zur Insolvenzmasse gehörende Vermögen übergegangen ist, mit einem entsprechenden Erklärungsinhalt zurechenbares Verhalten vorliegt. Führt der Schuldner persönlich die bisherige Geschäftsbeziehung mit der Bank fort, kommt es nach dem maßgeblichen objektiven Empfängerhorizont (§§ 133, 157 BGB) darauf an, ob das beiderseitige Verhalten als ein Neuabschluss eines Girovertrags zwischen Bank und Schuldner persönlich zu verstehen ist. Auch wenn der Schuldner persönlich einen neuen Girovertrag abschließt, sind die Ansprüche aus diesem Girovertrag nur dann insolvenzfrei, wenn für beide Vertragsteile besondere Umstände erkennbar sind, aus denen sich ergibt,

26 BGH, Urt. v. 24.1.2019 – IX ZR 110/17, WM 2019, 542, Rn. 82.
27 BGH, Urt. v. 24.1.2019 – IX ZR 110/17, WM 2019, 542, Rn. 84.
28 BGH, Urt. v. 21.2.2019 – IX ZR 246/17, WM 2019, 550, Rn. 11.

dass gerade ein Konto geführt werden soll, das etwa als Pfändungsschutzkonto gemäß § 850k ZPO oder als Konto im Rahmen der freigegebenen selbständigen Tätigkeit des Schuldners zum insolvenzfreien Vermögen gehört. [29]

b) Mietvertrag

aa) Schadensersatzanspruch

Der Mieter verletzt durch ein Tun oder Unterlassen die ihn nach § 241 Abs. 2 BGB treffende Nebenpflicht zur Rücksicht auf die Rechte, Rechtsgüter und Interessen des Vermieters, wenn sein Verhalten nicht mehr von dem ihm zustehenden vertragsgemäßen Gebrauch der Mietsache gedeckt ist und zu deren Verschlechterung führen kann. Verschlechterungen der Mietsache, die durch den vertragsgemäßen Gebrauch herbeigeführt werden, hat der Mieter gemäß § 538 BGB nicht zu vertreten. In einer vom BGH entschiedenen Sache konnte den Gründen der angefochtenen Entscheidung weder ein pflichtwidriges Verhalten der Schuldnerin noch dessen Ursächlichkeit für die Bodenkontamination des Mietgrundstücks entnommen werden.[30]

bb) Räumungsanspruch

Der Räumungsanspruch des Vermieters stellt eine Insolvenzforderung im Sinne von § 38 InsO dar, die gemäß § 87 InsO nur nach den Vorschriften des Insolvenzverfahrens verfolgt werden kann. Als Forderung, die nicht auf einen Geldbetrag gerichtet ist, ist sie gemäß § 45 Abs. 1 S. 1 InsO im Forderungsfeststellungsverfahren nach §§ 174 ff. InsO mit ihrem Schätzwert für die Zeit der Eröffnung des Insolvenzverfahrens geltend zu machen.[31] Als Teil des Rückgabeanspruchs aus § 546 Abs. 1 BGB umfasst der Räumungsanspruch des Vermieters bei Mietgrundstücken die Entfernung der vom Mieter eingebrachten oder vom Vormieter übernommenen Gegenstände und Einrichtungen, über deren Verbleib keine abweichende Vereinbarung getroffen worden ist. Davon abgesehen ist der Zustand, in

29 BGH, Urt. v. 21.2.2019 – IX ZR 246/17, WM 2019, 550, Rn. 12.
30 BGH, Urt. v. 11.4.2019 – IX ZR 79/18, Rn. 32 f.
31 BGH, Urt. v. 11.4.2019 – IX ZR 79/18, Rn. 36.

dem sich die Mietsache bei ihrer Rückgabe befindet, für die allein in der Rückgabe selbst bestehende Leistungspflicht ohne Bedeutung. § 546 Abs. 1 BGB enthält keine Regelung darüber, in welchem Zustand die Mietsache zurückzugeben ist. Bei Verschlechterungen oder Veränderungen der Mietsache kann der Vermieter deshalb zwar Schadensersatz verlangen, ist aber nicht zur Ablehnung ihrer Rücknahme berechtigt. Endet der Mietvertrag nach der Eröffnung des Insolvenzverfahrens, hat wegen des Räumungsanspruchs des Vermieters die Abgrenzung zwischen Masseverbindlichkeit und Insolvenzforderung grundsätzlich danach zu erfolgen, wann das Räumungsgut auf das Mietgrundstück verbracht worden ist. Soweit die zu räumenden Gegenstände und Einrichtungen bereits vor Eröffnung des Insolvenzverfahrens auf dem Mietgrundstück vorhanden waren, begründet der Räumungsanspruch eine Insolvenzforderung.[32]

c) Anspruch auf Abschluss eines Vertrages

Der einem Gläubiger zur Zeit der Insolvenzeröffnung zustehende Anspruch auf Abschluss eines Vertrages mit dem Schuldner stellt eine Insolvenzforderung dar. Diese kann nur mit dem geschätzten Wert des Anspruchs zur Tabelle angemeldet werden.

Im Zeitpunkt der Eröffnung des Insolvenzverfahrens der Schuldnerin hatte die Klägerin die Schuldnerin noch nicht zum Abschluss des Mietvertrages aufgefordert. Sie hatte also nur einen Anspruch darauf, dass die Schuldnerin bei Vorliegen der vertraglichen Voraussetzungen auf eine entsprechende Aufforderung hin einen Mietvertrag schloss. Dieser Anspruch, ein Vermögensanspruch gegen den Schuldner, stellte folglich eine Insolvenzforderung im Sinne von § 38 InsO dar. Gemäß § 87 InsO können die Insolvenzgläubiger ihre Forderungen nur noch nach den Vorschriften über das Insolvenzverfahren verfolgen, sie also zur Tabelle anmelden (§§ 174 ff. InsO). Eine Forderung, die nicht auf Geld gerichtet ist, ist mit dem Wert geltend zu machen, der für die Zeit der Eröffnung des Insolvenzverfahren geschätzt werden kann (§ 45 S. 1 InsO). Die Erfüllung des Anspruchs, hier also der Abschluss des Mietvertrages, kann nicht mehr verlangt werden.[33] Konnte die Klägerin nach der Eröffnung des Insolvenzverfahrens über das Vermögen der Schuldnerin ihren Anspruch auf

32 BGH, Urt. v. 11.4.2019 – IX ZR 79/18, Rn. 38 f.
33 BGH, Urt. v. 11.10.2018 – IX ZR 217/17, WM 2018, 2099, Rn. 11.

Abschluss eines Mietvertrages nicht mehr durchsetzen, ist auch kein Raum mehr für Ansprüche aus dem Mietvertrag auf Zahlung von Miete oder auf Schadensersatz wegen Nichterfüllung des nicht zustande gekommenen Mietvertrages zwischen der Schuldnerin und der Klägerin.[34]

d) Beiderseits nicht erfüllte Verträge

Der Insolvenzverwalter kann nur dann die Erfüllung eines gegenseitigen Vertrages verlangen oder die Erfüllung ablehnen, wenn im Zeitpunkt der Eröffnung im Synallagma stehende Hauptleistungspflichten ganz oder teilweise ausstanden. Ihrem Wortlaut nach knüpft die Vorschrift des § 103 InsO nur an die nicht vollständige Erfüllung der vertraglichen Pflichten der einen und der anderen Vertragspartei an, ohne nach deren Art und Umfang zu unterscheiden. Nach heutigem Verständnis der Vorschrift des § 103 InsO dient das Wahlrecht des Insolvenzverwalters nicht nur und nicht einmal in erster Linie dem Schutz des Vertragspartners des Insolvenzschuldners. Die Vorschrift dient dazu, dem Vertragspartner des Insolvenzschuldners den durch das funktionelle Synallagma vermittelten Schutz zu erhalten, soll es aber vor allem dem Verwalter ermöglichen, den Vertrag zum Vorteil der Masse und damit im Interesse der Gläubigergesamtheit auszuführen. Das Wahlrecht des Insolvenzverwalters besteht nur bei gegenseitigen Verträgen und knüpft an die beiderseitigen Pflichten aus derartigen Verträgen an. Es ist dazu geschaffen worden, um dem Verwalter die Durchführung günstiger Verträge zu ermöglichen, zugleich aber dem Vertragspartner den Schutz der §§ 320 ff. BGB zu erhalten. Der Anwendungsbereich des § 103 InsO kann daher nur dann eröffnet sein, wenn auf beiden Seiten synallagmatische Pflichten noch nicht vollständig erfüllt sind. Neben- und Nebenleistungspflichten, die mit den Vertragspflichten der anderen Vertragspartei nicht synallagmatisch verbunden sind, reichen nicht.[35]

Dem Verwalter im Insolvenzverfahren über das Vermögen des Unternehmers steht kein Recht zur Erfüllungswahl oder Ablehnung der Erfüllung zu, wenn der Besteller den Werklohn vor der Eröffnung des Insolvenzverfahrens vollständig gezahlt hatte und nur die Abnahme der vom Unternehmer verweigerten Mängelbeseitigungsarbeiten ausstand. Das Gegen-

34 BGH, Urt. v. 11.10.2018 – IX ZR 217/17, WM 2018, 2099, Rn. 12.
35 BGH, Urt. v. 16.5.2019 – IX ZR 44/18, Rn. 17 ff.

seitigkeitsverhältnis erstreckt sich bei gegenseitigen Verträgen auf alle Hauptleistungspflichten und auf alle sonstigen vertraglichen Pflichten, die nach dem Vertragszweck von wesentlicher Bedeutung sind. Entscheidend für die Abgrenzung ist der durch Auslegung zu ermittelnde Wille der Parteien. Die Pflicht zur Abnahme einer Mängelbeseitigungsleistung (§ 13 Nr. 5 Abs. 1 S. 3 VOB/B) ist eine vertragliche Nebenpflicht, die mit den Hauptpflichten des Unternehmers, insbesondere mit dessen Pflicht zur Herstellung eines mangelfreien Werkes, nicht synallagmatisch verbunden ist.[36]

2. Anmeldung einer Forderung

a) Anmeldung und Feststellung

Gemäß § 181 InsO kann die Feststellung einer Forderung nach Grund, Betrag und Rang nur in der Weise begehrt werden, wie die Forderung in der Anmeldung oder im Prüftermin bezeichnet worden ist. Die Anmeldung zur Tabelle ist Sachurteilsvoraussetzung; eine Feststellungsklage ohne Anmeldung ist unzulässig. Der Grund für das vorrangig zu betreibende Anmeldungs- und Prüfungsverfahren liegt darin, dass das Feststellungsurteil gemäß § 183 InsO gegenüber dem Insolvenzverwalter und allen Gläubigern wirkt. Die Gläubiger müssen ebenso wie der Verwalter selbst zunächst Gelegenheit erhalten, die angemeldete Forderung zu prüfen und gegebenenfalls zu bestreiten. Maßgebend für diese Prüfung ist der Sachverhalt, der in der Anmeldung angegeben worden ist (§ 174 Abs. 1 S. 1, Abs. 2 InsO). Dieser Sachverhalt, der Grund des Anspruchs, bestimmt, soweit die Forderung als anerkannt in die Tabelle eingetragen wird, den Umfang der Rechtskraft der Eintragung gegenüber den Gläubigern (§ 183 InsO) und, soweit die Forderung bestritten wird, den Umfang der Rechtskraft des im Feststellungsprozess ergehenden Urteils. Deswegen muss der Anspruchsgrund bei der Anmeldung zur Tabelle angegeben werden. Der Gläubiger hat bei der Anmeldung den Lebenssachverhalt darzulegen, der in Verbindung mit einem – nicht notwendig ebenfalls vorzutragenden – Rechtssatz die geltend gemachte Forderung als begründet erscheinen lässt. Die rechtliche Einordnung der Forderung ist nicht Gegenstand der Anmeldung.[37] Im Streitfall fehlt es an einer ordnungsgemäßen Anmel-

36 BGH, Urt. v. 16.5.2019 – IX ZR 44/18, Rn. 27 ff.
37 BGH, Urt. v. 11.10.2018 – IX ZR 217/17, WM 2018, 2099, Rn. 14.

dung. Angemeldet wurden Forderungen aus einem geschlossenen Mietvertrag. Tatsächlich bestand lediglich ein Anspruch auf Abschluss eines Mietvertrages.

b) Rücknahme einer Anmeldung

aa) Grundsätzliche Zulässigkeit

Die Rücknahme einer Forderungsanmeldung ist im Insolvenzverfahren jedenfalls bis zur Feststellung der angemeldeten Forderung möglich. Sie hat zur Folge, dass die Forderung nicht mehr am Insolvenzverfahren teilnimmt. Einer ohne vorherige Wiederanmeldung gleichwohl erhobenen Feststellungsklage ist damit die Grundlage entzogen. Sie ist mangels Rechtsschutzbedürfnis unzulässig. Diese Grundsätze finden auch auf eine Teilrücknahme der Forderungsanmeldung Anwendung. Ein Betreiben der angemeldeten Forderung ist nach der Teilrücknahme nur noch in dem Umfang zulässig, in dem die Anmeldung nicht zurückgenommen worden ist.[38]

bb) Adressat der Rücknahmeerklärung

Jedenfalls bis zur Aufnahme in die Tabelle kann die Forderungsanmeldung noch durch Erklärung gegenüber dem Insolvenzverwalter zurückgenommen werden. Spätestens der Prüftermin führt jedoch zu einer relevanten Zäsur im Feststellungsverfahren, der dadurch Rechnung zu tragen ist, dass die Rücknahme einer geprüften Forderungsanmeldung gegenüber dem Insolvenzgericht zu erklären ist. Der Grund für die Zäsur besteht darin, dass nach dem Prüftermin nicht mehr dem Insolvenzverwalter, sondern dem Insolvenzgericht die weitere Führung der Tabelle obliegt. Soweit der Verwalter die Tabelle weiter pflegt und Änderungen dem Gericht übermittelt, handelt es sich nur um Vorbereitungshandlungen.[39]

Allerdings kann auch eine Rücknahmeerklärung, die an den Insolvenzverwalter adressiert ist, zur Rücknahme einer geprüften Forderungsanmeldung führen. Voraussetzung hierfür ist, dass der Insolvenzverwalter die

38 BGH, Urt. v. 11.4.2019 – IX ZR 79/18, Rn. 17.
39 BGH, Urt. v. 11.4.2019 – IX ZR 79/18, Rn. 20.

Erklärung an das Insolvenzgericht weitergeleitet hat. Es handelt sich sowohl bei der Anmeldung einer Forderung als auch bei deren Rücknahme um eine Prozesshandlung. Die gegenüber einem für die Entscheidung über das Rechtsmittel nicht (mehr) zuständigen Gericht erklärte Rücknahme wird jedenfalls dann mit Eingang des Schriftsatzes, der die Rücknahmeerklärung enthält, bei dem zuständigen Gericht wirksam, wenn Anhaltspunkte dafür fehlen, dass die Rücknahme nur gegenüber dem unzuständigen Gericht ausgesprochen werden sollte. Die Weiterleitung der Rücknahmeerklärung durch den Insolvenzverwalter an das Insolvenzgericht steht im Forderungsfeststellungsverfahren der Weiterleitung durch ein unzuständiges Gericht gleich, weil der Insolvenzverwalter in diesem Verfahren richtiger Adressat einer Prozesshandlung sein kann.[40]

3. Insolvenzverwalter

a) Verwirkung der Vergütung

aa) Voraussetzungen

Ein Insolvenzverwalter, der zum Nachteil der Masse eine strafbare Untreue begeht, um sich oder einen nahen Angehörigen zu bereichern, handelt regelmäßig in besonders schwerem Maß verwerflich und verwirkt in der Regel seinen Anspruch auf Vergütung.

Nach der Rechtsprechung des Bundesgerichtshofs verwirkt der Insolvenzverwalter seinen Anspruch auf Vergütung entsprechend dem der Regelung in § 654 BGB zugrunde liegenden allgemeinen Rechtsgedanken, wenn er vorsätzlich oder grob leichtfertig die ihm obliegende Treuepflicht so schwerwiegend verletzt, dass er sich seines Lohnes als "unwürdig" erweist. Da der Insolvenzverwalter einen gemäß Art. 12 Abs. 1 GG verfassungsrechtlich gewährleisteten Anspruch auf Vergütung seiner Tätigkeit hat, kommt ein Ausschluss der Vergütung bei Berücksichtigung des Verhältnismäßigkeitsgrundsatzes allerdings nur in eng begrenzten Ausnahmefällen in Betracht. Es genügt nicht jede objektiv erhebliche Pflichtverletzung. Die Versagung jeglicher Vergütung kommt vielmehr nur bei einer schweren, subjektiv in hohem Maße vorwerfbaren Verletzung der Treue-

40 BGH, Urt. v. 11.4.2019 – IX ZR 79/18, Rn. 24 ff.

pflicht in Betracht. Ein solcher Fall liegt insbesondere dann vor, wenn der Insolvenzverwalter besonders schwerwiegende Pflichtverletzungen in Form von Straftaten zum Nachteil der Masse begangen hat.[41]

Begeht der Insolvenzverwalter die vorsätzliche Straftat zum Nachteil der Masse, um sich oder einen nahen Angehörigen zu bereichern, handelt er regelmäßig in besonders schwerem Maß verwerflich. Dies gilt insbesondere, wenn es sich nicht um eine Einzeltat geringen Gewichts handelt, sondern um ein systematisches Vorgehen des Insolvenzverwalters, das dieser über mehrere Jahre zum Nachteil der Insolvenzmasse fortgesetzt hat. Sorgt der Insolvenzverwalter über einen längerem Zeitraum durch ein systematisches Vorgehen dafür, für sich oder seine Angehörigen wirtschaftliche Vorteile aus der Verwaltung der Masse zu ziehen, die zum Nachteil der Insolvenzmasse gehen, und begeht er dabei eine strafbare Untreue, hat er regelmäßig seinen Vergütungsanspruch verwirkt. Denn mit diesem Verhalten missachtet der Insolvenzverwalter eine seiner Hauptpflichten, die Insolvenzmasse zu sichern und zu erhalten, und verlässt damit die grundlegende Vertrauensbasis, auf der seine Bestellung durch das Insolvenzgericht beruht. Die an einen Insolvenzverwalter gestellte Erwartung, er werde im Rahmen seiner Amtsausübung weder sich noch seine Angehörigen in strafbarer Weise vorsätzlich zu Lasten der Masse bereichern, enthält elementare, einfach zu erfüllende Anforderungen und betrifft den Kern der Treuepflicht.[42]

bb) Rechtsfolge

Im Falle einer schwerwiegenden Pflichtverletzung scheidet eine bloße Kürzung der Vergütung auf einen – noch angemessenen – (Rest-)Betrag aus Rechtsgründen aus. Vielmehr führt die Verwirkung dazu, dass der Insolvenzverwalter mit seinem Anspruch auf Vergütung insgesamt ausgeschlossen ist.

Kommt das Tatgericht bei der Gesamtwürdigung zur Überzeugung, dass der Verwalter vorsätzlich oder grob leichtfertig die ihm obliegende Treuepflicht so schwerwiegend verletzt hat, dass er sich seines Lohnes als "unwürdig" erweist und deshalb die Voraussetzungen erfüllt sind, unter denen

41 BGH, Beschl. v. 22.11.2018 – IX ZB 14/18, WM 2019, 39, Rn. 16.
42 BGH, Beschl. v. 22.11.2018 – IX ZB 14/18, WM 2019, 39, Rn. 21.

ein Insolvenzverwalter seinen Vergütungsanspruch verwirkt, scheidet eine bloße Kürzung der Vergütung auf einen – noch angemessenen – (Rest-)Betrag bereits aus Rechtsgründen aus. Vielmehr führt die Verwirkung dazu, dass der Insolvenzverwalter mit seinem Anspruch auf Vergütung insgesamt ausgeschlossen ist.

Die Insolvenzverwaltervergütung ist als Tätigkeitsvergütung ausgestaltet, so dass der Einwand mangelhafter oder erfolgloser Leistung – von der Geltendmachung von Schadensersatzansprüchen abgesehen – die Höhe der Vergütung grundsätzlich nicht zu beeinflussen vermag. Deshalb hat auch ein Verwalter, der gemäß § 59 Abs. 1 InsO vom Insolvenzgericht aus wichtigem Grund entlassen worden ist, grundsätzlich einen Anspruch auf Festsetzung der Vergütung für seine bisherige Tätigkeit. Pflichtverletzungen des Verwalters können daher grundsätzlich nicht zu einer Minderung der Vergütung führen.[43] Dies gilt regelmäßig auch bei schweren Pflichtverletzungen des Verwalters. Eine Kürzung für eine treuwidrige Pflichtverletzung, die keine vollständige Verwirkung rechtfertigt, läuft auf eine Minderung der Vergütung für Schlechtleistung hinaus. Dies widerspricht dem Grundsatz, dass die Insolvenzverwaltervergütung eine Tätigkeitsvergütung darstellt, die dem Insolvenzverwalter grundsätzlich unabhängig von Pflichtverletzungen zusteht. Diese Rechtsauffassung erweitert zudem entgegen der Rechtsprechung des Bundesgerichtshofs, wonach der verfassungsrechtlich verbürgte Anspruch des Insolvenzverwalters auf eine seiner Qualifikation und Tätigkeit angemessene Vergütung und der Verhältnismäßigkeitsgrundsatz eine enge Begrenzung der Fälle gebieten, in denen ein Anspruch auf Vergütung ausgeschlossen ist, den Anwendungsbereich des aus § 654 BGB folgenden allgemeinen Rechtsgedankens auf Pflichtverletzungen, die keinen Ausschluss der Vergütung rechtfertigen.[44]

b) Abberufung aus wichtigem Grund

Ein wichtiger Grund zur Abberufung des Gesamtvollstreckungsverwalters kann sich auch aus dessen Verhalten im Zusammenhang mit dem Abschluss eines Vergleichs nach § 16 GesO ergeben.

43 BGH, Beschl. v. 22.11.2018 – IX ZB 14/18, WM 2019, 39, Rn. 24.
44 BGH, Beschl. v. 22.11.2018 – IX ZB 14/18, WM 2019, 39, Rn. 25.

Parteien des Vergleichs sind der Schuldner sowie die nicht bevorrechtigten Gläubiger (§ 16 Abs. 2 GesO). Sie entscheiden im Rahmen der gesetzlichen Vorgaben frei und in eigener Verantwortung über dessen inhaltliche Ausgestaltung, vorbehaltlich der Bestätigung des Vergleichs durch das Gesamtvollstreckungsgericht. Der Gesamtvollstreckungsverwalter ist am Vergleich formal nicht beteiligt. Gleichwohl kann er durch sein Verhalten aus Anlass des Vergleichsschlusses die ihm obliegenden Pflichten verletzen. Ein Gesamtvollstreckungsverwalter ist – wie ein Konkurs- oder Insolvenzverwalter – verpflichtet, die Masse im Befriedigungsinteresse der Gläubiger zu erhalten und zu verhindern, dass Bestandteile der Masse dem Zweck des Gesamtvollstreckungsverfahrens zuwider verwendet werden. Soweit den Gläubigern das Recht eingeräumt ist, über den Fortgang des Verfahrens mitzubestimmen, müssen die vom Verwalter hierzu erteilten Informationen vollständig und richtig sein. Deshalb verletzt ein Gesamtvollstreckungsverwalter, der sich maßgeblich an der Ausarbeitung eines Vergleichs nach § 16 GesO beteiligt und die von den Gläubigern hierzu benötigten Informationen zur Verfügung stellt, seine Pflichten, wenn er verschweigt, dass noch mit erheblichen späteren Verwertungserlösen zu rechnen ist, oder zur Verwendung solcher Erlöse unzureichende Angaben macht, insbesondere wenn er nicht mitteilt, dass spätere Erlöse, soweit nicht anderweitig benötigt, endgültig bei einem von ihm bestimmten Treuhänder verbleiben sollen.[45]

c) Zeugnisverweigerung

In einem Prozess eines Gläubigers auf Feststellung einer Forderung zur Insolvenztabelle ist der Insolvenzschuldner nicht Rechtsvorgänger des beklagten Insolvenzverwalters im Sinne des § 385 Abs. 1 Nr. 4 ZPO. Die Vorschrift ist auch nicht analog auf den Insolvenzschuldner anwendbar.

Der Insolvenzschuldner ist nicht Rechtsvorgänger des Insolvenzverwalters. Der Begriff des Rechtsvorgängers nach § 385 Abs. 1 Nr. 4 ZPO ist nach dem Willen des Gesetzgebers nach den Vorschriften des bürgerlichen Rechts zu beurteilen. Zwar ist mit der Insolvenzeröffnung und der Bestellung des Insolvenzverwalters ein Übergang der Verfügungsbefugnis vom Insolvenzschuldner auf den Insolvenzverwalter verbunden. Dies stellt

45 BGH, Beschl. v. 21.3.2019 – IX ZB 47/17, WM 2019, 1026, Rn 18 f.

jedoch weder für den Übergang der Verwaltungsbefugnis auf den Insolvenzverwalter, noch für deren Wegfall nach Aufhebung des Insolvenzverfahrens oder Freigabe durch den Insolvenzverwalter eine Rechtsnachfolge dar.[46]

Eine analoge Anwendung des § 385 Abs. 1 Nr. 4 1. Fall ZPO auf den Insolvenzschuldner als Zeuge in einem Prozess des Gläubigers gegen den Insolvenzverwalter kommt auch nicht in Betracht. Zwar wird eine analoge Anwendung von Vorschriften der Zivilprozessordnung, in denen die Rechtsnachfolge bzw. eine Stellung als Rechtsvorgänger eine Rolle spielt, auf den Insolvenzverwalter in Erwägung gezogen. Die für eine analoge Anwendung des § 385 Abs. 1 Nr. 4, 1. Fall ZPO erforderliche planwidrige Regelungslücke fehlt jedoch. Der Gesetzgeber hat ausweislich der Materialien zur Verabschiedung der Zivilprozessordnung unter dem Rechtsvorgänger nur denjenigen im Sinne des Bürgerlichen Rechts verstanden. Der Übergang der Verwaltungsbefugnisse auf den Insolvenzverwalter macht den Insolvenzverwalter nicht zum Rechtsnachfolger des Insolvenzschuldners und umgekehrt letzteren nicht zum Rechtsvorgänger des Insolvenzverwalters. Die Zivilprozessordnung gehörte wie auch die Konkursordnung zu den Reichsjustizgesetzen, die im unmittelbaren zeitlichen Zusammenhang miteinander verabschiedet und in Kraft getreten sind. Gleichwohl hat der Gesetzgeber den Übergang der Verwaltungsbefugnisse auf den Konkursverwalter nach der Konkursordnung nicht ausdrücklich mit in die Regelungen des § 350 Abs. 1 Nr. 4 CPO [jetzt § 385 Abs. 1 Nr. 4 ZPO] einbezogen.[47]

d) Keine Haftung einer Hinterlegungsstelle wie ein Insolvenzverwalter

aa) Notwendigkeit eines Beschlusses über Einrichtung einer Hinterlegungsstelle

Bestimmungen der Gläubigerversammlung, bei welcher Stelle und zu welchen Bedingungen Geld, Wertpapiere oder Kostbarkeiten zu hinterlegen sind, erfordern einen förmlichen Beschluss der Gläubigerversammlung. Nimmt die Gläubigerversammlung lediglich zur Kenntnis, dass der

46 BGH, Beschl. v. 20.11.2018 – II ZB 22/17, WM 2019, 125, Rn. 16.
47 BGH, Beschl. v. 20.11.2018 – II ZB 22/17, WM 2019, 125, Rn. 17.

Insolvenzverwalter eine Hinterlegungsstelle eingerichtet hat, ersetzt dies nicht den Beschluss der Gläubigerversammlung nach § 149 Abs. 2 InsO.[48]

bb) Keine speziellen Pflichten der Bank als Hinterlegungsstelle

Eine Bank, die zur Hinterlegungsstelle bestimmt worden ist, treffen keine insolvenzspezifischen Pflichten zum Schutz der Insolvenzmasse oder der Insolvenzgläubiger, bei deren Verletzung die Bank als Hinterlegungsstelle zum Schadensersatz verpflichtet ist. Die Insolvenzordnung enthält insbesondere keine Regelung, wonach die Hinterlegungsstelle Verfügungen des Insolvenzverwalters darauf zu überprüfen hat, ob diese sachlich berechtigt sind und der Insolvenzverwalter pflichtgemäß handelt.[49] § 149 Abs. 1 S. 1 InsO eröffnet die Möglichkeit für den Gläubigerausschuss zu bestimmen, bei welcher Stelle und zu welchen Bedingungen Geld, Wertpapiere und Kostbarkeiten hinterlegt oder angelegt werden sollen. § 149 Abs. 1 S. 2, Abs. 2 InsO regeln, welche Befugnisse Insolvenzgericht und Gläubigerversammlung in dieser Hinsicht zukommen. Diese Vorschriften begründen hingegen keine besonderen Pflichten der Hinterlegungsstelle.[50] Die Hinterlegungsstelle wird keine Gehilfin für die Durchführung des Insolvenzverfahrens, noch begründet die Stellung als Beteiligte des Insolvenzverfahrens zur Haftung führende insolvenzspezifische Pflichten. §§ 60, 71 InsO bestimmen, dass der Insolvenzverwalter oder die Mitglieder des Gläubigerausschusses einem Beteiligen des Insolvenzverfahrens zum Schadensersatz verpflichtet sind. Daraus lässt sich nicht der Schluss ziehen, dass die Hinterlegungsstelle kraft ihrer Stellung als Beteiligte des Insolvenzverfahrens für einen von ihr verursachten Schaden haftet.[51]

cc) Vertragliche Warnpflicht der Bank

Dient ein bei einem Kreditinstitut geführtes Insolvenz-Sonderkonto für die Bank erkennbar dazu, in der Art einer Hinterlegungsstelle zu Gunsten der verwalteten Masse eingehende Gelder zu sammeln, kann die Bank eine Warnpflicht gegenüber dem Insolvenzgericht oder – sofern vorhanden und

48 BGH, Urt. v. 7.2.2019 – IX ZR 47/18.
49 BGH, Urt. v. 7.2.2019 – IX ZR 47/18.
50 BGH, Urt. v. 7.2.2019 – IX ZR 47/18.
51 BGH, Urt. v. 7.2.2019 – IX ZR 47/18.

der Bank bekannt – dem Gläubigerausschuss treffen, wenn der Zahlungsauftrag des Insolvenzverwalters für das Konto objektiv evident insolvenzzweckwidrig ist und sich der Bank aufgrund der Umstände des Einzelfalls ohne weiteres begründete Zweifel an der Vereinbarkeit der Handlung mit dem Zweck des Insolvenzverfahrens aufdrängen müssen.[52]

Danach handelt eine Bank pflichtwidrig, wenn ihr zum einen im Zeitpunkt der Verfügung über das Kontoguthaben aufgrund der Gesamtumstände bekannt sein muss, dass Gläubigerausschuss, Insolvenzgericht oder Gläubigerversammlung die Bank gemäß § 149 InsO als Hinterlegungsstelle bestimmt haben oder dass das bei ihr eingerichtete Sonderkonto – auch ohne förmliche Bestimmung einer Hinterlegungsstelle – dazu dient, in der Art einer Hinterlegungsstelle die zu Gunsten der verwalteten Masse eingehenden Gelder zu sammeln. Hierzu kann es insbesondere genügen, wenn der Insolvenzverwalter die Hinterlegungsstelle eingerichtet hat und dies der Bank nach den Gesamtumständen bekannt sein muss. Zum anderen muss sich der Bank nach den Gesamtumständen aufdrängen, dass es sich um einen objektiv evident insolvenzzweckwidrigen Zahlungsauftrag handelt, weil die Art der Verfügung mit der Eigenschaft des Sonderkontos als Hinterlegungskonto oder Anlagekonto für Massegelder in einem Insolvenzverfahren offensichtlich unvereinbar ist. Dies ist typischerweise der Fall, wenn der Insolvenzverwalter zu seinen Gunsten über nahezu das gesamte Guthaben auf einem der Bank erkennbar in der Art einer Hinterlegungsstelle geführten Sonderkonto verfügt, ohne dass hierfür triftige Gründe nachvollziehbar genannt werden.[53]

Eine sich aus der Kontobeziehung bei einem Insolvenz-Sonderkonto ergebende Warnpflicht hat die Bank gegenüber dem Insolvenzgericht und – sofern vorhanden und der Bank bekannt – dem Gläubigerausschuss zu erfüllen. Der Insolvenzverwalter steht unter der Aufsicht des Insolvenzgerichts (§ 58 Abs. 1 S. 1 InsO); die Mitglieder des Gläubigerausschusses haben den Insolvenzverwalter bei seiner Geschäftsführung zu unterstützen und zu überwachen (§ 69 S. 1 InsO). Insolvenzgericht und Gläubigerausschuss nehmen diese Aufgaben auch im Interesse der Insolvenzgläubiger wahr, deren Befriedigung die Insolvenzmasse dient (vgl. § 1 S. 1 InsO), und die selbst zu einer Überwachung nicht in der Lage sind. Der Schuld-

52 BGH, Urt. v. 7.2.2019 – IX ZR 47/18.
53 BGH, Urt. v. 7.2.2019 – IX ZR 47/18.

ner ist hingegen kein tauglicher Empfänger eines Warnhinweises, weil er nicht mehr verwaltungs- und verfügungsbefugt ist (§ 80 InsO).[54]

Ein Sonderkonto ist Bestandteil der Masse, weil dessen Guthaben vermögensrechtlich der Masse zuzuordnen ist, während die Verfügungsbefugnis dem Verwalter als Ermächtigungstreuhänder (§§ 80, 148 InsO) zukommt. Das Sonderkonto ist ein Konto, bei dem die Verfügungsmacht einem anderen als dem Rechtsträger zusteht. Unabhängig davon, ob das Sonderkonto ausdrücklich auf den Namen des Schuldners oder auf den Namen des Insolvenzverwalters als Partei kraft Amtes für eine bestimmte Insolvenzmasse lautet, ist das Sonderkonto nach Insolvenzeröffnung stets Bestandteil der Insolvenzmasse. Im Streitfall fehlt es an einer Kundenbeziehung zwischen der Beklagten und der Insolvenzmasse. Es bestand allein eine Kundenbeziehung zwischen der Beklagten und dem Altverwalter persönlich, so dass die Beklagte keine Warnpflicht gegenüber dem Insolvenzgericht traf.[55]

dd) Keine Prüfpflicht der Bank wegen Verletzung der Pflicht zur Einrichtung eines Sonderkontos statt eines Anderkontos

Die Einrichtung eines Anderkontos zur Anlage von Massegeldern, das nicht die Masse selbst als materiell berechtigt ausweist, ist unzulässig und pflichtwidrig. Die Geldmittel der Insolvenzmasse eignen sich nicht zur Anlage auf einem Anderkonto, weil es sich dabei um ein Vollrechtstreuhandkonto handelt, aus dem ausschließlich der das Konto eröffnende Rechtsanwalt persönlich der Bank gegenüber berechtigt und verpflichtet ist. Damit leitet der Insolvenzverwalter Gelder der Insolvenzmasse in sein eigenes Vermögen über. Das Kontoguthaben auf einem Anderkonto ist gerade kein Bestandteil der Masse. Jedoch begründen weder die pflichtwidrige Einrichtung des Anderkontos noch die Führung des Anderkontos allgemeine Prüf- und Überwachungspflichten der Bank. Führt ein Insolvenzverwalter ein Anderkonto bei der zur Hinterlegungsstelle bestimmten Bank, ist die Bank regelmäßig nicht verpflichtet, die Rechtmäßigkeit der Verfügungen zu prüfen.[56]

54 BGH, Urt. v. 7.2.2019 – IX ZR 47/18.
55 BGH, Urt. v. 7.2.2019 – IX ZR 47/18.
56 BGH, Urt. v. 7.2.2019 – IX ZR 47/18.

ee) Haftung aus § 826 BGB

Erforderlich ist, dass sich die Bank einer objektiv evident insolvenzzweckwidrigen Schädigung durch Veruntreuungen leichtfertig verschlossen hat. Dies setzt insbesondere den Nachweis voraus, dass sie erhebliche Umstände positiv gekannt hat, auf deren Grundlage sich eine vorsätzlich sittenwidrige Schädigung der Masse aufdrängte, und eine Unkenntnis der Veruntreuungen durch den früheren Verwalter vor diesem Hintergrund auf Leichtfertigkeit der Bank zurückzuführen ist.[57]

4. Umfang der Masse

Die Insolvenzmasse erfasst gemäß § 35 Abs. 1 InsO das Vermögen, das dem Schuldner zur Zeit der Eröffnung des Insolvenzverfahrens gehört und das er während des Insolvenzverfahrens erwirbt.

a) Grundsatz

Ein Vermögensrecht gehört dann zur Masse, wenn sein Erwerbstatbestand im Zeitpunkt der Verfahrenseröffnung vollendet ist. "Gehören" bedeutet dem Rechte nach zustehen. Ob Forderungen zur Insolvenzmasse gehören, richtet sich danach, ob sie bis zur Beendigung des Insolvenzverfahrens bereits entstanden sind. Massebestandteil ist eine Forderung daher, wenn der Rechtsgrund so weit und endgültig verwirklicht worden ist, dass das betreffende Recht sofort als umsetzungsfähiger Bestandteil zum Vermögen des Schuldners zu rechnen ist. Entscheidend ist, ob vom Entstehungstatbestand bereits so viele Erfordernisse erfüllt sind, dass die Vollendung nicht mehr von einem willensgesteuerten Verhalten des Schuldners abhängt. Dies kann auch der Fall sein, wenn dem Schuldner eine bedingte Forderung zusteht. Hier muss der Vermögensgegenstand insbesondere so in das Vermögen des Schuldners gelangt sein, dass weder für den Drittschuldner noch für einen Dritten eine Möglichkeit besteht, diesen aufgrund alleiniger Entscheidung zurückzuerhalten.[58]

57 BGH, Urt. v. 7.2.2019 – IX ZR 47/18.
58 BGH, Beschl. v. 20.12.2018 – IX ZB 8/17, WM 2019, 217, Rn. 11; Urt. v. 21.2.2019 – IX ZR 246/17, WM 2019, 550, Rn. 26.

b) Lebensversicherung

Bei einer Lebensversicherung gehören Ansprüche auf die Versicherungsleistung im Versicherungsfall, die dem Schuldner als Versicherungsnehmer oder aufgrund eines unwiderruflichen Bezugsrechts zustehen, bereits vor Eintritt des Versicherungsfalls zur Insolvenzmasse.

aa) Schuldner als Versicherungsnehmer

Ist der Schuldner Versicherungsnehmer der Lebensversicherung, fällt der Anspruch auf die Versicherungsleistung regelmäßig in die Insolvenzmasse. Bei einer Lebensversicherung ist der Anspruch des Versicherungsnehmers auf die Versicherungsleistung bereits mit Abschluss des Versicherungsvertrags begründet, jedoch aufschiebend bedingt durch den Eintritt des Versicherungsfalls. Der Versicherer schuldet die vertragliche Leistung im Versicherungsfall mit Abschluss des Versicherungsvertrags. Deshalb besteht hinsichtlich dieses Anspruchs ein Anwartschaftsrecht, das grundsätzlich zur Masse gehört. Mit der Entstehung des in dem aufschiebend bedingten Anspruch auf die Versicherungsleistung liegenden Anwartschaftsrechts ist der nach insolvenzrechtlichen Grundsätzen maßgebliche Rechtsgrund für den Anspruch gelegt.[59]

bb) Bezugsrecht eines Dritten

Soweit der Schuldner nicht Versicherungsnehmer des Lebensversicherungsvertrags ist, kommt es auf seine versicherungsrechtliche Stellung an. Der einem als bezugsberechtigt benannten Dritten zustehende Anspruch auf die Leistung des Versicherers entsteht grundsätzlich erst mit Eintritt des Versicherungsfalls (§ 159 Abs. 2 VVG). Hier erwirbt der Dritte nur eine Hoffnung auf eine später fällig werdende Leistung; ein solcher Anspruch des Schuldners als einfach bezugsberechtigter Dritter ist damit noch nicht im Sinne des § 35 InsO entstanden. Ist der Schuldner jedoch unwiderruflich als bezugsberechtigt benannt, steht ihm der Anspruch auf die Leistung des Versicherers bereits mit der wirksamen Bezeichnung als bezugsberechtigt zu (§ 159 Abs. 3 VVG). In diesem Fall ist der Anspruch

59 BGH, Beschl. v. 20.12.2018 – IX ZB 8/17, WM 2019, 217, Rn. 13.

mangels anderslautender Vereinbarung bereits mit Einräumung des unwiderruflichen Bezugsrechts erworben.[60]

cc) Rechtsstellung des Schuldners bei Bezugsrecht eines Dritten

Ist der Schuldner Versicherungsnehmer der Lebensversicherung, gehören Ansprüche auf die Versicherungsleistung nicht zum Vermögen des Schuldners, wenn dieser einen Dritten unwiderruflich als bezugsberechtigt bezeichnet hat. In diesem Fall erwirbt der Dritte die Ansprüche aus der Versicherung regelmäßig sofort.[61] Hat der Schuldner einen Dritten nur widerruflich als bezugsberechtigt bezeichnet, erwirbt der Dritte die Rechte erst mit Eintritt des Versicherungsfalls. Im Falle einer widerruflichen Bezugsberechtigung des Dritten gehören die Ansprüche aus einer Lebensversicherung daher nur dann nicht zur Insolvenzmasse, wenn der Versicherungsfall vor Eröffnung des Insolvenzverfahrens eintrat. Tritt der Versicherungsfall bei einem widerruflichen Bezugsrecht nach Eröffnung des Insolvenzverfahrens ein, erwirbt der Begünstigte des Lebensversicherungsvertrages den Anspruch auf die Versicherungssumme mit Eintritt des Versicherungsfalls originär selbst; bis dahin gehören die Ansprüche jedoch zur Insolvenzmasse, so dass insbesondere ein Widerruf des Bezugsrechts möglich ist.[62]

c) Gesamtschaden, Einzelschaden

Ein Gesamtschaden bezieht sich auf einen solchen Schaden, den der einzelne Gläubiger ausschließlich aufgrund seiner Gläubigerstellung und damit als Teil der Gesamtheit der Gläubiger erlitten hat. Die Verkürzung der Masse muss also die Gesamtheit der Gläubiger treffen. Das schädigende Verhalten, aus dem der Schädiger in Anspruch genommen wird, muss die Insolvenzmasse verkürzt und damit zu einer geringeren Quote für die Gläubiger geführt haben. Der Anspruch kann sich nicht nur gegen Gesellschafter oder Organe der insolventen Schuldnerin, sondern grundsätzlich gegen jeden Dritten richten. Ein Gesamtschaden tritt auch durch eine de-

60 BGH, Beschl. v. 20.12.2018 – IX ZB 8/17, WM 2019, 217, Rn. 14.
61 BGH, Beschl. v. 20.12.2018 – IX ZB 8/17, WM 2019, 217, Rn. 15.
62 BGH, Beschl. v. 20.12.2018 – IX ZB 8/17, WM 2019, 217, Rn. 16.

liktische Verschiebung des zur Insolvenzmasse gehörenden Vermögens ein.[63]

Dagegen handelt es sich um einen nicht von § 92 InsO erfassten Einzelschaden, wenn der Gläubiger nicht als Teil der Gläubigergesamtheit, sondern individuell geschädigt wird. In dem Kontrahierungsschaden des Neugläubigers, mit welchem der Geschäftsführer einer juristischen Person nach Eintritt der Zahlungsunfähigkeit der Gesellschaft oder nach Feststellung ihrer Überschuldung in ihrem Namen einen Vertrag schließt (§ 15a InsO), wird ein Einzelschaden gesehen, welcher nicht vom Insolvenzverwalter, sondern vom Neugläubiger geltend zu machen ist (§ 823 Abs. 1 BGB). Denn der Schaden besteht nicht in einer Verminderung des zur Insolvenzmasse gehörenden Vermögens; er ist deshalb nicht durch Auffüllen der Masse zu ersetzen, sondern er liegt darin, dass der Neugläubiger mit der insolventen Gesellschaft überhaupt einen Vertrag geschlossen hat.[64]

Als Einzelschaden ist es zu behandeln, wenn der Gläubiger aufgrund einer angeblichen Täuschungshandlung eines Dritten seine Zahlungen an die Schuldnerin fortgesetzt hat. Für ihn stellen sich die Zahlungen als ein individueller Vermögensverlust dar. Er will nicht geschädigt sein, weil sich die Insolvenzquote für alle Gläubiger verringert hat. Sondern er sieht seinen individuellen Schaden – unabhängig von jeder Insolvenzquote – allein in der konkreten Weiterzahlung der monatlichen Raten. Sein Schaden soll nicht die mittelbare Folge des behaupteten deliktischen Zugriffs auf das Vermögen der Schuldnerin, sondern Folge neuer Täuschungshandlungen, welche den Gläubiger zur Weiterzahlung der monatlichen Raten veranlassten. Sowohl der deliktische Angriff auf die Dispositionsfreiheit des Gläubigers als auch auf dessen Privatvermögen als das eigentliche Tatobjekt der Betrugstat sind ausschließlich seiner Individualsphäre zugeordnet.[65]

63 BGH, Urt. v. 13.12.2018 – IX ZR 66/18, WM 2019, 318, Rn. 11.
64 BGH, Urt. v. 13.12.2018 – IX ZR 66/18, WM 2019, 318, Rn. 12.
65 BGH, Urt. v. 13.12.2018 – IX ZR 66/18, WM 2019, 318, Rn. 13.

d) Masseunzulänglichkeit

Ist ein Kostenfestsetzungsbeschluss erwirkt worden und erfolgt danach die Anzeige der Masseunzulänglichkeit, ist jedenfalls ein Beschluss, auf dem im Wege der Zwangsvollstreckung noch kein Sicherungsrecht erwirkt wurde, auf eine sofortige Beschwerde aufzuheben.

Der Kostenerstattungsanspruch eines gegen den Insolvenzverwalter obsiegenden Beklagten bildet eine Altmasseverbindlichkeit im Sinne der §§ 55 Abs. 1 Nr. 1, 209 Abs. 1 Nr. 3 InsO, die nach Erklärung der Masseunzulänglichkeit nicht mehr vollstreckt werden kann. Eine Masseverbindlichkeit ist gemäß § 209 Abs. 1 Nr. 2 und 3 InsO in dem Zeitpunkt "begründet" worden, in dem der Insolvenzverwalter den Rechtsgrund hierfür gelegt hat. Der Anspruch auf Erstattung der Prozesskosten ist mit der Zustellung der Klage und damit vor Anzeige der Masseunzulänglichkeit aufschiebend bedingt entstanden.[66] Ein Kostenfestsetzungsbeschluss entbehrt eines Rechtsschutzinteresses, wenn die Anzeige der Masseunzulänglichkeit nach seinem Erlass verlautbart wird, ohne dass bis dahin eine Vollstreckung erfolgte. Wegen des durch § 210 InsO angeordneten Vollstreckungsverbots besteht kein Rechtsschutzinteresse für den Fortbestand eines Kostenfestsetzungsbeschlusses, aus dem nicht vollstreckt wurde und aus dem künftig nicht mehr vollstreckt werden darf.[67] Die Anzeige der Masseunzulänglichkeit beeinflusst auch einen schwebenden auf die Erwirkung eines Leistungsurteils gerichteten Rechtsstreit. Da der Kläger ein gegen den Verwalter ergehendes Leistungsurteil nicht mehr vollstrecken kann, hat er seine Klage auf Feststellung der Forderung umzustellen. Dies gilt auch dann, wenn er vorinstanzlich obsiegt hat und erst im Laufe des Revisionsverfahrens vor Erwirkung eines Pfändungspfandrechts die Masseunzulänglichkeit angezeigt wird.[68] Im Streitfall wurde aus dem Kostenfestsetzungsbeschluss bis zur Anzeige der Masseunzulänglichkeit nicht vollstreckt. Damit steht fest, dass § 210 InsO jede künftige Vollstreckung aus dem Kostenfestsetzungsbeschluss verbietet. Ist ein Kostenfestsetzungsbeschluss erwirkt worden und erfolgt danach die Anzeige der Masseunzulänglichkeit, ist jedenfalls ein Beschluss, aus dem im Wege der Zwangsvollstreckung noch kein Sicherungsrecht erwirkt worden ist, auf

66 BGH, Beschl. v. 2.5.2019 – IX ZB 67/18, WM 2019, 1029, Rn. 9.
67 BGH, Beschl. v. 2.5.2019 – IX ZB 67/18, WM 2019, 1029, Rn. 12.
68 BGH, Beschl. v. 2.5.2019 – IX ZB 67/18, WM 2019, 1029, Rn. 14.

die sofortige Beschwerde aufzuheben, weil für seinen Fortbestand mangels weiterer Vollstreckbarkeit kein Rechtsschutzbedürfnis besteht.[69]

5. Freigabe der selbständigen Tätigkeit des Schuldners

a) Abgrenzung zwischen Masseerwerb und Schuldnererwerb

Die Freigabe von Vermögen aus der selbständigen Tätigkeit erfasst Forderungen, die vor Wirksamwerden der Freigabeerklärung entstanden sind, auch dann nicht, wenn sie auf die bisherige selbständige Tätigkeit des Schuldners zurückgehen.

Die Freigabe erfasst kein Vermögen aus der selbständigen Tätigkeit des Schuldners, das dem Schuldner bei Wirksamwerden der Freigabeerklärung bereits gehörte (arg. § 35 Abs. 1 Fall 1 InsO). Solches Vermögen steht vielmehr der Masse zu. Dies gilt insbesondere für Forderungen aus der vor der Freigabeerklärung ausgeübten selbständigen Tätigkeit des Schuldners. Die Überleitung der Vertragsverhältnisse, die der selbständigen Tätigkeit des Schuldners dienen, wirkt nicht auf Forderungen und Verbindlichkeiten zurück, soweit diese vor Wirksamwerden der Erklärung entstanden sind.[70] Die Anknüpfung an den Zugang der Freigabeerklärung bei dem Schuldner gestattet insoweit eine eindeutige zeitliche Differenzierung. Damit werden getrennte Haftungsmassen geschaffen. Die Wirkungen der Freigabe treten erst mit Wirksamkeit der Erklärung ein; die Erklärung hat grundsätzlich keine Rückwirkung.[71] Vermögen, das dem Schuldner im Sinn des § 35 Abs. 1 InsO bereits vor der Erklärung nach § 35 Abs. 2 InsO gehört und damit Bestandteil der Masse ist, erfasst die Freigabeerklärung nicht.[72]

aa) Girokonto

Ein Girokonto wird aufgrund eines Girovertrags geführt. Bei diesem handelt es sich um einen Zahlungsdiensterahmenvertrag und damit um einen

69 BGH, Beschl. v. 2.5.2019 – IX ZB 67/18, WM 2019, 1029, Rn. 15.
70 BGH, Urt. v. 21.2.2019 – IX ZR 246/17, WM 2019, 550, Rn. 21.
71 BGH, Urt. v. 21.2.2019 – IX ZR 246/17, WM 2019, 550, Rn. 23.
72 BGH, Urt. v. 21.2.2019 – IX ZR 246/17, WM 2019, 550, Rn. 24.

Geschäftsbesorgungsvertrag. Als solcher erlischt der Girovertrag gemäß §§ 115, 116 InsO durch die Eröffnung des Insolvenzverfahrens. Eine Weiterführung des Kontos nach Insolvenzeröffnung ist nur im Rahmen eines neuen Girovertrags möglich; dieser kann auch konkludent geschlossen werden durch beiderseitige Fortführung der Geschäftsbeziehung. Erforderlich ist ein Verhalten der Parteien, aus dem sich der rechtsgeschäftliche Wille entnehmen lässt, den erloschenen Zahlungsdiensterahmenvertrag erneut abzuschließen. In auf diese Weise neu abgeschlossener Girovertrag kommt mit der Masse zustande, sofern ein dem Insolvenzverwalter, auf den gemäß § 80 Abs. 1 InsO die Verwaltungs- und Verfügungsbefugnis über das zur Insolvenzmasse gehörende Vermögen übergegangen ist, mit einem entsprechenden Erklärungsinhalt zurechenbares Verhalten vorliegt. Führt der Schuldner persönlich die bisherige Geschäftsbeziehung mit der Bank fort, kommt es nach dem maßgeblichen objektiven Empfängerhorizont (§§ 133, 157 BGB) darauf an, ob das beiderseitige Verhalten als ein Neuabschluss eines Girovertrags zwischen Bank und Schuldner persönlich zu verstehen ist. Auch wenn der Schuldner persönlich einen neuen Girovertrag abschließt, sind die Ansprüche aus diesem Girovertrag nur dann insolvenzfrei, wenn für beide Vertragsteile besondere Umstände erkennbar sind, aus denen sich ergibt, dass gerade ein Konto geführt werden soll, das – etwa als Pfändungsschutzkonto gemäß § 850k ZPO oder als Konto im Rahmen der freigegebenen selbständigen Tätigkeit des Schuldners – zum insolvenzfreien Vermögen gehört. Fehlt es an solchen Umständen, fallen die Ansprüche aus dem Zahlungsdiensterahmenvertrag insgesamt als Neuerwerb gemäß § 35 Abs. 1 Fall 2 InsO in die Masse.[73]

bb) Honorarforderungen gegen Privatpatienten

Eine Honorarforderung eines Zahnarztes gegen einen Privatpatienten gehört zum Vermögen des Schuldners, sobald die Leistung erbracht ist und ein Gebührentatbestand erfüllt ist. Zwar wird ein zum Zeitpunkt der Freigabe nach § 35 Abs. 2 InsO bestehendes Vertragsverhältnis, das der selbständigen Tätigkeit dient, auf den Schuldner übergeleitet. Das bedeutet aber nur, dass die Verwaltungs- und Verfügungsbefugnis über das Vertragsverhältnis – mit Wirkung ex nunc – vom Insolvenzverwalter auf den Schuldner übergeht. Folglich ist etwa eine (Gestaltungs-)Erklärung, die

73 BGH, Urt. v. 21.2.2019 – IX ZR 246/17, WM 2019, 550, Rn. 11.

sich auf den Vertrag bezieht, dem Schuldner gegenüber abzugeben. Dagegen bleibt die Zuordnung schon entstandener Forderungen aus dem Vertragsverhältnis – ebenso wie bestehende Verbindlichkeiten – vom Übergang der Verwaltungs- und Verfügungsbefugnis unberührt.[74]

cc) Honorarforderungen gegen Kassenärztliche Vereinigung

Eine Honorarforderung eines Vertragszahnarztes gegen die Kassenzahnärztliche Vereinigung gehört mit Abschluss des Quartals, in dem der Vertragszahnarzt vertragszahnärztliche Leistungen erbracht hat, und der Vorlage der entsprechenden Abrechnung bei der Kassenzahnärztlichen Vereinigung zum Vermögen des Schuldners. Mit dem Abschluss eines Quartals, in dem der Vertragszahnarzt vertragszahnärztliche Leistungen erbracht hat, und der Vorlage der entsprechenden Abrechnung entsteht bereits ein genereller Anspruch auf Teilhabe an der Honorarverteilung und insofern schon dem Grunde nach ein Vergütungsanspruch des Vertragszahnarztes, dessen Höhe und Fälligkeit jedoch von dem zu erlassenden Honorarbescheid abhängt. Mit der Abrechnung seiner Leistungen gegenüber der Kassenzahnärztlichen Vereinigung hat der Vertragszahnarzt eine dem Anwartschaftsrecht aus einem bedingten Rechtsgeschäft vergleichbare Rechtsposition erlangt. Insofern ist davon auszugehen, dass der Vertragszahnarzt das Honorar bereits im Zeitpunkt der Vorlage der Honorarabrechnung erzielt. Daher sind Honorarforderungen des Vertrags(zahn)arztes aus dem für das Abrechnungsquartal ergehenden Honorarbescheid auch im Sinne des § 35 InsO erst mit Abschluss des Quartals entstanden; grundsätzlich muss zudem hinzukommen, dass der Vertrags(zahn)arzt der K(Z)ÄV eine entsprechende Abrechnung vorlegt.[75]

Für die Zuordnung von Abschlagszahlungen der Kassenzahnärztlichen Vereinigung kommt es auf den Zeitpunkt ihrer Zahlung an. Sie sind als vorzeitige Erfüllung des Honoraranspruchs zu werten. Die K(Z)ÄV kann regelmäßig nicht frei entscheiden, ob sie entsprechende Abschlagszahlungen leistet, sondern ist hierzu typischerweise aufgrund von Regelungen zur Honorarverteilung oder einer Abrechnungsrichtlinie verpflichtet. Daraus folgt im Ergebnis, dass es für die Zuordnung von Abschlagszahlungen auf den Zeitpunkt ihrer Zahlung ankommt, der seine Grundlage in den

74 BGH, Urt. v. 21.2.2019 – IX ZR 246/17, WM 2019, 550, Rn. 27.
75 BGH, Urt. v. 21.2.2019 – IX ZR 246/17, WM 2019, 550, Rn. 36.

Regelungen des Honorarverteilungsvertrags und -maßstabs oder der Abrechnungsrichtlinie findet.[76]

b) Wirksamkeit von Abtretungen

Tritt ein als Kassenzahnarzt tätiger Schuldner vor Insolvenzeröffnung ihm zustehende künftige Forderungen gegen seine kassenzahnärztliche Vereinigung zur Sicherung ab und gibt der Insolvenzverwalter nach Verfahrenseröffnung seine selbständige Tätigkeit frei, so fallen diese Forderungen während der Dauer des Insolvenzverfahrens mangels eines wirksamen Erwerbs des Sicherungsnehmers in das frei gegebene Vermögen des Schuldners.

aa) Geltung des Erwerbsverbot aus § 91 InsO

Im Streitfall wurde das Insolvenzverfahren über das Vermögen des Schuldners nicht aufgehoben (§ 200 InsO), sondern lediglich seine selbständige Tätigkeit frei gegeben (§ 35 Abs. 2 S. 1 InsO). Mangels einer Verfahrensbeendigung hinderte das – entgegen der früheren Würdigung des Senats – weiter einschlägige Erwerbsverbot des § 91 InsO einen Übergang der Vergütungsforderungen auf die Erstzessionarin. Nur dieses Verständnis wird Sinn und Zweck der Regelung des § 35 Abs. 2 S. 1 InsO gerecht, dem Schuldner durch die Freigabe noch vor Abschluss des Insolvenzverfahrens dank des tatsächlichen Erwerbs neuer Vermögenswerte einen wirtschaftlichen Neustart zu eröffnen.[77]

Die von der Freigabe erfassten Gegenstände scheiden folglich aus der Insolvenzmasse aus und unterliegen ebenso wie das insolvenzfreie Vermögen der uneingeschränkten Verwaltungs- und Verfügungsbefugnis des Schuldners. Der Schuldner gewinnt mit der Freigabe seiner selbständigen Tätigkeit durch den Insolvenzverwalter (§ 35 Abs. 2 S. 1 InsO) unmittelbar und unbelastet von nach Verfahrenseröffnung unbeachtlichen (§ 91 Abs. 1 InsO) Vorausverfügungen die Verfügungsbefugnis über gegen Drittschuldner gerichtete Vergütungsforderungen zurück. An den aus der Masse freigegebenen Vermögenswerten können wegen der bis zur Verfah-

76 BGH, Urt. v. 21.2.2019 – IX ZR 246/17, WM 2019, 550, Rn. 37.
77 BGH, Urt. v. 6.6.2019 – IX ZR 272/17, ZInsO 2019, 1414, Rn. 41.

rensbeendigung maßgeblichen Erwerbssperre des § 91 InsO keine Rechte von Gläubigern auf der Grundlage vorinsolvenzlicher Verfügungen anerkannt werden. Für eine Konvaleszenz entsprechend § 185 Abs. 2 S. 1 Fall 2 BGB ist kein Raum, weil die Regelung des § 91 Abs. 1 InsO auch während des Zeitraums der Freigabe der selbständigen Tätigkeit eingreift.[78] Infolge der Freigabe geht die Verfügungsbefugnis an von der Freigabe erfassten Vermögenswerten von dem Insolvenzverwalter unmittelbar ohne die Möglichkeit eines Zwischenerwerbs Dritter auf den Schuldner über. Zwar kann der Schuldner über Forderungen aus der freigegebenen Tätigkeit nach eigenem Ermessen – auch zugunsten eines durch § 91 Abs. 1 InsO an einem Forderungserwerb gehinderten Zessionars – verfügen. Die Anwendung der Vorschrift des § 91 Abs. 1 InsO stellt aber sicher, dass vor Verfahrenseröffnung bewirkte Verfügungen des Schuldners nicht gegen dessen Willen nach der Freigabe zu einer Auszehrung des Vermögens aus der selbständigen Tätigkeit führen.[79]

bb) Bildung einer neuen Masse

Durch die Freigabe wird zudem eine von der Insolvenzmasse getrennte, den Neugläubigern aus der freigegebenen selbständigen Tätigkeit des Schuldners vorbehaltene Haftungsmasse geschaffen. Deswegen können Altgläubiger während des laufenden Insolvenzverfahrens nicht kraft einer gemäß § 91 Abs. 1 InsO unbeachtlichen Vorausverfügung Rechte an Forderungen oder sonstigen Werten erwerben, die dieser Vermögensmasse zuzuordnen sind.

Den Neugläubigern, also den Gläubigern, die nach Eröffnung des Verfahrens mit dem Schuldner kontrahiert haben, stehen, sofern eine entsprechende Erklärung des Verwalters vorliegt, als Haftungsmasse die durch die selbständige Tätigkeit erzielten Einkünfte zur Verfügung. Die von dem Schuldner ab Wirksamwerden einer Freigabeerklärung aus der selbständigen Tätigkeit erzielten Einkünfte bilden als ihm gehörendes Vermögen zugunsten der Gläubiger, deren Forderungen erst nach der Freigabeerklärung entstanden sind, einen separaten Haftungsfonds. Der Neuerwerb aus

78 BGH, Urt. v. 6.6.2019 – IX ZR 272/17, ZInsO 2019, 1414, Rn. 44.
79 BGH, Urt. v. 6.6.2019 – IX ZR 272/17, ZInsO 2019, 1414, Rn. 45.

der selbständigen Tätigkeit haftet während des eröffneten Erstverfahrens also nur den Neugläubigern, nicht den Altinsolvenzgläubigern.[80]

Da der nach Freigabe einer selbständigen Tätigkeit vom Schuldner durch diese Tätigkeit erzielte Neuerwerb während des eröffneten Erstverfahrens grundsätzlich nur den Neugläubigern, nicht aber den Insolvenzgläubigern haftet, ist auch ein gesondertes zweites Insolvenzverfahren, das nur der Befriedigung der Neugläubiger dient, rechtlich möglich. Die gerade in dieser Gestaltung zu beachtende Trennung beider Vermögensmassen verbietet es, Altgläubigern einen Zugriff auf das durch die frei gegebene Tätigkeit geschaffene Vermögen zu gewähren. Da die Altmasse für Verbindlichkeiten der Neugläubiger nicht haftet, ist es allein folgerichtig, umgekehrt Altgläubigern entsprechend dem Erwerbsverbot des § 91 Abs. 1 InsO jeglichen Zugriff auf die Neumasse zu verwehren.[81]

6. Verfügungsbeschränkungen des Schuldners

Der Insolvenzbeschlag endet mit der Aufhebung des Insolvenzverfahrens (§ 200 InsO) oder mit einer anderen Form der Verfahrensbeendigung (§§ 207 ff. InsO). Ab diesem Zeitpunkt erhält der Schuldner die volle Verfügungsbefugnis über sein Vermögen zurück. Dank der wieder gewonnenen Verfügungsmacht des Schuldners erfasst eine von ihm vor Verfahrenseröffnung erteilte Globalzession nach Verfahrensaufhebung begründete Forderungen. Dies gilt auch im Falle einer zwischenzeitlichen Freigabe der selbständigen Tätigkeit des Schuldners (§ 35 Abs. 2 S. 1 InsO).

Es ist anerkannt, dass unwirksame Verfügungen des Schuldners entsprechend § 185 Abs. 2 S. 1 Fall 2 BGB ex nunc als gültig erstarken, wenn der Schuldner Berechtigter geblieben und das Insolvenzverfahren beendet ist. Mit Rücksicht auf den Prioritätsgrundsatz darf die Gültigkeit von dem Schuldner vor Verfahrenseröffnung getroffener Verfügungen nicht durch etwaige im Laufe des Insolvenzverfahrens erfolgte Zwischenverfügungen mit Wirkung für den Zeitraum nach Verfahrensbeendigung vereitelt werden. Darum beschränkt sich die Wirksamkeit von Verfügungen über Vermögen des Schuldners aus einer frei gegebenen selbständigen Tätigkeit (§ 35 Abs. 2 S. 1 InsO) auf den Zeitraum der Freigabe, der notwendiger-

80 BGH, Urt. v. 6.6.2019 – IX ZR 272/17, ZInsO 2019, 1414, Rn. 47.
81 BGH, Urt. v. 6.6.2019 – IX ZR 272/17, ZInsO 2019, 1414, Rn. 48.

weise mit der Verfahrensaufhebung abläuft. Eine vor Verfahrenseröffnung vereinbarte Globalabtretung erstreckt sich deshalb auf nach Verfahrensaufhebung und zeitgleicher Beendigung der Freigabe der selbständigen Tätigkeit zugunsten des Schuldners begründete Forderungen. Diese Forderungen gehen, ohne dass es einer weiteren Verfügung bedarf, auch im Falle einer zwischenzeitlichen Freigabe der selbständigen Tätigkeit des Schuldners mit Verfahrensaufhebung auf den Zessionar über.[82]

7. Unterbrechung des Verfahrens durch Insolvenz

a) Vollstreckungsverfahren

Eine Vollstreckung von ersatzweise angeordneter Ordnungshaft ist durch die Eröffnung des Insolvenzverfahrens über das Vermögen des Schuldners nicht gehindert. Die Parteien streiten hier nicht über eine Pflicht des Betroffenen zur Zahlung von Ordnungsgeld, bei der es um die Befriedigung einer – wenngleich gemäß § 39 Abs. 1 Nr. 3 InsO nur nachrangig zu befriedigenden – Insolvenzforderung ginge und das Verfahren daher mit der Eröffnung des Insolvenzverfahrens über das Vermögen des Betroffenen gemäß § 240 S. 1 ZPO unterbrochen worden wäre. Vielmehr steht vorliegend die Vollstreckung von ersatzweise angeordneter Ordnungshaft in Rede. Eine solche Vollstreckung ist durch die Eröffnung des Insolvenzverfahrens über das Vermögen des Schuldners nicht gehindert.[83]

b) Spruchverfahren

Ein Spruchverfahren wird durch die Eröffnung des Insolvenzverfahrens über das Vermögen eines Antragsgegners nicht entsprechend § 240 ZPO unterbrochen. Aufgrund der unterschiedlichen Interessenlage zum zivilprozessualen Erkenntnisverfahren besteht kein Bedürfnis für eine entsprechende Anwendung von § 240 ZPO im Spruchverfahren. Ein maßgeblicher Zweck der Unterbrechung, dem Insolvenzverwalter die notwendige Gelegenheit zur Prüfung zu geben, ob und wie er ein Verfahren weiterbetreiben möchte, kann nicht erreicht werden.

82 BGH, Urt. v. 6.6.2019 – IX ZR 272/17, ZInsO 2019, 1414, Rn. 40.
83 BGH, Beschl. v. 18.12.2018 – I ZB 72/17, WM 2019, 210, Rn. 9.

Das Spruchverfahren wäre dauerhaft unterbrochen, da es mangels unmittelbaren rechtlichen Bezuges zur Insolvenzmasse nicht nach den für das Insolvenzverfahren geltenden Vorschriften wiederaufgenommen werden könnte. Zum einen betrifft es nicht die Aussonderung eines Gegenstands aus der Insolvenzmasse (§ 86 Abs. 1 Nr. 1 InsO), die abgesonderte Befriedigung (§ 86 Abs. 1 Nr. 2 InsO) oder eine Masseverbindlichkeit (§ 86 Abs. 1 Nr. 3 InsO). Zum anderen wäre die Aufnahme des Spruchverfahrens auch nicht im Rahmen von §§ 87 i.V.m. 179 Abs. 1, 180 Abs. 2 InsO möglich, da ein Spruchverfahren von vornherein kein auf einen Leistungstitel gerichteter Rechtsstreit über eine Forderung i.S.v. § 180 Abs. 2 InsO ist. Das Spruchverfahren ist vielmehr auf Feststellung der angemessenen Kompensation ausgerichtet. Eine Leistungsverpflichtung ist nicht Gegenstand des Spruchverfahrens, sondern erst einer ggf. nachfolgenden Leistungsklage. Es käme deshalb einer Rechtsverweigerung gegenüber den Antragstellern gleich, wenn sich ein laufendes Spruchverfahren mit Eröffnung des Insolvenzverfahrens über das Vermögen eines Antragsgegners erledigen würde.[84]

c) Markenrechtliches Verletzungsverfahren

Die Eröffnung eines inländischen oder anerkennungsfähigen ausländischen Insolvenzverfahrens (hier Schweiz) über das Vermögen desjenigen, der beim Deutschen Patent- und Markenamt die Löschung einer Marke wegen absoluter Schutzhindernisse beantragt, führt zur Unterbrechung des Verfahrens, wenn der Löschungsantragsteller und der Markeninhaber Wettbewerber sind. In diesem Fall besteht auch ohne anhängiges Verletzungsverfahren ein Bezug des Löschungsverfahrens zum Vermögen des Löschungsantragstellers.

Die Vorschrift des § 352 InsO stellt klar, dass die prozessunterbrechende Wirkung von § 240 ZPO auf einen inländischen Rechtsstreit auch bei Eröffnung eines Insolvenzverfahrens im Ausland eintritt. Nach § 352 Abs. 1 S. 1 InsO wird durch die Eröffnung des ausländischen Insolvenzverfahrens ein Rechtsstreit unterbrochen, der zur Zeit der Eröffnung eines ausländischen Insolvenzverfahrens anhängig ist und die Insolvenzmasse betrifft. Die Unterbrechungswirkung nach § 352 Abs. 1 S. 1 InsO tritt nur

84 BGH, Beschl. v. 15.1.2019 – II ZB 2/16, WM 2019, 643, Rn. 23 ff.

ein, wenn das ausländische Insolvenzverfahren anerkennungsfähig ist. Während sich die Anerkennung der Eröffnung eines Insolvenzverfahrens durch ein zuständiges Gericht in einem Mitgliedstaat der Europäischen Union nach Art. 19 Abs. 1 der Verordnung (EU) 2015/848 über Insolvenzverfahren richtet, erfolgt die Anerkennung der hier in Rede stehenden Verfahrenseröffnung in der Schweiz nach § 343 InsO. Auslandsverfahren werden nicht schrankenlos anerkannt, sondern nur, wenn damit in etwa die gleichen Ziele verfolgt werden wie mit den in der Insolvenzordnung vorgesehenen Verfahren. Das Konkursverfahren nach Art. 197 ff. des schweizerischen Bundesgesetzes über Schuldbetreibung und Konkurs (SchKG) verfolgt vergleichbare Ziele wie die in der Insolvenzordnung vorgesehenen Verfahren. Nach Art. 197 Abs. 1 SchKG bildet sämtliches pfändbare Vermögen, das dem Schuldner zur Zeit der Konkurseröffnung gehört, gleichviel wo es sich befindet, eine einzige Masse (Konkursmasse), die zur gemeinsamen Befriedigung der Gläubiger dient. Mit Anordnung der Liquidation des Vermögens ist eine mit der Insolvenzordnung vergleichbare Verwertung des Vermögens der Insolvenzschuldnerin zur Befriedigung der Gläubiger verbunden.[85]

d) Möglichkeit einer Entscheidung in der Sache

Die Eröffnung eines Insolvenzverfahrens führt zur Unterbrechung von Verfahren, welche die Masse betreffen. Zwar darf das Gericht grundsätzlich keine Entscheidung zur Hauptsache mehr treffen, wenn das Verfahren unterbrochen ist. Ist im Fall der Nichtzulassungsbeschwerde keine mündliche Verhandlung vorgeschrieben, so kann in entsprechender Anwendung von § 249 Abs. 3 ZPO eine Entscheidung auch während der Unterbrechung des Verfahrens ergehen, wenn keine Fristen mehr laufen, alle erforderlichen Prozesshandlungen vor Eintritt der Unterbrechung vorgenommen worden sind, der Beschwerdeführer wegen des Ablaufs der Begründungsfrist (§ 544 Abs. 2 ZPO) vor Eintritt der Unterbrechung mit weiterem Vortrag zur Begründung der Nichtzulassungsbeschwerde ausgeschlossen ist und durch die Zustellung der Entscheidung keine Frist in Lauf gesetzt wird.[86]

85 BGH, Beschl. v. 31.1.2019 – I ZB 114/17, WM 2019, 681, Rn. 10 ff.
86 BGH, Beschl. v. 20.12.2018 – IX ZR 81/16, ZInsO 2019, 385, Rn. 5.

III. Insolvenzanfechtung

1. Gläubigerbenachteiligung

a) Grundsatz

Eine Gläubigerbenachteiligung liegt grundsätzlich vor, wenn die angefochtene Rechtshandlung entweder die Schuldenmasse vermehrt oder die Aktivmasse verkürzt hat, wenn sich also mit anderen Worten die Befriedigungsmöglichkeiten der Insolvenzgläubiger ohne die Handlung bei wirtschaftlicher Betrachtungsweise günstiger gestaltet hätten. Hingegen fehlt es an einer Gläubigerbenachteiligung, wenn der Schuldner nur einen möglichen Erwerb unterlässt. Dieses Unterlassen ist nicht anfechtbar, weil es nicht zu einer Minderung des Schuldnervermögens führt, sondern lediglich dessen Mehrung verhindert.[87] Die Frage des ursächlichen Zusammenhangs zwischen der Rechtshandlung und der Gläubigerbenachteiligung ist aufgrund des realen Geschehens zu beurteilen. Für hypothetische, nur gedachte Kausalverläufe ist insoweit kein Raum. Sie können die Ursächlichkeit einer Rechtshandlung für die Gläubigerbenachteiligung nicht ausschließen und im Regelfall auch nicht begründen.[88]

b) Benachteiligung nur eines Gläubigers

Es steht der Anfechtung nicht entgegen, dass nur ein einziger Insolvenzgläubiger vorhanden ist. Das Gesetz erklärt in § 129 Abs. 1 InsO Rechtshandlungen für anfechtbar, welche die Insolvenzgläubiger benachteiligen. Damit wird aber keine Mehrzahl von Insolvenzgläubigern vorausgesetzt. Es soll lediglich zum Ausdruck gebracht werden, dass die Insolvenzgläubiger in ihrer Gesamtheit benachteiligt sein müssen; es genügt nicht, dass nur einzelne Gläubiger aus dieser Gesamtheit benachteiligt werden. Nur in diesem Sinne trifft die Aussage zu, dass die Benachteiligung eines einzelnen Gläubigers nicht genügt. Ist nur ein Insolvenzgläubiger vorhanden, stellt dieser die Gläubigergesamtheit dar. Seine Benachteiligung kann die Anfechtung einer Rechtshandlung rechtfertigen.[89]

87 BGH, Urt. v. 15.11.2018 – IX ZR 229/17, WM 2019, 213, Rn. 11.
88 BGH, Urt. v. 15.11.2018 – IX ZR 229/17, WM 2019, 213, Rn. 17.
89 BGH, Beschl. v. 14.2.2019 – IX ZB 25/17, WM 2019, 548, Rn. 10.

c) Unentgeltliche Nutzungsvorteile

aa) Unentgeltliche Darlehensgewährung

Maßgeblich ist, dass der Schuldner die Verfügungsmöglichkeit über das Geld, die einen eigenen Vermögenswert darstellt, einem Dritten auf Zeit überlässt. Verzichtet er in diesem Fall darauf, eine Gegenleistung zu verlangen, obwohl dies nach den Umständen möglich und üblich wäre, liegt eine gläubigerbenachteiligende Handlung des Schuldners vor. Steht dem Schuldner Geld zur Verfügung, kann er den darin liegenden wirtschaftlichen Wert sowohl durch eine Eigennutzung als auch durch eine Fremdnutzung erzielen. Stellt der geschäftlich tätige Schuldner Geld einem Dritten zur Verfügung und verschafft er diesem so die bestehende Nutzungsmöglichkeit, entscheidet er sich für eine wirtschaftliche Nutzung des Geldes. Der darin liegende Wert entgeht der Insolvenzmasse, so dass die für die Gläubiger zur Verfügung stehende Aktivmasse verkürzt wird.[90] Überlässt der Schuldner einem Dritten Geld auf Zeit, wird das Aktivvermögen des Schuldners nicht in jedem Fall um die Nutzungsvorteile verkürzt. Eine abstrakte Betrachtungsweise genügt nicht in allen Fällen. Sind Nutzungen kein Teil des Aktivvermögens, spielt es anfechtungsrechtlich keine Rolle, ob der Schuldner diesen Erwerb dadurch unterlässt, dass er den Vermögensgegenstand selbst ungenutzt lässt oder dass er die Nutzungsmöglichkeit einem Dritten überlässt.[91] Der Tatrichter kann die Nutzungsvorteile regelmäßig als Teil des Aktivvermögens ansehen, wenn der Schuldner geschäftlich tätig ist und die Gegenstände der geschäftlichen Tätigkeit des Schuldners zuzuordnen sind. Im Allgemeinen ist anzunehmen, dass ein geschäftlich tätiger Schuldner mögliche Nutzungen ziehen wird; die Nutzungsvorteile der dem Geschäftsvermögen zuzuordnenden Gegenstände sind daher anfechtungsrechtlich Teil seines Aktivvermögens.[92]

bb) Sonstige unentgeltliche Nutzungsvorteile

Soweit der Bundesgerichtshof eine Gläubigerbenachteiligung durch eine Nutzungsüberlassung angenommen hat, betrafen diese Entscheidungen

90 BGH, Urt. v. 15.11.2018 – IX ZR 229/17, WM 2019, 213, Rn. 14.
91 BGH, Urt. v. 15.11.2018 – IX ZR 229/17, WM 2019, 213, Rn. 19.
92 BGH, Urt. v. 15.11.2018 – IX ZR 229/17, WM 2019, 213, Rn. 20.

stets einen geschäftlich tätigen Schuldner, der Teile des seiner Geschäftstätigkeit dienenden Vermögens Dritten auf Zeit zur Nutzung überließ. Daher benachteiligt es die Gläubiger in der Insolvenz einer Bank, wenn diese einem Dritten ein langfristiges Darlehen zu einem geringeren als dem marktüblichen Zinssatz gewährt, weil den Gläubigern dadurch für die Laufzeit des Darlehens der übliche Zins entgeht. Gleiches gilt in der Insolvenz eines Bauunternehmens, wenn dieses seine Arbeitnehmer einem Dritten überlässt, ohne das für die Nutzung erzielbare Entgelt zu verlangen. Ebenso kann in der Insolvenz eines Krankenhauses darin eine Gläubigerbenachteiligung liegen, dass das Krankenhaus einem Dritten ein ihm gehörendes Krankenhausgebäude unentgeltlich zur Nutzung überlässt.[93]

d) Anfechtung einer Grundstücksübertragung

aa) Beurteilung wertausschöpfender Belastung nach Verkehrswert oder Versteigerungserlös

Einen Anspruch auf den bei einer freihändigen Veräußerung zu erzielenden Verkehrswert hat der anfechtungsberechtigte Gläubiger auf der Grundlage des Anfechtungsgesetzes nicht. Maßgeblich muss vielmehr sein, ob bei einer Zwangsversteigerung des Grundstücks unter Berücksichtigung der Kosten des Zwangsversteigerungsverfahrens ein an den Gläubiger auszukehrender Erlös erzielt werden kann.[94] Im Bereich der Insolvenzanfechtung kann dagegen bei der Beurteilung einer Gläubigerbenachteiligung (§ 129 Abs. 1 InsO) anstelle des Versteigerungserlöses auf den höheren Erlös einer freihändigen Verwertung abgestellt werden, wenn der Insolvenzverwalter zu einer solchen Veräußerung rechtlich in der Lage ist.[95]

Die Übertragung eines belasteten Grundstücks hat nur dann nach § 1 Abs. 1 AnfG eine objektive Gläubigerbenachteiligung zur Folge, wenn der in der Zwangsversteigerung erzielbare Erlös des Grundstücks die vorrangigen Belastungen und die Kosten des Zwangsversteigerungsverfahrens überstiegen hätte. Eine Gläubigerbenachteiligung kommt deshalb nicht in Betracht, wenn das Grundstück wertausschöpfend belastet ist und eine

93 BGH, Urt. v. 15.11.2018 – IX ZR 229/17, WM 2019, 213, Rn. 21.
94 BGH, Urt. v. 13.9.2018 – IX ZR 190/17, ZInsO 2018, 2356, Rn. 11.
95 BGH, Urt. v. 9.6.2016 – IX ZR 153/15, ZInsO 2016, 1578, Rn. 19 ff.

Zwangsversteigerung nicht zu einer auch nur teilweisen Befriedigung des anfechtenden Gläubigers geführt hätte. Ob eine wertausschöpfende Belastung vorliegt, hängt vom Wert des Grundstücks sowie der tatsächlichen Höhe derjenigen Forderung ab, die durch die eingetragenen Grundbuchrechte gesichert werden.[96]

bb) Wertausschöpfende Belastung trotz Anfechtbarkeit weiterer Belastungen

Für die Frage der gläubigerbenachteiligenden Wirkung einer Grundstücksübertragung können nicht stets solche Grundstücksbelastungen außer Betracht bleiben, die der Anfechtung unterliegen. Vielmehr kann sich der die Grundstücksübertragung anfechtende Gläubiger gegenüber dem Einwand des Erwerbers, das Grundstück sei bereits wertausschöpfend belastet gewesen, auf die Anfechtbarkeit der vorrangigen Belastungen nur dann berufen, wenn die Möglichkeit der Anfechtung gerade im Verhältnis zum Grundstückserwerber besteht, dieser also auch insoweit richtiger Anfechtungsgegner wäre. So wie der Eintritt einer Gläubigerbenachteiligung isoliert mit Bezug auf die konkret angefochtene Minderung des Aktivvermögens zu beurteilen ist, so ist auch die jeweils geschuldete Wiederherstellung des vereitelten Vollstreckungszugriffs selbständig und bezogen auf die am Anfechtungsverhältnis Beteiligten zu betrachten. Allein im Verhältnis zu dem anfechtenden Gläubiger muss sich der Anfechtungsgegner so behandeln lassen, als gehöre der anfechtbar veräußerte Gegenstand noch zum Vermögen des Vollstreckungsschuldners. Erfolgte eine Belastung des übertragenen Grundstücks zugunsten eines Dritten, sind Grundstücksübertragung und Belastung anfechtungsrechtlich auch dann gesondert zu betrachten, wenn die Belastung und Grundstücksübertragung gleichzeitig erfolgen.[97] Trotz dieser rechtlichen Selbständigkeit der Anfechtungsverhältnisse und ihrer Rechtsfolgen kann ausnahmsweise eine einheitliche Betrachtung erfolgen, wenn sich der Anfechtungsgegner einem weiteren Anfechtungsanspruch desselben Gläubigers ausgesetzt sieht und die Beurteilung des einen Anfechtungsanspruchs die des anderen beeinflussen kann, etwa weil die Bestellung eines vorrangigen Grundpfand-

96 BGH, Urt. v. 13.9.2018 – IX ZR 190/17, ZInsO 2018, 2356, Rn. 14.
97 BGH, Urt. v. 13.9.2018 – IX ZR 190/17, ZInsO 2018, 2356, Rn. 15 ff.

rechts an dem anfechtbar übertragenen Grundstück im Verhältnis zu demselben Anfechtungsgegner gleichfalls anfechtbar ist.[98]

e) Kontokorrent

Nehmen Gesellschafter und Gesellschaft taggleiche Hin- und Herzahlungen im Rahmen des gleichen darlehensähnlichen Verhältnisses ohne wirksamen anderen Rechtsgrund vor, kommt eine darlehensgleiche Forderung nur in Höhe des Saldos in Betracht. Im Rahmen eines kontokorrentähnlichen Gesellschafterdarlehensverhältnisses ist eine Befriedigung des Darlehensrückzahlungsanspruchs gegenüber dem Gesellschafter nur anfechtbar, soweit der im Anfechtungszeitraum bestehende höchste Saldo bis zum Zeitpunkt der Eröffnung des Insolvenzverfahrens endgültig zurückgeführt worden ist. Maßgeblich für den Umfang der Anfechtung ist der höchste innerhalb des Anfechtungszeitraums erreichte Stand des Darlehens, soweit dieser endgültig zurückgeführt worden ist. Zwischenzeitlich niedrigere Darlehensstände sind hingegen unerheblich, wenn der Gesellschafter im Rahmen der kontokorrentähnlichen Handlungen das Darlehen innerhalb des Anfechtungszeitraums wieder ausgereicht hat. Gleicht der Gesellschafter bereits zurückgeführte Zahlungen im Rahmen des einheitlichen kontokorrentähnlichen Verhältnisses wieder aus, erhöht er damit jedoch das von ihm übernommene Insolvenzrisiko nicht, so dass solche erneuten und später nicht mehr zurückgeführten Auszahlungen den Umfang des Anfechtungsanspruchs vermindern. Demgemäß hat der Bundesgerichtshof in seinen bisherigen Entscheidungen darauf abgestellt, inwiefern der Masse Mittel im Umfang des höchsten zurückgeführten Darlehensstandes wieder entzogen worden sind [99]

f) Beseitigung der Gläubigerbenachteiligung

Eine zunächst eingetretene Gläubigerbenachteiligung kann nachträglich dadurch wieder behoben werden, dass der Anfechtungsgegner den anfechtbar erhaltenen Gegenstand oder dessen vollen Wert in das Vermögen des Schuldners zurückführt. Die Beseitigung der Gläubigerbenachteiligung setzt voraus, dass die entsprechende Rückgewähr des Anfechtungs-

98 BGH, Urt. v. 13.9.2018 – IX ZR 190/17, ZInsO 2018, 2356, Rn. 20.
99 BGH, Urt. v. 27.6.2019 – IX ZR 167/18.

gegners eindeutig zu dem Zweck erfolgt, dem Schuldner den entzogenen Vermögenswert wiederzugeben und damit die Verkürzung der Haftungsmasse ungeschehen zu machen. Von der Zweckbestimmung her muss es sich um eine vorweggenommene Befriedigung des individuellen Rückgewähranspruchs handeln. Eine solche Rückführung kann etwa anzunehmen sein, wenn ein abgetretenes Recht an den Schuldner rückabgetreten oder eine erhaltene Zahlung an ihn zurückgewährt wird. Dem Anfechtungsgegner muss die Anfechtbarkeit der an ihn bewirkten Zahlung nicht bewusst gewesen sein. Vielmehr genügt es, wenn der Anfechtungsgegner dem Schuldner Vermögenswerte zukommen lässt, welche bestimmungsgemäß die angefochtene Leistung vollständig ausgleichen und dem Gläubigerzugriff offenstehen.[100] Aus dieser Erwägung entfällt im Falle der Erstattung eines Gesellschafterdarlehens durch die Gesellschaft an den Gesellschafter die damit verbundene objektive Gläubigerbenachteiligung, wenn der Gesellschafter die empfangenen Zahlungen noch vor Verfahrenseröffnung an die Gesellschaft zurückzahlt. Zwar erfolgt in dieser Gestaltung die Rückzahlung noch vor Eröffnung des Verfahrens, während ein etwaiger Rückgewähranspruch erst mit der Verfahrenseröffnung entsteht. Deswegen konnte der Gesellschafter keinen gegen ihn gerichteten Rückgewähranspruch aus §§ 135 Abs. 1 Nr. 2, 143 Abs. 1 InsO erfüllen. Bei der gebotenen wirtschaftlichen Betrachtung ist jedoch die mit der Wiederherstellung der ursprünglichen Vermögenslage einhergehende Verhinderung der Entstehung eines Anspruchs anfechtungsrechtlich dessen Erfüllung gleichzustellen.[101]

Der Anfechtung steht nicht entgegen, dass ein Beteiligter während des Nachlassinsolvenzverfahrens die Forderung des einzigen Insolvenzgläubigers befriedigt hat. Der Anfechtungsanspruch entstand mit der Eröffnung des Nachlassinsolvenzverfahrens. Zu diesem Zeitpunkt waren sämtliche Anspruchsvoraussetzungen erfüllt, einschließlich der unmittelbar durch die Zuwendung der Versicherungsleistungen bewirkten objektiven Gläubigerbenachteiligung. Die einmal gegebene Gläubigerbenachteiligung kann grundsätzlich nur dadurch wieder beseitigt werden, dass der Anfechtungsgegner den anfechtbar erhaltenen Gegenstand oder dessen vollen Wert im Sinne einer vorweggenommenen Befriedigung des individuellen

100 BGH, Urt. v. 2.5.2019 – IX ZR 67/18, WM 2019, 1087, Rn. 14.
101 BGH, Urt. v. 2.5.2019 – IX ZR 67/18, WM 2019, 1087, Rn. 15.

Rückgewähranspruchs in das Vermögen des Schuldners zurückführt. Dies ist hier nicht geschehen.[102]

g) Gegenleistungen

Eine Gläubigerbenachteiligung entfällt nicht deshalb, weil die anzufechtende Rechtshandlung in Zusammenhang mit anderen Ereignissen der Insolvenzmasse auch Vorteile gebracht hat. Als Vorteil der Masse sind nur solche Folgen zu berücksichtigen, die an die angefochtene Rechtshandlung selbst anknüpfen. Erstattungsleistungen einer Sozialkasse knüpfen nicht in einer Weise an die Beitragszahlungen der Schuldnerin an, die es rechtfertigen könnte, die infolge der Beitragszahlungen eingetretene Gläubigerbenachteiligung im Umfang der Erstattungen als aufgehoben zu betrachten. Nach dem Tarifvertrag hat der Arbeitgeber an die Urlaubskasse monatliche Beiträge zu entrichten, deren Höhe sich nach der Anzahl der jeweils beschäftigten Arbeitnehmer und deren Bruttolohnsumme richtet (§ 5 VTV). Einen Anspruch auf Erstattung von Urlaubsvergütung hat der Arbeitgeber, wenn er einem Arbeitnehmer Urlaub gewährt, ihm die Urlaubsvergütung auszahlt, seine Erstattungsforderung mittels der von der Urlaubskasse zur Verfügung gestellten Unterlagen geltend macht und sein Beitragskonto ausgeglichen ist (§ 7 VTV). Es handelt sich somit um ein Dauerschuldverhältnis, in dem der Arbeitgeber mit den Beiträgen ständig wiederkehrende Leistungen zu erbringen hat, die von weiteren Voraussetzungen unabhängig und insbesondere auch dann geschuldet sind, wenn keine Erstattungsansprüche im Raum stehen. Die Beitragszahlung begründet den Erstattungsanspruch nicht, noch macht sie ihn fällig. Die Leistungspflicht der Urlaubskasse knüpft vielmehr an die Gewährung von Urlaub und die Zahlung von Urlaubsvergütung durch den Arbeitgeber an und kann in einem größeren zeitlichen Abstand zu den Beitragszahlungen entstehen. Lediglich die Durchsetzung des Erstattungsanspruchs ist ausgeschlossen, solange das Beitragskonto nicht ausgeglichen ist. Einen den Vermögensabfluss ausgleichenden Vorteil begründet die Beitragszahlung selbst daher nicht.[103]

102 BGH, Beschl. v. 14.2.2019 – IX ZB 25/17, WM 2019, 548. Rn. 12.
103 BGH, Urt. v. 18.7.2019 – IX ZR 258/18.

h) Keine Gläubigerbenachteiligung bei hinreichender Masse

Soweit der Bundesgerichtshof ausgeführt hat, die Insolvenzgläubiger würden nicht benachteiligt, wenn die Insolvenzmasse auch ohne Anfechtung und Rückgewähr des Erlangten ausreiche, um alle Gläubiger zu befriedigen, ist damit der Fall gemeint, dass Insolvenzgläubiger vorhanden sind und die Masse groß genug ist, um zunächst die vorrangigen Kosten des Verfahrens und die sonstigen Masseverbindlichkeiten zu decken und sodann sämtliche Insolvenzforderungen zu befriedigen. Damit nicht vergleichbar ist der Fall, dass die Masse nicht ausreicht, um die Masseverbindlichkeiten und den (einzigen) Insolvenzgläubiger zu befriedigen, und der Anfechtungsgegner ausschließlich die Forderung des Insolvenzgläubigers begleicht. Eine solche Zahlung kann nicht anders behandelt werden, als wenn der Anfechtungsgegner an die Masse geleistet hätte und es wegen der vorrangigen Masseverbindlichkeiten nicht zu einer Befriedigung des Insolvenzgläubigers gekommen wäre.[104]

2. Deckungsanfechtung

a) Kongruenz (§ 130 InsO)

Der Vertrauensschutz, den § 130 InsO dem Gläubiger über die subjektiven Anfechtungsvoraussetzungen gewährt, entfällt im Rahmen des § 131 InsO, weil der Schuldner mit seiner Leistung dem Gläubiger etwas gewährt, das der Gläubiger nicht kraft des ihm zustehenden Anspruchs durchsetzen kann. Der Insolvenzgläubiger, der eine ihm so nicht zustehende Deckung entgegennimmt, erscheint weniger schutzwürdig und weckt den Verdacht, dass er die wirtschaftliche Krise des Schuldners kennt oder voraussieht.[105]

104 BGH, Beschl. v. 14.2.2019 – IX ZB 25/17, WM 2019, 548, Rn. 12.
105 BGH, Urt. v. 6.12.2018 – IX ZR 143/17, Rn. 21.

b) Inkongruenz (§ 131 InsO)

aa) Grundsatz

Die Frage, ob eine inkongruente Deckung vorliegt, richtet sich grundsätzlich nach den rechtlichen und tatsächlichen Verhältnissen zum Zeitpunkt der angefochtenen Rechtshandlung. Wird eine Deckungshandlung angefochten, kommt es auf die materielle Rechtslage, den Anspruch des Gläubigers zum Zeitpunkt der Leistung (§ 140 InsO) an. Die Inkongruenz ist zu dem Zeitpunkt zu beurteilen, in dem die Rechtshandlung vorgenommen wurde. Dabei unterscheidet gerade das Recht des Gläubigers, die Leistung zu fordern, kongruente und inkongruente Rechtshandlungen.[106]

bb) Spätere Anfechtung

Danach berührt eine erst nach der angefochtenen Rechtshandlung ausgesprochene materiell-rechtliche Anfechtung des Vertrags nicht das im Zeitpunkt der Rechtshandlung rechtlich und tatsächlich bestehende Recht des Gläubigers, die entsprechende Leistung zu fordern. Die von § 142 Abs. 1 BGB angeordnete Rückwirkung genügt hierfür im Allgemeinen nicht. Solange das anfechtbare Rechtsgeschäft nicht angefochten wird, ist es gültig. Hierfür spricht auch der vergleichbare Fall einer Leistung des Schuldners auf einen zum Zeitpunkt der Rechtshandlung auflösend bedingten Anspruch. Dieser ist – solange die Bedingung nicht eingetreten ist – voll wirksam (§ 158 Abs. 2 BGB). Die Leistung auf einen auflösend bedingten Anspruch ist daher kongruent.[107]

cc) Anfechtbarkeit im Zeitpunkt der Leistung

Die im Zeitpunkt der Rechtshandlung bestehende materiell-rechtliche Anfechtbarkeit des Darlehensvertrags führt grundsätzlich nicht zur Inkongruenz.

106 BGH, Urt. v. 6.12.2018 – IX ZR 143/17, Rn. 18.
107 BGH, Urt. v. 6.12.2018 – IX ZR 143/17, Rn. 19.

(1) Anfechtungsrecht des Schuldners

Allerdings liegt eine inkongruente Deckung vor, sofern der Schuldner auf einen im Zeitpunkt der Rechtshandlung anfechtbaren Vertrag leistet. Dies setzt jedoch voraus, dass gerade dem Schuldner ein Anfechtungsrecht nach §§ 119, 123 BGB zusteht; hingegen genügt es nicht, wenn nur der Insolvenzgläubiger anfechten kann.[108] In diesem Fall kann sich der Schuldner gegenüber einem Leistungsverlangen des Gläubigers verteidigen, indem er das Rechtsgeschäft anficht (§§ 142, 143 BGB). Leistet der Schuldner in Kenntnis der für ihn bestehenden Anfechtbarkeit des Rechtsgeschäfts, ist eine darin liegende Bestätigung des Rechtsgeschäfts gemäß § 144 Abs. 1 BGB ebenfalls als eine inkongruente, ermöglichende Rechtshandlung anfechtbar, weil dem Insolvenzgläubiger regelmäßig kein Anspruch auf eine Bestätigung des Rechtsgeschäfts zusteht.[109]

(2) Anfechtungsrecht des Gläubigers

Verlangt der Insolvenzgläubiger trotz eines ihm nach §§ 119, 123 BGB zustehenden Anfechtungsrechts Erfüllung, hat der Schuldner keine Möglichkeit, diesen Anspruch abzuwehren. Vielmehr räumt das Gesetz allein dem Anfechtungsberechtigten die freie Wahl ein, ob er die Anfechtung gemäß § 143 Abs. 1 BGB erklärt, das Rechtsgeschäft gemäß § 144 Abs. 1 BGB bestätigt oder die bestehenden Anfechtungsfristen (§§ 121, 124 BGB) verstreichen lässt. Der Gegner hat hierauf keinen Einfluss. Damit ist eine Leistung des Schuldners auf einen nur für den Insolvenzgläubiger anfechtbaren, aber zum Zeitpunkt der Leistung nicht angefochtenen Vertrag kongruent, weil der Gläubiger sie zu diesem Zeitpunkt auch im Prozessweg durchsetzen konnte. Der Gläubiger erhält damit eine Leistung in der Art, wie er sie beanspruchen konnte.[110]

dd) Zahlung auf Nachrangdarlehen

Inkongruent ist eine Leistung, die ein Schuldner auf einen Anspruch erbringt, der aufgrund einer Nachrangvereinbarung mit einer Durchset-

108 BGH, Urt. v. 6.12.2018 – IX ZR 143/17, Rn. 20.
109 BGH, Urt. v. 6.12.2018 – IX ZR 143/17, Rn. 21.
110 BGH, Urt. v. 6.12.2018 – IX ZR 143/17, Rn. 22.

zungssperre behaftet ist. Der Gläubiger kann diese Leistung jedenfalls nicht zu der Zeit beanspruchen, soweit die Voraussetzungen der vereinbarten Durchsetzungssperre vorliegen. Der Rangrücktritt und die Durchsetzungssperre bestimmen sich nach den getroffenen Vereinbarungen. Inhalt und Reichweite des Rangrücktritts können Gläubiger und Schuldner der Forderung frei vereinbaren. Ein Nachrang kann nur für den Fall der Eröffnung des Insolvenzverfahrens vereinbart sein. Eine Durchsetzungssperre kann vertraglich ebenso auch für die Zeit vor Eröffnung des Insolvenzverfahrens vereinbart werden. Soll der Nachrang auch vor Eröffnung des Insolvenzverfahrens eingreifen, muss dies hinreichend klar und deutlich vereinbart werden. Es muss der Wille der Parteien feststehen, dass der Darlehensgeber nur Befriedigung verlangen kann, wenn bei der Schuldnerin weder Überschuldung noch Zahlungsunfähigkeit vorliegen noch einzutreten drohen.[111]

Die maßgebliche Darlehensbedingung ist gemäß § 307 Abs. 1 S. 2 BGB in Verbindung mit § 307 Abs. 1 S. 1 BGB wegen unangemessener Benachteiligung unwirksam, soweit die Klausel eine vorinsolvenzliche Durchsetzungssperre anordnen soll, weil die Bestimmung nicht hinreichend klar und verständlich ist. In allgemeinen Geschäftsbedingungen gegenüber Verbrauchern ist eine qualifizierte Nachrangvereinbarung nur dann hinreichend transparent, wenn aus ihr die Rangtiefe, die vorinsolvenzliche Durchsetzungssperre, deren Dauer und die Erstreckung auf die Zinsen klar und unmissverständlich hervorgehen. Dies erfordert auch, dass die Voraussetzungen der vorinsolvenzlichen Durchsetzungssperre hinreichend deutlich erläutert werden, insbesondere die Klausel klarstellt, inwieweit die Ansprüche aus dem Darlehen bereits dann nicht mehr durchsetzbar sind, wenn die Gesellschaft zum Zeitpunkt des Leistungsverlangens bereits zahlungsunfähig oder überschuldet ist oder dies zu werden droht.[112]

3. Vorsatzanfechtung (§ 133 InsO)

a) Bargeschäft

Befriedigt ein Schuldner einen Gläubiger, obwohl er zahlungsunfähig ist und seine Zahlungsunfähigkeit kennt, handelt er nach ständiger Recht-

111 BGH, Urt. v. 6.12.2018 – IX ZR 143/17, Rn. 24.
112 BGH, Urt. v. 6.12.2018 – IX ZR 143/17, Rn. 36.

sprechung des Bundesgerichtshofs in der Regel mit dem Vorsatz, seine übrigen Gläubiger zu benachteiligen. In diesem Fall weiß er, dass sein Vermögen nicht ausreicht, um sämtliche Gläubiger zu befriedigen. In Fällen kongruenter Leistungen hat der Senat allerdings anerkannt, dass der Schuldner trotz der Indizwirkung einer erkannten Zahlungsunfähigkeit ausnahmsweise nicht mit Gläubigerbenachteiligungsvorsatz handelt, wenn er seine Leistung Zug um Zug gegen eine zur Fortführung seines Unternehmens unentbehrliche Gegenleistung erbracht hat, die den Gläubigern im Allgemeinen nutzt. Der subjektive Tatbestand kann hiernach nicht festgestellt werden, wenn im unmittelbaren Zusammenhang mit der potentiell anfechtbaren Rechtshandlung eine gleichwertige Gegenleistung in das Vermögen des Schuldners gelangt, also ein Leistungsaustausch ähnlich einem Bargeschäft stattfindet. Dem liegt zugrunde, dass dem Schuldner in diesem Fall infolge des gleichwertigen Leistungsaustauschs die dadurch eingetretene mittelbare Gläubigerbenachteiligung nicht bewusst geworden sein kann. Auch im Falle eines bargeschäftsähnlichen Leistungsaustausches wird sich der Schuldner der eintretenden mittelbaren Gläubigerbenachteiligung allerdings dann bewusst werden, wenn er weiß, dass er trotz Belieferung zu marktgerechten Preisen fortlaufend unrentabel arbeitet und deshalb bei der Fortführung seines Geschäfts mittels der durch bargeschäftsähnliche Handlungen erworbenen Gegenstände weitere Verluste anhäuft, die die Befriedigungsaussichten der Gläubiger weiter mindern, ohne dass auf längere Sicht Aussicht auf Ausgleich besteht.[113]

Die Voraussetzungen eines bargeschäftsähnlichen Leistungsaustauschs hat der Anfechtungsgegner darzulegen und erforderlichenfalls zu beweisen, weil es sich dabei um einen für ihn günstigen Umstand handelt, der dem sonst möglichen Schluss von erkannter Zahlungsunfähigkeit auf einen Gläubigerbenachteiligungsvorsatz des Schuldners entgegenstehen kann. Der Anfechtungsgegner muss deshalb darlegen, dass in einem engen zeitlichen Zusammenhang mit der angefochtenen kongruenten Leistung des Schuldners eine gleichwertige, zur Fortführung des Unternehmens des Schuldners unentbehrliche Gegenleistung in das Vermögen des Schuldners gelangt ist. Steht ein solcher Sachverhalt fest, kann die Erwartung der Beteiligten begründet sein, der Leistungsaustausch werde die Gläubiger des Schuldners nicht benachteiligen, sondern ihnen letztlich nützen. Allein aus der vom Schuldner erkannten Zahlungsunfähigkeit wird dann regel-

113 BGH, Beschl. v. 27.9.2018 – IX ZR 313/16, WM 2018, 2097, Rn. 3.

mäßig nicht auf seinen Benachteiligungsvorsatz geschlossen werden können. Anders kann es sein, wenn der Schuldner weiß, dass er fortlaufend unrentabel arbeitet und deshalb bei der Fortführung des Geschäfts auch mittels der in bargeschäftsähnlicher Weise erlangten Leistungen nur weitere Verluste anhäuft. Solche Umstände sind jedoch vom Insolvenzverwalter darzulegen und zu beweisen, dem im Grundsatz die Darlegungs- und Beweislast für sämtliche Voraussetzungen der Anfechtbarkeit einer Rechtshandlung obliegt.[114]

Erbringt ein Schuldner, der seine Zahlungsunfähigkeit kennt, eine Leistung in der berechtigten Annahme, dadurch eine Gegenleistung in sein Vermögen zu veranlassen, indem er die Voraussetzungen eines Erstattungsanspruchs schafft, kann ihm eine gleichwohl eingetretene Gläubigerbenachteiligung nicht bewusst geworden sein, auch wenn die Voraussetzungen eines bargeschäftsähnlichen Leistungsaustauschs nicht gegeben sind. Hindernisse, die bei ausgeglichenem Beitragskonto einer Leistung des Beklagten entgegenstanden, sofern die weiteren Anspruchsvoraussetzungen gegeben waren, waren nicht zu erkennen. Wenn die Schuldnerin zum Zeitpunkt der jeweiligen Beitragszahlung annehmen konnte, dass ein vollständiger Ausgleich des Beitragskontos zu erreichen war und es tatsächlich zu Erstattungsleistungen des Beklagten kommen würde, kann ihr im Umfang der zu erwartenden Vermögenszuflüsse das Bewusstsein einer Gläubigerbenachteiligung gefehlt haben.[115]

b) Ernsthafter Sanierungsversuch

Befriedigt ein Schuldner einen Gläubiger, obwohl er zahlungsunfähig ist und seine drohende oder bereits eingetretene Zahlungsunfähigkeit kennt, handelt er in der Regel mit dem Vorsatz, die übrigen Gläubiger zu benachteiligen; denn er weiß, dass sein Vermögen nicht ausreicht, um sämtliche Gläubiger zu befriedigen. Die Kenntnis von der Zahlungsunfähigkeit kann aber ihre Bedeutung als Beweisanzeichen für den Benachteiligungsvorsatz verlieren, wenn die angefochtene Rechtshandlung Bestandteil eines ernsthaften, wenn auch letztlich fehlgeschlagenen Sanierungsversuchs war. In einem solchen Fall ist die Rechtshandlung von einem anfechtungsrechtlich

114 BGH, Beschl. v. 27.9.2018 – IX ZR 313/16, WM 2018, 2097, Rn. 4.
115 BGH, Urt. v. 18.7.2019 – IX ZR 258/18.

unbedenklichen Willen geleitet. Das Wissen um die Benachteiligung anderer Gläubiger tritt in den Hintergrund.[116]

In einer vom BGH entschiedenen Sache war ein Sanierungskonzept, welches Grundlage der angefochtenen vier Zahlungen war, nicht schon deshalb untauglich und deshalb unbeachtlich, weil es die Ursachen der wirtschaftlichen Lage der Schuldnerin nicht behandelte. Der Anfechtungsgegner hatte vorgetragen, ausweislich der Sanierungsskizze sei die finanzielle Schieflage der Schuldnerin auf einen Umsatzrückgang infolge schwacher Auftragslage, eine der Umsatzentwicklung nicht angepassten Kostenstruktur, eine zu geringe Eigenkapitaldecke und ein daraus folgendes Liquiditätsdefizit zurückzuführen. Er hatte weiter unter Beweisantritt dazu vorgetragen, welche Maßnahmen in der Sanierungsskizze vorgeschlagen und welche der vorgeschlagenen Maßnahmen bereits teilweise umgesetzt worden seien. Es sei ein Stillhalteabkommen über ein Volumen von 2,8 Mio. € erzielt worden. Der vorgesehene Eigenkapitalbetrag sei eingeworben worden. Der Personalbestand sei um 44 Mitarbeiter auf 108 Mitarbeiter reduziert worden. Die Mieten seien reduziert worden. Die Lieferantenforderungen seien durch Verzichte reduziert worden. Schließlich sei eine Anschlussfinanzierung gelungen. Der Geschäftsführer der Schuldnerin sei von der Schlüssigkeit des Konzeptes und dessen Umsatzbarkeit überzeugt gewesen und habe deshalb mit Rundschreiben an die Lieferanten erklärt, die Schuldnerin sei derzeit weder zahlungsunfähig noch überschuldet.[117]

4. Schenkungsanfechtung (§ 134 InsO)

a) Begriff der Unentgeltlichkeit

Unentgeltlich ist im Zwei-Personen-Verhältnis eine Leistung, wenn ein Vermögenswert des Verfügenden zugunsten einer anderen Person aufgegeben wird, ohne dass dem Verfügenden ein entsprechender Vermögenswert vereinbarungsgemäß zufließen soll. Auch ohne eine vertragliche Vereinbarung einer Gegenleistung fehlt es an einer für die Unentgeltlichkeit erforderlichen kompensationslosen Minderung des schuldnerischen Vermögens, wenn der Empfänger die Leistung des Schuldners auf andere

116 BGH, Urt. v. 28.3.2019 – IX ZR 7/18, Rn. 7.
117 BGH, Urt. v. 28.3.2019 – IX ZR 7/18, Rn. 9.

Art und Weise auszugleichen hat. Leistet der Schuldner, weil er sich irrtümlich hierzu verpflichtet hält, steht ihm hinsichtlich der Leistung ein Bereicherungsanspruch nach § 812 Abs. 1 S. 1 BGB zu. Der Empfänger ist von vornherein diesem Bereicherungsanspruch ausgesetzt. Insoweit fehlt es bei einer solchen Leistung an einem endgültigen, vom Empfänger nicht auszugleichenden, freigiebigen Vermögensverlust des Schuldners. Daher ist eine Leistung des Schuldners, wenn dieser irrtümlich annimmt, zu einer entgeltlichen Leistung verpflichtet zu sein, nicht nach § 134 Abs. 1 InsO anfechtbar.[118]

b) Gewährung eines Darlehens

aa) Anfechtung des Darlehensvertrages führt nicht zur Unentgeltlichkeit der Zahlung des Schuldners

Die Unentgeltlichkeit einer Leistung ist nach den rechtlichen und tatsächlichen Verhältnissen in dem Zeitpunkt zu beurteilen, in dem die jeweilige Leistung vorgenommen wurde.

Die erst rund 20 Monate nach der angefochtenen Rechtshandlung (§ 140 Abs. 1 InsO) erfolgte Anfechtung des Darlehensvertrags wegen arglistiger Täuschung ist nicht geeignet, rückwirkend die Voraussetzungen für eine unentgeltliche Leistung im Sinne des § 134 Abs. 1 InsO herbeizuführen. Ob die Voraussetzungen eines Anfechtungstatbestandes erfüllt sind, richtet sich grundsätzlich nach den rechtlichen und tatsächlichen Verhältnissen zum Zeitpunkt der angefochtenen Rechtshandlung. Damit ist die Unentgeltlichkeit nach dem Zeitpunkt zu beurteilen, in dem die jeweilige Leistung vorgenommen wurde.[119]

bb) Entgeltlichkeit bei Bereicherungsanspruch

Unabhängig davon ist die Zahlung des Schuldners vom 13. Oktober 2013 auch dann nicht nach § 134 Abs. 1 InsO anfechtbar, wenn der Darlehensvertrag bereits zum Zeitpunkt der Leistung der Schuldnerin nicht mehr bestanden haben sollte. Nimmt der Schuldner zum Zeitpunkt der Leistung

118 BGH, Urt. v. 6.12.2018 – IX ZR 143/17, Rn. 10.
119 BGH, Urt. v. 6.12.2018 – IX ZR 143/17, Rn. 12.

irrtümlich an, zu einer entgeltlichen Leistung verpflichtet zu sein, steht ihm hinsichtlich seiner Leistung ein Bereicherungsanspruch nach § 812 Abs. 1 S. 1 Fall 1 BGB zu; dieser tritt an die Stelle des weggegebenen Vermögensgegenstandes und steht damit der Unentgeltlichkeit entgegen.[120]

c) Gewährung eines zinslosen Darlehens

Zwar ist die Hingabe der Darlehensvaluta entgeltlich, weil der Empfänger zur Rückzahlung des Darlehens verpflichtet ist. Dies ändert jedoch nichts daran, dass die mit der zinslosen Überlassung auf Zeit eingeräumte Kapitalnutzung eine unentgeltliche Leistung darstellt. Eine unentgeltliche Leistung im Zwei-Personen-Verhältnis liegt stets vor, wenn der leistende Schuldner für den von ihm aufgegebenen Vermögenswert keine diesem entsprechende Gegenleistung erhalten soll, weil den Empfänger seinerseits keine Leistungsverpflichtung trifft und insoweit kein die Leistung des Schuldners ausgleichender Vermögenswert vorliegt.[121] Dass die darlehensweise Hingabe der Darlehensvaluta eine entgeltliche Leistung darstellt, steht einer Anfechtung hinsichtlich der unentgeltlichen Kapitalnutzung nicht entgegen. Insoweit liegt bei einem zinslosen Darlehen eine teilweise unentgeltliche Leistung vor, die gemäß § 134 InsO anfechtbar ist. Ist die Leistung des Schuldners teilbar, kann die Anfechtung auf den unentgeltlichen Teil der Leistung beschränkt werden.[122]

d) Leistungsfähigkeit des Empfängers

Eine Leistung des Schuldners im Zwei-Personen-Verhältnis ist nicht schon deshalb als unentgeltlich anzusehen, weil objektiv zweifelhaft ist, ob der zur Rückzahlung verpflichtete Empfänger wirtschaftlich leistungsfähig ist, wenn die rechtlich geschuldete und vereinbarte ausgleichende Gegenleistung später tatsächlich erbracht wird.

Im Hinblick auf die Werthaltigkeit eines Rückzahlungsanspruchs im Zwei-Personen-Verhältnis ist zwischen der durch die Auszahlung einge-

120 BGH, Urt. v. 6.12.2018 – IX ZR 143/17, Rn. 14.
121 BGH, Urt. v. 15.11.2018 – IX ZR 229/17, WM 2019, 213, Rn. 25.
122 BGH, Urt. v. 15.11.2018 – IX ZR 229/17, WM 2019, 213 Rn. 26.

tretenen Gläubigerbenachteiligung und der Unentgeltlichkeit der Auszahlung zu unterscheiden. Unentgeltlich ist die Auszahlung nur, soweit bereits im Zeitpunkt der Rechtshandlung feststeht, dass der Schuldner keine ausgleichende Gegenleistung erhalten wird. Dies kann sich aus einer entsprechenden – stillschweigenden – Willensübereinkunft der Vertragsparteien ergeben, etwa aufgrund eines Verzichts oder einer verschleierten Schenkung. Zahlt der Empfänger bei einem Darlehen – hier die Schuldnerin – die erhaltenen Gelder tatsächlich zurück, rechtfertigt bei einem Zwei-Personen-Verhältnis die zum Zeitpunkt der Auszahlung bestehende Insolvenzreife des Empfängers nicht, die Auszahlung als unentgeltliche Leistung einzuordnen.[123]

e) Einrede gegen eine Forderung

Die Erfüllung einer einredebehafteten Forderung stellt keine unentgeltliche Leistung dar, wenn die Forderung entgeltlich begründet worden ist. Auch wenn der Schuldner sich gegen seine Zahlungspflicht verteidigen kann, diese Verteidigung jedoch nicht vornimmt, bleibt es dabei, dass die Zahlung – sofern eine entsprechende entgeltliche Verbindlichkeit bestand – entgeltlich ist.

Ebenso wie im Fall einer Leistung ohne Rechtsgrund gebietet der Schutzzweck des § 134 InsO bei einer Leistung trotz bestehender Einrede keine uneingeschränkte Anfechtung als unentgeltliche Leistung. Kann sich der Schuldner gegenüber einem Anspruch des Gläubigers mit einer Einrede oder Einwendung verteidigen, stellt eine Leistung des Schuldners trotz bestehender Einrede eine Leistung dar, die der Empfänger nicht, nicht in der Art oder nicht zu der Zeit zu beanspruchen hat und die deshalb inkongruent ist. Mithin ist diese Rechtshandlung unter den Voraussetzungen des § 131 InsO und gegebenenfalls des § 133 Abs. 1 InsO anfechtbar. Die Erweiterung des Begriffs der Unentgeltlichkeit in § 134 InsO auf sämtliche einredebehaftete Leistungen würde regelmäßig alle insoweit inkongruenten Leistungen erfassen und damit die Möglichkeit ihrer Anfechtbarkeit in sachlicher und zeitlicher Hinsicht deutlich ausdehnen. Dies würde die Abgrenzung der Anfechtungswürdigkeit eines Verhaltens nach § 131 InsO unterlaufen.[124]

123 BGH, Urt. v. 28.6.2019 – IX ZR 167/18.
124 BGH, Urt. v. 28.6.2019 – IX ZR 167/18.

f) Sittenwidrigkeit

Ein Schuldner, der im Zwei-Personen-Verhältnis auf eine nicht bestehende Schuld leistet, nimmt eine entgeltliche Leistung vor, wenn nur der Empfänger durch die Annahme der Leistung gegen die guten Sitten verstößt.

Dass der Gläubiger keinen durchsetzbaren Anspruch auf Rückzahlung der Darlehensvaluta besitzt, macht die Rückzahlung nicht zu einer unentgeltlichen Leistung des Schuldners. Dies gilt auch für die Erfüllung der Rückzahlungsansprüche des Darlehensgebers aus einem wegen Sittenwidrigkeit nichtigen Darlehensvertrag. Zum einen steht § 817 S. 2 BGB bei einer Nichtigkeit eines Darlehensvertrags gemäß § 138 BGB oder wegen eines Gesetzesverstoßes dem Rückforderungsanspruch des Darlehensgebers hinsichtlich des Darlehenskapitals grundsätzlich nicht entgegen. Als Leistung im Sinne des § 817 S. 2 BGB sind nur solche Zuwendungen anzusehen, die nach dem – nichtigen – Vertragsverhältnis endgültig in das Vermögen des Empfängers übergehen sollten.[125]

Im Übrigen ordnet § 817 S. 2 BGB nicht an, dass die jeweiligen Bereicherungsansprüche erlöschen, sondern nimmt den Bereicherungsansprüchen die gerichtliche Durchsetzbarkeit. Es handelt sich um eine Kondiktionssperre, die eine rechtshindernde Einwendung begründet. Eine solche Kondiktionssperre führt – wie nach § 814 BGB bei einer Leistung in Kenntnis des fehlenden Rechtsgrundes – dazu, dass der Leistende, der seine Leistung aufgrund der Kondiktionssperre nicht zurückfordern kann, eine unentgeltliche Leistung im Sinne des § 134 Abs. 1 InsO erbringt. Soweit der Bereicherungsschuldner hingegen eine erhaltene Leistung trotz eines ihm zustehenden Leistungsverweigerungsrechts erstattet, führt dies zwar zu einer inkongruenten, nicht jedoch zu einer unentgeltlichen Leistung im Sinne des § 134 Abs. 1 InsO. Der Schuldner, der auf einen nach § 817 S. 2 BGB ausgeschlossenen Rückforderungsanspruch leistet, erfüllt eine bestehende, aber nicht durchsetzbare Verbindlichkeit. Sie ist entgeltlich, sofern dem Schuldner im rechtlichen Zusammenhang mit dieser Verbindlichkeit eine ausgleichende Gegenleistung zugeflossen ist. Eine hierfür ausreichende rechtliche Verknüpfung liegt vor, wenn die Verbindlichkeit darauf

125 BGH, Urt. v. 28.6.2019 – IX ZR 167/18.

beruht, dass der Schuldner zuvor von Anfang an rückzahlbare Darlehensvaluta erhalten hat.[126]

5. Gesellschafterfinanzierungshilfen (§ 135 InsO)

a) Legitimationsgrundlage

Die Finanzierungsfolgenverantwortung des Gesellschafters ist bei der Auslegung von § 135 Abs. 1 InsO weiterhin beachtlich. Kann eine mit geringem Stammkapital gegründete Gesellschaft überhaupt nur aufgrund ihr gewährter Gesellschafterdarlehen ihren Geschäftsbetrieb aufnehmen, besteht bei Gewährung einer Sicherung durch die Gesellschaft die Gefahr, dass ab Aufnahme der werbenden Tätigkeit bis zu einer etwaigen Insolvenz praktisch ihr gesamtes Gesellschaftsvermögen unter Ausschluss der Gläubiger dem Gesellschafter vorbehalten bleibt. Die Inanspruchnahme einer Sicherung für ein Gesellschafterdarlehen belegt, dass der Gesellschafter, der in die Rolle eines außenstehenden Dritten einzurücken sucht, die Übernahme einer Finanzierungsfolgenverantwortung ablehnt. Der bereits in der beschränkten Haftung liegende Risikoanreiz des Gesellschafters wird zusätzlich erhöht, wenn er aus dem Gesellschaftsvermögen dank einer Sicherung im Verhältnis zu den sonstigen Gläubigern auch noch vorrangig befriedigt wird. Ein gesicherter Gesellschafter, der um die Erfüllung seines Rückzahlungsanspruchs nicht fürchten muss, wird in Wahrnehmung der Geschäftsführung zur Eingehung unangemessener, wenn nicht gar unverantwortlicher, allein die ungesicherten Gläubiger treffender geschäftlicher Wagnisse neigen. Die Gewährung von Gesellschafterdarlehen, die durch das Gesellschaftsvermögen gesichert werden, ist darum mit einer ordnungsgemäßen Unternehmensfinanzierung nicht vereinbar.[127]

b) Begriff des Gesellschafterdarlehens

Das in Schuldverschreibungen verbriefte Leistungsversprechen der Schuldnerin begründet anfechtungsrechtlich eine Forderung im Sinne von § 39 Abs. 1 Nr. 5 InsO.[128]

126 BGH, Urt. v. 28.6.2019 – IX ZR 167/18.
127 BGH, Urt. v. 14.2.2019 – IX ZR 149/16, WM 2019, 650 Rn. 50.
128 BGH, Urt. v. 14.2.2019 – IX ZR 149/16, WM 2019, 650 Rn. 56.

aa) Schuldverschreibung

Die Vorschrift des § 135 Abs. 1 Nr. 1 InsO unterstellt die Gewährung einer Sicherung für den Anspruch eines Gesellschafters auf Rückgewähr eines Darlehens im Sinne des § 39 Abs. 1 Nr. 5 InsO wie auch einer gleichgestellten Forderung der Anfechtung. Darunter fällt jeder Rückzahlungsanspruch aus der Zurverfügungstellung von Kreditmitteln. Gleichgestellte Forderungen sind Verbindlichkeiten, die einem Gesellschafterdarlehen wirtschaftlich entsprechen. Entscheidend ist, ob die fragliche Rechtshandlung wie ein Darlehen Finanzierungsfunktion hat. Die Rechtsprechung soll aus gesetzgeberischer Sicht mit Hilfe der Generalklausel der wirtschaftlichen Vergleichbarkeit in den Stand gesetzt werden, nicht ausdrücklich vom Wortlaut des Gesetzes erfasste, jedoch vergleichbare Sachverhalte gleich zu behandeln.[129] Dabei kann dahinstehen, ob Schuldverschreibungen unmittelbar einen Anspruch auf Darlehensrückgewähr verkörpern. Jedenfalls entsprechen die aus dem verbrieften Schuldversprechen (§ 793 BGB) abzuleitenden Forderungen der Anleihegläubiger wirtschaftlich der Forderung auf Rückzahlung eines Darlehens. Die von der Schuldnerin ausgegebene Anleihe ist ebenso wie ein Darlehen auf die Überlassung von Fremdkapital gerichtet und hat deswegen Kreditierungswirkung. Folgerichtig fallen die Forderungen aus der Schuldverschreibung – wie ein Anspruch auf Darlehensrückgewähr – in den sachlichen Anwendungsbereich von § 39 Abs. 1 Nr. 5 InsO.[130]

bb) Bereicherungsansprüche

Jede Forderung eines Gesellschafters auf Rückzahlung eines vom Gesellschafter aus seinem Vermögen der Gesellschaft zur Verfügung gestellten Geldbetrags ist darlehensgleich, sofern ein solcher Rückzahlungsanspruch durchgängig seit der Überlassung des Geldes bestand und sich Gesellschafter und Gesellschaft von vornherein einig waren, dass die Gesellschaft das Geld zurückzuzahlen habe. So stellen bereicherungsrechtliche Ansprüche eines Gesellschafters auf Rückgewähr des auf der Grundlage eines unwirksamen Darlehensvertrags gewährten Geldbetrags eine einem Darlehen wirtschaftlich gleichstehende Forderung dar.[131] Unter welchen

129 BGH, Urt. v. 14.2.2019 – IX ZR 149/16, WM 2019, 650 Rn. 59.
130 BGH, Urt. v. 14.2.2019 – IX ZR 149/16, WM 2019, 650 Rn. 60.
131 BGH, Urt. v. 27.6.2019 – IX ZR 167/18.

Voraussetzungen die Verpflichtung der Gesellschaft, einen tatsächlich von ihrem Gesellschafter erhaltenen Geldbetrag zurückzuzahlen, eine darlehensgleiche Forderung im Sinne des § 135 Abs. 1 Nr. 2 InsO darstellt, hängt nicht davon ab, ob ein wirksamer Parteiwille zur Gewährung eines Darlehens vorliegt oder dieser Parteiwille mit den guten Sitten vereinbar ist, sondern ob die Gesellschaft nach dem übereinstimmenden Willen von vornherein verpflichtet ist, dem Gesellschafter die erhaltenen Geldbeträge zurückzuzahlen.[132]

cc) Stundung oder Stehenlassen einer Forderung über mehr als drei Monate

Wird die aus einem üblichen Austauschgeschäft herrührende Forderung eines Gesellschafters über einen Zeitraum von mehr als drei Monaten rechtsgeschäftlich oder faktisch zugunsten seiner Gesellschaft gestundet, handelt es sich grundsätzlich um eine darlehensgleiche Forderung.

Rechtsgeschäftliche Fälligkeitsabreden, die im Rahmen von Verkehrsgeschäften zwischen der Gesellschaft und ihrem Gesellschafter getroffen werden, können wirtschaftlich einer Darlehensgewährung entsprechen. Da nicht jede geringfügige Überschreitung der marktüblichen Zahlungsfristen zur Annahme einer darlehensgleichen Forderung führt, haben auch Fälligkeitsvereinbarungen diese Wirkung nur dann, wenn sie deutlich von den im Verkehr mit dritten Vertragspartnern üblichen Konditionen abweichen. In Anknüpfung an die zeitlichen Grenzen möglicher Fälligkeitsvereinbarungen können Forderungen eines Gesellschafters aus normalen Verkehrsgeschäften wie einer Warenlieferung ebenfalls als darlehensähnlich zu bewerten sein, wenn sie deutlich über einen verkehrsüblichen Zeitraum hinaus durch Stehenlassen faktisch gestundet werden.[133]

Bei der rechtlichen Bewertung, ob ein verkehrsüblicher Zeitraum merklich überschritten wird, ist zu berücksichtigen, dass nach dem gesetzlichen Leitbild des § 271a Abs. 1 BGB eine Vereinbarung, nach der der Gläubiger die Erfüllung einer Entgeltforderung erst nach mehr als 60 Tagen nach Empfang der Gegenleistung verlangen kann, nur wirksam ist, wenn sie ausdrücklich getroffen und im Hinblick auf die Belange des Gläubigers

132 BGH, Urt. v. 27.6.2019 – IX ZR 167/18.
133 BGH, Urt. v. 11.7.2019 – IX ZR 210/18.

nicht grob unbillig ist. Mit Hilfe der Regelung sollen insbesondere kleinere Unternehmen von der mit langen Zahlungsfristen verbundenen Last des "Gläubigerkredits" befreit werden. Bedarf es einer eindeutigen Missachtung üblicher Zahlungsfristen, ist nicht bereits dann von einer darlehensgleichen Forderung auszugehen, wenn der zulässige Fälligkeitszeitraum von 60 Tagen nicht gewahrt ist.[134]

Vielmehr verhält es sich gemeinhin erst dann im Sinne einer Darlehensgewährung, wenn der Gesellschaft zur Tilgung einer Gesellschafterforderung vereinbarungsgemäß mit Hilfe einer die Fälligkeit nicht berührenden und daher durch § 271a BGB nicht verwehrten rechtlichen oder faktischen Stundung über ein noch zulässiges Zahlungsziel hinaus ein zusätzlicher Zahlungszeitraum eröffnet wird und sich daraus in einer Gesamtschau der Schluss auf eine Kreditgewährung unzweifelhaft aufdrängt. Dies ist im Allgemeinen anzunehmen, wenn eine fällige Forderung von dem Gesellschafter länger als drei Monate rechtsgeschäftlich gestundet oder tatsächlich stehen gelassen wird. Bei Darlehensverträgen unbestimmter Dauer legt das Gesetz durch § 488 Abs. 3 S. 2 BGB eine ordentliche Kündigungsfrist von drei Monaten fest. Ist dieser Zeitraum verstrichen, gewinnt eine auf einem sonstigen Rechtsgrund beruhende Forderung typischerweise Darlehenscharakter, weil die Gesellschaft bei wirtschaftlicher Betrachtung nicht anders steht, als wenn ihr ein innerhalb dieser Frist ordentlich kündbares Darlehen gewährt worden wäre. Durch eine drei Monate überschreitende rechtsgeschäftliche oder faktische Stundung gibt der Gläubiger für gewöhnlich zu erkennen, der Gesellschaft eine darlehensgleiche Forderung zu belassen.[135]

dd) Darlehenszinsen

Bezahlt der Schuldner vertraglich vereinbarte Darlehenszinsen, sind diese Leistungen grundsätzlich nicht nach § 135 Abs. 1 Nr. 2 InsO anfechtbar. Anfechtbar gemäß § 135 Abs. 1 Nr. 2 InsO ist eine Rechtshandlung, die Befriedigung für eine Forderung auf Rückgewähr eines Darlehens oder für eine einem Darlehen gleichgestellte Forderung gewährt hat. Vertraglich vereinbarte Darlehenszinsen oder vertraglich geschuldete Zinsen für eine gleichgestellte Forderung sind keine Befriedigung einer Forderung auf

134 BGH, Urt. v. 11.7.2019 – IX ZR 210/18.
135 BGH, Urt. v. 11.7.2019 – IX ZR 210/18.

Rückgewähr eines Darlehens. Darlehenszinsen führen dazu, dass die mit der Überlassung des Darlehenskapitals auf Zeit eingeräumte Kapitalnutzung eine entgeltliche Leistung darstellt. Sie stellen in erster Linie ein Entgelt für die Nutzung dar. Für die Überlassung eines Gegenstandes zum Gebrauch oder zur Ausübung hat der Bundesgerichtshof bereits entschieden, dass keine Grundlage besteht, die Tilgung eines Nutzungsentgelts einer Darlehensrückzahlung gleichzustellen. Sie kann mithin nur noch im Falle eines vorherigen Stehenlassens oder eine Stundung des Nutzungsentgelts als Befriedigung einer darlehensgleichen Forderung gemäß § 135 Abs. 1 Nr. 2 InsO angefochten werden.[136]

c) Gesellschafterstellung

aa) Mittelbarer Gesellschafter

Der Beklagte war im Zeitpunkt der Darlehensgewährung nicht selbst Gesellschafter der Schuldnerin. Obwohl Rechtshandlungen Dritter in § 39 Abs. 1 Nr. 5, § 135 Abs. 1 InsO nicht ausdrücklich erwähnt werden, sollte durch die tatbestandliche Einbeziehung gleichgestellter Forderungen in diese Vorschriften der Anwendungsbereich des § 32a Abs. 3 S. 1 GmbHG aF auch in personeller Hinsicht übernommen werden. Von der Regelung des § 39 Abs. 1 Nr. 5, § 135 Abs. 1 InsO werden folglich Rechtshandlungen Dritter erfasst, welche der Darlehensgewährung durch einen Gesellschafter wirtschaftlich entsprechen. Der mittelbar an einer Gesellschaft Beteiligte ist hinsichtlich seiner Kredithilfen für die Gesellschaft wie ein unmittelbarer Gesellschafter zu behandeln. Dies gilt jedenfalls für den Gesellschafter-Gesellschafter, also denjenigen, der an dem Gesellschafter der Gesellschaft beteiligt ist und aufgrund einer qualifizierten Anteilsmehrheit einen beherrschenden Einfluss auf diesen ausüben kann.[137] In dieser Weise verhielt es sich in einer vom BGH entschiedenen Sache. Alleingesellschafterin der Schuldnerin war ihre Muttergesellschaft. Der Beklagte war einziger Kommanditist der Muttergesellschaft und zugleich Alleingesellschafter ihrer Komplementär-GmbH. Damit war der Beklagte wirtschaftlich betrachtet Alleingesellschafter der Schuldnerin.[138]

136 BGH, Urt. v. 27.6.2019 – IX ZR 167/18.
137 BGH, Urt. v. 2.5.2019 – IX ZR 67/18, WM 2019, 1087 Rn. 10.
138 BGH, Urt. v. 2.5.2019 – IX ZR 67/18, WM 2019, 1087 Rn. 11.

bb) Verbunde Unternehmen

Die Darlehensforderung eines Unternehmens kann einem Gesellschafterdarlehen auch dann gleichzustellen sein, wenn ein an der darlehensnehmenden Gesellschaft lediglich mittelbar beteiligter Gesellschafter an der darlehensgewährenden Gesellschaft maßgeblich beteiligt ist.

Finanzierungshilfen Dritter werden erfasst, wenn der Dritte bei wirtschaftlicher Betrachtung einem Gesellschafter gleichsteht. Die Verbindung kann so ausgestaltet sein, dass ein Gesellschafter an beiden Gesellschaften, der Darlehen nehmenden und der Darlehen gebenden Gesellschaft, und zwar an der letztgenannten „maßgeblich" beteiligt ist. Eine maßgebliche Beteiligung in diesem Sinn ist gegeben, wenn der Gesellschafter auf die Entscheidungen des hilfeleistenden Unternehmens, nämlich auf die Gewährung oder auf den Abzug der Leistung an das andere Unternehmen, einen bestimmenden Einfluss ausüben, insbesondere dem Geschäftsführungsorgan der Hilfe gewährenden Gesellschaft durch Gesellschafterbeschlüsse entsprechende Weisungen erteilen kann.[139]

Diese Voraussetzungen waren in einer vom BGH entschiedenen Sache gegeben. C. konnte als Mehrheitsgesellschafter der Beklagten nach eigenem Ermessen über den Abzug des Darlehens befinden. Zudem war C. mittelbar an der darlehensnehmenden Schuldnerin beteiligt. Er verfügte über die Hälfte der Geschäftsanteile an der X-GmbH, die ihrerseits 10 v.H. der Aktien der Y-AG, der Mehrheitskommanditistin der Schuldnerin, hielt. Aufgrund der hier anzustellenden wirtschaftlichen Betrachtungsweise ist es ohne Bedeutung, dass C. nicht unmittelbar an der Schuldnerin beteiligt war. Die Bestimmungen über die Behandlung von Gesellschafterdarlehen im Insolvenzverfahren über das Vermögen der darlehensnehmenden Gesellschaft setzen, weil deren Gesellschafter keine Finanzierungsentscheidung zu treffen haben, abgesehen von dem Kleinbeteiligtenprivileg des § 39 Abs. 5 InsO keine Mindestbeteiligung voraus. Entsprechendes hat auch im Falle einer mittelbaren Beteiligung an der darlehensnehmenden Gesellschaft zu gelten. Der Gesellschafter kann sich seiner Verantwortung nicht entziehen, indem er eine oder mehrere Gesellschaften zwischenschaltet. Es wäre nicht einzusehen, einen etwa unmittelbar mit 15 v.H. beteiligten Gesellschafter schlechter als einen mittelbar in

139 BGH, Urt. v. 15.11.2018 – IX ZR 39/18, WM 2019, 180 Rn 14.

gleicher Höhe oder gar stärker beteiligten Gesellschafter zu stellen. Der mittelbar beteiligte Gesellschafter bleibt verantwortlich, solange die Mediatisierung nicht bewirkt, dass zu seinen Gunsten das Kleinbeteiligtenprivileg des § 39 Abs. 5 InsO eingreift. Letzteres ist hier nicht der Fall. Zwar entsprach die mittelbare Beteiligung des C. an der Schuldnerin wirtschaftlich einem Anteil von weniger als 4 v.H. Gleichwohl ist das Kleinbeteiligtenprivileg nicht anwendbar, weil C. als Geschäftsführer der Komplementär-GmbH auch die Geschäfte der Schuldnerin führte.[140]

e) Gläubigerbenachteiligung

In einer vom BGH entschiedenen Sache hatte die Schuldnerin ein Gesellschafterdarlehen von 100.000 € dem Gesellschafter erstattet. Dieser nutzte die Mittel zur Tilgung einer Kommanditeinlage bei der Muttergesellschaft. Aufgrund einer Verlustdeckungshaftung entrichtete die Muttergesellschaft anschließend 100.000 € an die Schuldnerin. Hier ist die Gläubigerbenachteiligung nicht entfallen. Die in der Erstattung eines Gesellschafterdarlehens liegende Gläubigerbenachteiligung wird nicht beseitigt, indem der Gesellschafter die empfangenen Darlehensmittel zwecks Erfüllung einer von ihm übernommenen Kommanditeinlagepflicht an die Muttergesellschaft der Schuldnerin weiterleitet, welche der Schuldnerin anschließend Gelder in gleicher Höhe auf der Grundlage einer von ihr übernommenen Verlustdeckungspflicht zur Verfügung stellt.

Durch die Zahlung des Gesellschafters an seine Muttergesellschaft zwecks Erfüllung seiner Kommanditeinlageverpflichtung wurde die bei der Schuldnerin als Tochtergesellschaft eingetretene Gläubigerbenachteiligung nicht behoben. Adressat und Zweck der Zahlung stehen einer Beseitigung der Gläubigerbenachteiligung bei der Schuldnerin entgegen. Der Gesellschafter hat den an ihn zurückgeführten Darlehensbetrag über 100.000 € nicht erneut der Schuldnerin zur Verfügung gestellt. Vielmehr hat er eine Zahlung von 100.000 € zum Zweck der Tilgung seiner Kommanditeinlageschuld deren Muttergesellschaft zugewendet. Mittels Zahlung an einen Dritten, und sei es die Muttergesellschaft, konnte die im Vermögen der Schuldnerin bestehende Gläubigerbenachteiligung nicht beseitigt werden.[141] Ist eine Zahlung nicht geeignet, die von dem Gesell-

140 BGH, Urt. v. 15.11.2018 – IX ZR 39/18, WM 2019, 180 Rn. 15.
141 BGH, Urt. v. 2.5.2019 – IX ZR 67/18, WM 2019, 1087 Rn. 17 f.

schafter gegenüber seiner GmbH aus einer Kapitalerhöhung geschuldete Einlagepflicht zu erfüllen, kann sie im Falle der vorausgegangenen Rückgewähr eines Gesellschafterdarlehens auf einen dadurch – früher aus Eigenkapitalersatzrecht, heute aus Insolvenzanfechtung – begründeten Erstattungsanspruch angerechnet werden. Eine solche Gestaltung ist hier schon deshalb nicht gegeben, weil die Darlehensrückführung durch die Schuldnerin erfolgte, der Beklagte aber mit seiner anschließenden, unter Verwendung dieser Mittel erfolgten Zahlung eine Kommanditeinlage bei der Muttergesellschaft und nicht bei der Schuldnerin zu tilgen suchte. Durch eine Zahlung an die Muttergesellschaft kann eine Gläubigerbenachteiligung bei deren Tochtergesellschaft nicht rückgängig gemacht werden, weil die Muttergesellschaft einen möglicherweise rechtsgrundlos empfangenen Betrag dem Gesellschafter zu erstatten hat und ihn nicht etwa an ihre Tochtergesellschaft oder sonstige Gläubiger des Gesellschafters zur Erfüllung seiner Verbindlichkeiten weiterleiten darf.[142]

Die Gläubigerbenachteiligung wurde ebenfalls nicht beseitigt, indem die Muttergesellschaft nach der Zahlung des Gesellschafters über 100.000 € in gleicher Höhe Mittel an die Schuldnerin entrichtet hat. Die Voraussetzungen einer mittelbaren Zuwendung durch den Gesellschafter fehlen, weil die Muttergesellschaft nicht auf Weisung des Gesellschafters tätig wurde und zudem mit der Zahlung eine eigene Verbindlichkeit aus Verlustdeckungshaftung getilgt hat. Eine mittelbare Zuwendung kommt nur in Betracht, wenn der Leistende eine Zwischenperson veranlasst, für ihn eine Zahlung an den Empfänger zu bewirken. Der Gesellschafter hat sich nicht der Muttergesellschaft als Leistungsmittlerin zwecks Bewirkung einer Zahlung an die Schuldnerin bedient. Tatsächlich hat der Gesellschafter mit seiner Zahlung an die Muttergesellschaft ausschließlich den Zweck verfolgt, seine Kommanditeinlage zu begleichen.[143]

Eine mittelbare Zuwendung scheidet aus, wenn die Zwischenperson mit ihrer Leistung an den Gläubiger eine eigene Verbindlichkeit zu tilgen sucht. Die Muttergesellschaft verfolgte mit der Zahlung einen sie selbst betreffenden Erfüllungszweck. Es ging ihr darum, eine eigene Verpflichtung, die von ihr übernommene Verlustdeckungshaftung, zu bereinigen. Dabei ist es ohne Bedeutung, dass die Muttergesellschaft ihrer Verbind-

142 BGH, Urt. v. 2.5.2019 – IX ZR 67/18, WM 2019, 1087 Rn. 20.
143 BGH, Urt. v. 2.5.2019 – IX ZR 67/18, WM 2019, 1087 Rn. 23 f.

lichkeit wirtschaftlich nur aufgrund der vorherigen Erbringung der Kommanditeinlage durch den Gesellschafter entsprechen konnte. Zweck der Einlageleistung ist es gerade, die Gesellschaft in den Stand zu setzen, ihren Schulden, auch aus einer Verlustübernahme, genügen zu können. Dank der Einlagezahlung des Gesellschafters hat die Muttergesellschaft die von ihr übernommene Verlustdeckungshaftung bei der Schuldnerin ausgeglichen. Hingegen hat sie die Mittel nicht zugunsten des Gesellschafters im Wege einer mittelbaren Zuwendung zu dem Zweck an die Schuldnerin weitergeleitet, den Darlehensvertrag wiederherzustellen. Wurde auf eine eigene Verbindlichkeit der Muttergesellschaft gezahlt, scheidet ein Tätigwerden im Interesse des Gesellschafters aus. Bei dieser Sachlage wurden die Darlehensmittel von dem Gesellschafter nicht erneut der Schuldnerin zur Verfügung gestellt.[144]

f) Anfechtung der Besicherung eines Darlehens (§ 135 Abs. 1 Nr. 1 InsO)

aa) Bargeschäftsprivileg unanwendbar

Das Bargeschäftsprivileg gilt nach Sinn und Zweck des § 135 Abs. 1 Nr. 1 InsO nicht bei der Anfechtung der Besicherung eines Gesellschafterdarlehens.

Der Nachrang der Gesellschafterforderungen nach § 39 Abs. 1 Nr. 5 InsO und der Anfechtungstatbestand des § 135 Abs. 1 InsO sollen in Übereinstimmung mit dem früheren Recht Vorsorge dagegen treffen, dass der Gesellschafter das mit einer Darlehensgewährung verbundene Risiko auf die Gemeinschaft der Gesellschaftsgläubiger abwälzt. Die Finanzierungsfolgenverantwortung des Gesellschafters ist bei der Auslegung von § 135 Abs. 1 InsO weiterhin beachtlich. Kann eine mit geringem Stammkapital gegründete Gesellschaft überhaupt nur aufgrund ihr gewährter Gesellschafterdarlehen ihren Geschäftsbetrieb aufnehmen, besteht bei Gewährung einer Sicherung durch die Gesellschaft die Gefahr, dass ab Aufnahme der werbenden Tätigkeit bis zu einer etwaigen Insolvenz praktisch ihr gesamtes Gesellschaftsvermögen unter Ausschluss der Gläubiger dem Gesellschafter vorbehalten bleibt. Die Inanspruchnahme einer Sicherung

144 BGH, Urt. v. 2.5.2019 – IX ZR 67/18, WM 2019, 1087 Rn. 26.

für ein Gesellschafterdarlehen belegt, dass der Gesellschafter, der in die Rolle eines außenstehenden Dritten einzurücken sucht, die Übernahme einer Finanzierungsfolgenverantwortung ablehnt. Der bereits in der beschränkten Haftung liegende Risikoanreiz des Gesellschafters wird zusätzlich erhöht, wenn er aus dem Gesellschaftsvermögen dank einer Sicherung im Verhältnis zu den sonstigen Gläubigern auch noch vorrangig befriedigt wird. Ein gesicherter Gesellschafter, der um die Erfüllung seines Rückzahlungsanspruchs nicht fürchten muss, wird in Wahrnehmung der Geschäftsführung zur Eingehung unangemessener, wenn nicht gar unverantwortlicher, allein die ungesicherten Gläubiger treffender geschäftlicher Wagnisse neigen. Die Gewährung von Gesellschafterdarlehen, die durch das Gesellschaftsvermögen gesichert werden, ist darum mit einer ordnungsgemäßen Unternehmensfinanzierung nicht vereinbar.[145]

Der Gesellschafter ist zudem im Gegensatz zu externen Gläubigern über die als Sicherung in Betracht kommenden Vermögensgegenstände seines Unternehmens unterrichtet. Grundgedanke des neuen Rechts ist es, Gesellschafterdarlehen ohne Rücksicht auf einen Eigenkapitalcharakter einer insolvenzrechtlichen Sonderbehandlung zu unterwerfen und auf diese Weise eine darlehensweise Gewährung von Finanzmitteln der Zuführung haftenden Eigenkapitals weitgehend gleichzustellen. In der Insolvenz werden gemäß § 39 Abs. 1 Nr. 5 und § 135 Abs. 1 Nr. 1 und 2 InsO Gesellschafterdarlehen faktisch wie Eigenkapital behandelt. Dadurch werden die Finanzierungsfolgenverantwortung des Gesellschafters eingefordert sowie das Risikogleichgewicht zwischen Gesellschaftern und sonstigen Gesellschaftsgläubigern gewahrt. Mit diesem Konzept wäre unvereinbar, wenn eine innerhalb der Frist des § 135 Abs. 1 Nr. 1 InsO gewährte Sicherheit für ein Gesellschafterdarlehen insolvenzfest wäre.[146] Eine Privilegierung anfänglicher Sicherheiten für Gesellschafterdarlehen unterliefe zudem das erklärte Ziel des Gesetzgebers, Rückzahlungen aus Gesellschafterdarlehen im Jahr vor der Antragstellung einem konsequenten Anfechtungsregime zu unterwerfen.[147]

Auch Sinn und Zweck des Bargeschäftsprivilegs sprechen dagegen, von ihm im Anwendungsbereich des § 135 Abs. 1 InsO Gebrauch zu machen. Der entscheidende Grund für die Ausnahmeregelung des § 142 InsO ist

145 BGH, Urt. v. 14.2.2019 – IX ZR 149/16, WM 2019, 650 Rn. 50.
146 BGH, Urt. v. 14.2.2019 – IX ZR 149/16, WM 2019, 650 Rn. 51.
147 BGH, Urt. v. 14.2.2019 – IX ZR 149/16, WM 2019, 650 Rn. 52.

nach der Vorstellung des Gesetzgebers der wirtschaftliche Gesichtspunkt, dass ein Schuldner, der sich in der Krise befindet, praktisch vom Geschäftsverkehr ausgeschlossen würde, wenn selbst die von ihm abgeschlossenen wertäquivalenten Bargeschäfte der Anfechtung unterlägen. Das Bargeschäftsprivileg soll es dem krisenbefallenen Schuldner also ermöglichen, seine Handlungsfähigkeit trotz Krise aufrechtzuerhalten. Um diesem Schutzzweck zu genügen, ist es ausreichend, dass die Gesellschaft in der Krise unanfechtbare Geschäfte mit neutralen Dritten tätigen kann. Die Besicherung eines Gesellschafterdarlehens kann regelmäßig nicht als übliches Umsatzgeschäft des allgemeinen Geschäftsverkehrs angesehen werden. Stattdessen kommt es hierdurch zum Abfluss letzter, womöglich noch werthaltiger Sicherheiten aus dem Gesellschaftsvermögen, ohne dass das operative Geschäft unmittelbar befördert wird.[148]

Der personelle Anwendungsbereich von § 135 Abs. 1 Nr.1 InsO liegt vor. Die Anfechtungsgegnerin war zum Zeitpunkt der Insolvenzeröffnung über das Vermögen der Schuldnerin an ihr zu etwa 40 vom Hundert beteiligt und zugleich mindestens im November 2012 Inhaberin der Teilschuldverschreibungen. Unerheblich ist, dass sie nicht Ersterwerberin der Schuldverschreibungen war. Auch wenn die Anfechtungsgegnerin die Schuldverschreibungen von einer anderen Gesellschafterin erworben hat, begründet allein ihre eigene Gesellschafterstellung die Anwendbarkeit von §§ 39 Abs. 1 Nr. 5, 135 InsO. Hierfür ist nämlich unbeachtlich, ob der Kredit gerade von einem Gesellschafter gewährt wird. Es genügt, wenn ein Gesellschafter zum Zeitpunkt der Insolvenzeröffnung oder danach oder zu einem beliebigen Zeitpunkt innerhalb eines Jahres vor Stellung des Insolvenzantrags in die Kreditgeberposition eingerückt ist. Entsprechendes gilt, wenn für ein Gesellschafterdarlehen oder eine entsprechende Forderung eine Sicherung gewährt wird. Vorliegend gilt dieses Ergebnis umso mehr, als die Anfechtungsgegnerin ihre Position von der Gesellschafterin ableitet, die den Einwendungen aus §§ 39 Abs. 1 Nr. 5, 135 InsO ebenso wie die Beklagte ausgesetzt gewesen wäre.[149]

148 BGH, Urt. v. 14.2.2019 – IX ZR 149/16, WM 2019, 650 Rn. 53.
149 BGH, Urt. v. 14.2.2019 – IX ZR 149/16, WM 2019, 650 Rn. 62, 63.

bb) Abgabe der Beteiligung

Wenn ein Gesellschafter eine gegen die Gesellschaft gerichtete Darlehensforderung binnen eines Jahres vor Antragstellung abtritt und die Gesellschaft anschließend die Verbindlichkeit gegenüber dem Zessionar tilgt, unterliegt nach Verfahrenseröffnung neben dem Zessionar auch der Gesellschafter der Anfechtung. Infolge der den Gesellschafter treffenden Finanzierungsfolgenverantwortung dürfen die Rechtsfolgen des zwingenden § 135 Abs. 1 Nr. 2 InsO nicht durch die Wahl einer bestimmten rechtlichen Konstruktion aufgeweicht oder unterlaufen werden. Darum kann nicht gebilligt werden, dass ein Gesellschafter, der seiner GmbH Darlehensmittel zuwendet, die mit ihrer Rückgewähr verbundenen rechtlichen Folgen einer Anfechtung durch eine Abtretung seiner Forderung vermeidet. Diese Grundsätze gelten auch bei der Anfechtung von Sicherheiten gemäß § 135 Abs. 1 Nr. 1 InsO.[150]

6. Rechtsfolgen

a) Fruchtgewinnung

Bei der Haftung nach Normalmaß gemäß § 143 Abs. 1 InsO kann sich der Anspruch aus § 102 BGB ergeben. Nach dieser Vorschrift kann der zur Herausgabe von Früchten Verpflichtete Ersatz der auf die Gewinnung dieser Früchte verwendeten Kosten insoweit verlangen, als sie einer ordnungsgemäßen Wirtschaft entsprechen und den Wert der Früchte nicht übersteigen. Einem hierauf gestützten Erstattungsanspruch der Beklagten stünde es nicht entgegen, wenn sich der Anspruch der Masse nicht mehr auf Herausgabe der gezogenen Nutzungen, sondern nur noch auf Wertersatz hierfür richtete. Die § 102 BGB zugrundeliegende Wertung, aus Gründen der Billigkeit stets demjenigen die Gewinnungskosten zuzuweisen, dem auch der wirtschaftliche Wert der gezogenen Früchte zukommt, trifft in gleicher Weise für den an die Stelle des Fruchtherausgabeanspruchs tretenden und die schuldrechtliche Zuweisung der Früchte in §§ 99 ff. BGB fortschreibenden Sekundäranspruch zu. Mit ihm verfolgt der Fruchtgläubiger jedenfalls wirtschaftlich sein Interesse an der ihm zugewiesenen Fruchtziehungsbefugnis als Teil seiner umfassenden Verwer-

150 BGH, Urt. v. 14.2.2019 – IX ZR 149/16, WM 2019, 650 Rn. 85, 86.

tungsbefugnis weiter, verlangt also weiterhin die Herausgabe von Früchten im Sinne des § 102 BGB.[151]

Der Anfechtungsgegner kann mit seinem Anspruch auf Erstattung von Fruchtgewinnungskosten nur gegenüber dem Anspruch der Masse auf Herausgabe der vereinnahmten Mieten oder auf Wertersatz für diese Früchte aufrechnen, nicht aber gegenüber dem Wertersatzanspruch der Masse wegen einer unmöglich gewordenen Herausgabe der Immobilie. Der Anspruch auf Erstattung von Fruchtgewinnungskosten kann eine Masseverbindlichkeit im Sinne von § 55 Abs. 1 Nr. 3 InsO begründen. Er soll sowohl auf der Grundlage des § 102 BGB als auch im Rahmen der Verwendungskondiktion eine ungerechtfertigte Bereicherung des Fruchtgläubigers in Gestalt derjenigen Kosten abschöpfen, deren Aufwendung die Gewinnung der dem Fruchtgläubiger schuldrechtlich zugewiesenen Früchte erst ermöglicht hat. Die Vorschrift des § 55 Abs. 1 Nr. 3 InsO trägt einem solchen Bereicherungsverbot Rechnung und erfasst die Fälle einer Massebereicherung, die nach Eröffnung des Insolvenzverfahrens eintritt. Der Bereicherungsgläubiger darf diese wieder aus der Masse abziehen. Die Masse erlangt den Wert der ersparten Fruchtgewinnungskosten allerdings nicht bereits mit der Rückgewähr der Immobilie oder dem an deren Stelle getretenen Wertersatzanspruch, sondern erst mit der Herausgabe der gezogenen Nutzungen oder mit der Zahlung eines an deren Stelle tretenden Wertersatzes.[152]

b) Auskunft

Hat ein Gesellschafter im laufenden Insolvenzverfahren aus von der Gesellschaft emittierten Schuldverschreibungen bestehende Forderungen, welche der Insolvenzverwalter in den Nachrang verweisen und deren Sicherheiten er anfechten kann, ist er diesem gegenüber zur Auskunft darüber verpflichtet, ob und an wen er die Schuldverschreibungen nach Insolvenzeröffnung veräußert hat. Dies muss insbesondere dann gelten, wenn – wie vorliegend – der Gesellschafter, welcher nach Insolvenzeröffnung erkennt, dass seine Forderung gemäß § 39 Abs. 1 Nr. 5 InsO erst nachrangig berichtigt wird, sich seiner Gesellschafterforderung durch Übertragung der Forderung auf Dritte entledigt. Anders als bei der Abtre-

151 BGH, Urt. v. 24.1.2019 – IX ZR 121/16, WM 2019, 546 Rn. 17.
152 BGH, Urt. v. 24.1.2019 – IX ZR 121/16, WM 2019, 546 Rn. 18.

tung der Forderung aus einem Gesellschafterdarlehen an einen Dritten, der mit der Geltendmachung der Forderung gegenüber der Gesellschaft oder dem Insolvenzverwalter die Abtretung offen legen muss, so dass der Insolvenzverwalter ihm gegenüber entweder nach § 39 Abs. 1 Nr. 5 InsO den Nachrang geltend machen oder die Rückzahlung des Gesellschafterdarlehens innerhalb der Jahresfrist nach § 135 Abs. 1 Nr. 2 InsO anfechten kann, kann der Dritte, der vom Gesellschafter eine Teilschuldverschreibung erworben hat, seine Rechte hieraus geltend machen, ohne die Rechtsnachfolge offenlegen zu müssen. Wollte man hier dem Insolvenzverwalter einen Auskunftsanspruch gegen den Gesellschafter versagen, würde ein Spielraum für strategische Gestaltungen zum Nachteil der Gläubigergesamtheit geschaffen. Denn der Insolvenzverwalter hat keine Aussicht, auf andere Weise die erforderlichen Auskünfte zu erhalten.[153]

7. Anfechtungsprozess

a) Streitgegenstand

Nach der in der Rechtsprechung des Bundesgerichtshofs anerkannten prozessrechtlichen Auffassung vom Streitgegenstand im Zivilprozess wird mit der Klage nicht ein bestimmter materiell-rechtlicher Anspruch geltend gemacht; vielmehr ist Gegenstand des Rechtsstreits der als Rechtsschutzbegehren oder Rechtsfolgenbehauptung aufgefasste eigenständige prozessuale Anspruch, der bestimmt wird durch den Klageantrag und den Lebenssachverhalt (Anspruchs- oder Klagegrund), aus dem der Kläger die begehrte Rechtsfolge herleitet. Nicht nötig ist es, dass der Kläger den rechtlichen Gesichtspunkt bezeichnet, unter dem sein Sachvortrag den Klageantrag stützt. Die Subsumtion des vorgetragenen Sachverhalts unter die in Betracht kommenden gesetzlichen Tatbestände ist Sache des Gerichts. Für die Insolvenzanfechtung gilt insoweit nichts Besonderes. Ist ein Anfechtungstatbestand erfüllt und ist danach das Klagebegehren begründet, dann ist der Klage stattzugeben; es ist dazu nicht erforderlich, dass der Kläger ausdrücklich – oder stillschweigend - die Anfechtung erklärt oder sich jedenfalls auf diese Rechtsgrundlage beruft. In § 146 InsO kommt dies dadurch zum Ausdruck, dass dort von einem "Anfechtungsanspruch" gesprochen wird.[154] Danach können aus einem einheitlichen Lebenssach-

153 BGH, Urt. v. 14.2.2019 – IX ZR 149/16, WM 2019, 650 Rn. 83 ff.
154 BGH, Urt. v. 22.11.2018 – IX ZR 14/18, WM 2019, 42 Rn. 18.

verhalt herrührende Anfechtungsansprüche in einem Rechtsstreit neben materiell-rechtlichen Rückgewähransprüchen erhoben werden. Bei dieser Sachlage bilden von einem Insolvenzverwalter verfolgte Ansprüche aus Insolvenzanfechtung und materiellem Recht, die aus einem identischen Lebenssachverhalt herrühren, einen einheitlichen Streitgegenstand. Folglich ist bei einem einheitlichen Lebenssachverhalt derselbe Streitgegenstand betroffen, wenn der Insolvenzverwalter seine aus materiellem Recht abgewiesene Klage in der übergeordneten Instanz auf Insolvenzanfechtung stützt.[155]

b) Doppelte Rechtshängigkeit

Der prozessuale Streitgegenstand erfasst bei einem einheitlichen Lebenssachverhalt Ansprüche aus Insolvenzanfechtung neben materiell-rechtlichen Ansprüchen nur dann, wenn die Klage von dem Insolvenzverwalter erhoben wird. Bei dem anfechtungsrechtlichen Rückgewähranspruch handelt es sich um einen originären gesetzlichen Anspruch, der mit Insolvenzeröffnung entsteht und der dem Insolvenzverwalter vorbehalten ist, mit dessen Amt er verbunden ist. Der Insolvenzverwalter handelt materiell-rechtlich wie prozessual im eigenen Namen und aus eigenem Recht, jedoch mit Wirkung für und gegen die Masse; er wird dabei in Erfüllung der ihm durch die Insolvenzordnung auferlegten gesetzlichen Verpflichtungen tätig.[156] Entsteht der Anfechtungsanspruch erst mit Verfahrenseröffnung in der Person des Insolvenzverwalters, erfasst der Streitgegenstand einer von dem Schuldner selbst vor Verfahrenseröffnung erhobenen Klage nicht Ansprüche aus Insolvenzanfechtung. Mangels Verfahrenseröffnung und Bestellung zum Insolvenzverwalter kann der Schuldner Ansprüche aus Insolvenzanfechtung nicht verfolgen. Der Grundsatz, dass der prozessuale Streitgegenstand bei einem einheitlichen Lebenssachverhalt sowohl materiell-rechtliche als auch Ansprüche aus Insolvenzanfechtung umfasst, kann nur gelten, wenn die Klage von einem Insolvenzverwalter erhoben wird, der in seiner Person berechtigt ist, Ansprüche aus beiderlei Rechtsgrund zu verfolgen. Handelt es sich jedoch um die Klage eines Dritten, sei es des Schuldners selbst oder eines Nachlasspflegers, kann sich der auf materiell-rechtliche Ansprüche beschränkte Streitgegenstand notwendigerweise nicht auf Ansprüche aus Insolvenzanfechtung, deren

155 BGH, Urt. v. 22.11.2018 – IX ZR 14/18, WM 2019, 42 Rn. 19.
156 BGH, Urt. v. 22.11.2018 – IX ZR 14/18, WM 2019, 42 Rn. 21.

Geltendmachung die Eröffnung des Insolvenzverfahrens voraussetzt, erstrecken. Eine Klage des Nachlasspflegers als Prozessstandschafter des Verwalters scheidet notwendig aus, weil der Verwalter eine solche Ermächtigung nicht erteilt hat und mangels Bestellung zum Insolvenzverwalter bis zur Unterbrechung des Rechtsstreits vor dem Landgericht Hamburg nicht erteilen konnte. Mithin geht der Einwand der anderweitigen Rechtshängigkeit der Streitsache (§ 261 Abs. 3 Nr. 1 ZPO) fehl.[157]

157 BGH, Urt. v. 22.11.2018 – IX ZR 14/18, WM 2019, 42 Rn. 22.

Erfolgsfaktoren in der Eigenverwaltung

Rechtsanwalt Volker Böhm, Schultze und Braun, Nürnberg

I. Einleitung

Das Thema des diesjährigen Symposions „Krise als Chance" ist eines der bestimmenden Themen im Insolvenzfahren.

In meiner Tätigkeit als Insolvenzverwalter versuche ich immer, den Mitarbeitern, Geschäftsführern und Vertragspartnern klarzumachen, dass auch die Krise, die in der Insolvenz mündet, nicht zwangsläufig das Ende bedeuten muss, sondern eine Chance für den Neuanfang sein kann.

Auch der Gesetzgeber glaubt fest daran, dass es unter ökonomischen Gesichtspunkten sinnvoll ist, eine zweite Chance zu ermöglichen. Deswegen hat er – übrigens gegen die Empfehlung der Kommission zur Reform des Insolvenzrechts – die Insolvenz in Eigenverwaltung mit der InsO 1999 eingeführt und sie mit dem ESUG 2012 nochmal gestärkt.

Auch wenn wir noch nicht so weit wie die USA sind und in „Fail-Fests" Teilnehmer ihre wirtschaftlichen Fehlschläge feiern, hat sich auch in Deutschland bei der sog. Sanierungskultur einiges getan.

Die erleichterten Zugangsvoraussetzungen zur Eigenverwaltung und die Einführung des im Vergleich zum Negativbegriff „Insolvenzverfahren“ für den Unternehmer viel wohliger klingenden Begriffs „Schutzschirmverfahren“ haben die Eigenverwaltung unstreitig aus ihrem Schattendasein herausgeholt.

Dem Gesetzgeber war aber selber nicht so ganz wohl dabei und den alten Vorwurf, den Bock zum Gärtner zu machen, hat wohl der ein oder andere noch im Ohr, so dass der Bundestag bei der Verabschiedung des Gesetzes dem Gesetzgeber aufgegeben hat, die Auswirkungen des Gesetzes nach fünf Jahren zu überprüfen. Diese Evaluation des ESUG durch die Experten-Kommission liegt seit dem 30. April 2018 vor.[1]

Betrachtet man die Einschätzung der Marktteilnehmer laut ESUG-Evaluation, dann ist diese eher verhalten. Der überwiegende Teil meint, dass es in den Fällen, in denen die Eigenverwaltung angeordnet wurde, wohl überwiegend in Ordnung war, allerdings wohl doch nicht so ganz in Ordnung, denn viele wünschen sich erleichterte Aufhebungsmöglichkeiten und dass der Sachwalter mehr Einflussmöglichkeiten bekommt. Dies zeigt durchaus, dass nicht in allen Verfahren alles rund gelaufen ist.

Auch die Statistik spricht auf den ersten Blick nicht unbedingt für einen Erfolg der Eigenverwaltung als Institut.

In den fünf Jahren des Evaluationszeitraumes wurden von den insgesamt 39.790 Insolvenzverfahren nur 1.168 Verfahren als Eigenverwaltungsverfahren oder Schutzschirmverfahren beantragt und davon 1.090 in Eigenverwaltung eröffnet. Das entspricht etwa einem Prozentsatz von 2,9 bzw. 2,7 %.

Das hört sich nicht gerade nach einem Erfolg an.

Die Zahlen relativieren sich allerdings, wenn man sich vergegenwärtigt, dass lediglich 5,38 % der Insolvenzverfahren Unternehmensinsolvenzen mit 50 oder mehr Mitarbeitern betreffen. Sogar nur 0,69 % der Unterneh-

1 Gesamtbericht Evaluierung ESUG, abzurufen über die Homepage des BMJV unter: https://www.bmjv.de/SharedDocs/Artikel/DE/2018/101018_Bericht_ESUG.html, zuletzt abgerufen am 4. September 2019.

mensinsolvenzen sind Unternehmen mit 250 oder mehr Mitarbeitern, und nur 0,44 % entfallen auf Unternehmen mit 500 oder mehr AN.[2]

Da die Eigenverwaltung wohl in der Regel nur in einer größeren Unternehmensinsolvenz Anwendung findet, ist der Prozentsatz also hier mit Sicherheit um ein erhebliches Maß höher.

Betrachtet man die Verteilung bei den Großverfahren, so wird dies noch deutlicher: Mehr als die Hälfte der Großverfahren werden als Eigenverwaltungsverfahren zumindest versucht.[3]

Es zeigt sich also, dass zumindest bei den Unternehmensinsolvenzen, und dort insbesondere bei den größeren Unternehmensinsolvenzen, die Eigenverwaltung durchaus eine starke Rolle spielt. Mein Eindruck ist, dass sie durchaus dazu beigetragen hat, die Angst vor dem Insolvenzantrag aus Unternehmersicht zu mindern, und damit auch Anreiz zu einer frühzeitigen Antragstellung gegeben hat.

Ob sie weiterhin und zunehmend eine Rolle spielen wird, dass sie – wie von manchen Insolvenzverwaltern befürchtet – zum Regelfall bei größeren Sanierungsfällen werden wird, wird entscheidend davon abhängen, wie gut und erfolgreich die Eigenverwaltungsverfahren betrieben werden.

In diesem Zusammenhang fällt eine weitere Zahl ins Auge: Nur rund 60 % der in Eigenverwaltung beantragten Verfahren wurden auch als Eigenverwaltungsverfahren eröffnet, und nur etwas über 50 % der als Schutzschirm beantragten Verfahren. Es werden nur 30 % der Verfahren durch Insolvenzplan beendet, 37 % gehen in ein Regelverfahren über.[4]

Lässt sich daraus ein Misserfolg der Eigenverwaltung ablesen?

Es handelt sich dabei zwar zum einen um die Fälle, bei denen die Gläubiger, der Sachwalter, oder das Gericht feststellen, dass sich der Schuldner

2 Gesamtbericht Evaluierung ESUG (Fn. 1), S. 8.
3 Zahlen aus der JUVE-Übersicht „TOP-50-Insolvenzen 2017“, abzurufen unter https://www.juve.de/top-50-die-groessten-insolvenzen-2017, zuletzt abgerufen am 4. September 2019. Demnach wurden 62 % der 50 größten Verfahren als Eigenverwaltungsverfahren beantragt.
4 Gesamtbericht Evaluierung ESUG (Fn. 1), S. 10 f.

nicht für die Eigenverwaltung eignet, und aus diesem Grund eine Überleitung in das Regelverfahren erfolgt.

In dieser Zahl sind aber auch die Fälle enthalten, bei denen die Unternehmen im Eigenverwaltungsverfahren durch eine übertragende Sanierung veräußert wurden und im Anschluss absprachegemäß eine Aufhebung erfolgt.

Der Unternehmer bzw. seine Berater, werden sagen, auch das ist eine erfolgreiche Eigenverwaltung.

Bevor wir uns mit den Erfolgsfaktoren der Eigenverwaltung befassen, ist also zu klären, was denn eigentlich der Erfolg einer Eigenverwaltung ist?

Das Erreichen eines spezifischen Verfahrensabschlusses jedenfalls nicht.

Zwar hat sich der Gesetzgeber wohl vorgestellt, dass Eigenverwaltungsverfahren hauptsächlich für Sanierungsverfahren eingesetzt werden sollen, konkret mit Insolvenzplan, wie auch beim Schutzschirmverfahren die entsprechende Vorlagefrist zeigt.

Zwingend ist dies allerdings nicht. Auch für eine Liquidation soll die Eigenverwaltung zulässig sein. Erst recht zulässig ist die übertragende Sanierung, auch wenn es vielleicht im ersten Moment befremdet, dass man den Schuldner im „Driver seat" lässt, obwohl er selbst keine Eigensanierung, sondern den Verkauf des Unternehmens anstrebt.

Das Eigenverwaltungsverfahren ist aber nicht nur hinsichtlich der Art des Verfahrensabschlusses flexibel gestaltet, sondern auch hinsichtlich des Ergebnisses.

Forderungen von Gläubigerschutzverbänden, eine Mindestquote festzulegen, haben sich nicht durchgesetzt.

Das Eigenverwaltungsverfahren kommt daher im Prinzip auch dann in Betracht, wenn die Quote unter der Durchschnittsquote von rund 3 % liegt und die Sinnhaftigkeit der Befassung mit dem Verfahren für die Gläubiger wirtschaftlich daher mit einem großen Fragezeichen versehen ist.

Auch die nachhaltige und dauerhafte Sanierung des Unternehmens steht nicht im Lastenheft des Eigenverwaltungsverfahrens – auch wenn dies im Hinblick auf die zumindest gefühlte Häufung von Zweitinsolvenzen nach Eigenverwaltungsverfahren gerade auch aus Arbeitnehmerperspektive wünschenswert wäre.

Diese laufen nämlich nach der derzeitigen Rechtsprechung Gefahr, in der Zweitinsolvenz kein Insolvenzgeld mehr zu bekommen. Bei einem Rechtsträgererhaltenden Insolvenzplanverfahren handelt es sich nach Auffassung der Sozialgerichte und der Bundesagentur solange um dieselbe Insolvenz, solange die Zahlungsunfähigkeit noch nicht dauerhaft beseitigt ist. Und dies soll immer dann der Fall sein, wenn noch Verpflichtungen aus dem Insolvenzplan – und sei es auch nur aus einem Besserungsschein – offen sind.

Trotz aller Sanierungs-Euphorie hat der Gesetzgeber mit der Eigenverwaltung nur ein weiteres Werkzeug zur Verfügung gestellt, mit dem der wirtschaftliche Sachverhalt „Insolvenz“ bewältigt werden kann.

Für das Eigenverwaltungsverfahren gelten gemäß § 270 Abs. 1 S. 2 InsO die allgemeinen Regelungen der Insolvenzordnung, also auch der Grundsatz der gleichmäßigen und bestmöglichen Gläubigerbefriedigung.

Diese bestmögliche Gläubigerbefriedigung darf in der Eigenverwaltung nur nicht schlechter, sie muss aber nach dem Gesetz nicht besser ausfallen, als bei einem Verfahren mit Insolvenzverwalter. Dies folgt daraus, dass sie anzuordnen ist, wenn keine Umstände bekannt sind, die Nachteile für die Gläubiger erwarten lassen. Vorteile müssen für die Zulässigkeit dagegen nicht gegeben sein.

Aber reicht das?

Nach der Ansicht von Balz ist bei Verhandlungen die Prämisse zugrunde zu legen: „Bei idealen marktwirtschaftlichen Bedingungen, d.h. bei rationalem Verhalten der Beteiligten, verhandeln die Beteiligten so lange, bis eine Lösung erreicht worden ist, die keinen Beteiligten schlechter und zumindest einen Beteiligten besser stellt als jede der Alternativen".[5]

Eigenverwaltung ist letztendlich auch ein Produkt der Deregulierung des gesetzlichen Insolvenzverfahrens, die ihre Berechtigung, wenn man an die Vernunft der Marktteilnehmer glaubt, darin findet, dass man zumindest ein für eine Partei besseres Ergebnis erzielt.

Und ich meine, dies sollte man auch von einem Eigenverwaltungsverfahren fordern: Dass es einen Mehrwert bringt im Vergleich zu einem Regelverfahren.

Dieser kann in der verbesserten Fortführungsmöglichkeit liegen, aufgrund des besseren Images der Eigenverwaltung. Wobei ich mir den Hinweis gestatte, dass auch ohne Eigenverwaltung Unternehmen fortgeführt wurden und werden, und für sie Investoren gefunden werden konnten.

Den Vorteil der Kostenersparnis wird es wohl eher selten geben. Erfahrungsgemäß wird die Kostenersparnis, die dadurch entsteht, dass der Sachwalter im Vergleich zum Insolvenzverwalter nur 60 % der Vergütung erhält, durch die höheren Beratungskosten kompensiert.

Aus meiner Sicht muss also, damit von einem erfolgreichen Eigenverwaltungsverfahren gesprochen werden kann, das realistisch gesetzte Verfahrensziel erreicht werden, ein Mehrwert für die Beteiligten entstehen, und die Beteiligten müssen diesen auch als solchen erkennen. Denn ein Insolvenzverfahren soll auch eine Befriedungsfunktion haben.

Andernfalls ist aus meiner Sicht der zusätzliche Befassungs- und Kontrollaufwand und das Abweichen von einem gut eingespielten, akzeptierten Verfahren nicht zu rechtfertigen.

Die Eigenverwaltung ist aber aus meiner Sicht durchaus ein Entgegenkommen für den Schuldner: Man sollte es sich bei allen modernen Sanierungsansatz-Gedanken doch nochmal vor Augen halten, dass man den Gläubigern auch einiges abverlangt, wenn man den Schuldner sein eigenes

5 *Balz*, KS, 2. Aufl., S. 5 Rn. 8, zitiert nach Uhlenbruck/*Pape*, 15. Aufl. 2019, InsO, § 1 Rn. 9.

Insolvenzverfahren organisieren lässt. Dies führt jedenfalls in der Regel zu einem deutlich höheren Befassungsaufwand für die Beteiligten. Dann sollte aber aus meiner Sicht auch ein Mehrwert entstehen. Dieser kann darin liegen, dass der Unternehmer auf diesem Weg seine zweite Chance erhält. Er kann bei einem Investorenprozess, wenn dieser von vornherein angestrebt wird, darin liegen, dass das Eigenverwaltungsverfahren gerade bei internationalen Investoren als positiv, da Sanierungs- und Fortführungsorientierter, verstanden wird.

Das Eigenverwaltungsverfahren darf also bei mindestens gleichem Verwertungserlös oder entsprechendem, in einem Insolvenzplan vorgesehenen Abgeltungsbetrag nicht mehr kosten, als das Regelinsolvenzverfahren und muss genauso schnell zu einem Ergebnis kommen.

Was braucht es nun, um diesen Erfolg herbeizuführen, was sind die Erfolgsfaktoren der Eigenverwaltung?

Sie brauchen zunächst einmal einen geeigneten Fall; wir sind uns alle einig, dass nicht jeder Fall in die Eigenverwaltung gehört.

Und Sie brauchen die richtigen Mitspieler.

Welche Fälle eignen sich überhaupt für ein Eigenverwaltungsverfahren? Dieser Frage muss man sich unter mehreren Aspekten nähern:

II. *Die Verfahrensgröße*

Der Gesetzgeber hat keine Mindestgröße bestimmt.

Kleinere Unternehmen sind aber in der Regel nicht in der Lage, die komplexen Aufgaben, die durch die Eigenverwaltung im insolvenzrechtlichen Bereich anfallen, neben der operativen Betriebsfortführung zu bewerkstelligen, sodass das Know-How regelmäßig zugekauft werden muss. Daher wird unter Kostengesichtspunkten die Eigenverwaltung in kleineren Fällen in der Regel als ungeeignet angesehen.

In der Tat erfordert die Eigenverwaltung neben den operativen Tätigkeiten im Unternehmen eine Vielzahl von Aufgaben, die ein Unternehmer ohne insolvenzrechtliches Know-How nicht bewerkstelligen kann. Wenn diese

Aufgaben mit einem Anwaltsstundensatz ab 250,00 € abgerechnet werden, ist dies bei kleineren Unternehmen schlicht außer Verhältnis.

Vielleicht sollte der Gesetzgeber überlegen, die Zulässigkeit der Eigenverwaltung doch an den Größenklassen für den Pflichtgläubigerausschuss im Eröffnungsverfahren nach § 22a InsO zu orientieren.
Ich denke, man kann auch durchaus einfordern, dass mit Antragstellung ein Konzept mit Beraterkosten kalkuliert wird, und wie sich diese im Verhältnis zu einem Regelverfahren darstellen.

Mittlerweile häufig sind Honorarvereinbarungen, die eine Deckelung des Beratervertragshonorars in Höhe der Differenz zwischen Sachwaltervergütung und potentieller theoretischer Insolvenzverwaltervergütung einschließlich Erhöhungsfaktoren vorsehen. Dies ist sicher ein probates Mittel.

III. Die operativen Faktoren

Um ein Unternehmen erfolgreich durch die Eigenverwaltung führen zu können, bedarf es auch gewisser operativer Grundvoraussetzungen: Das Unternehmen muss schlicht operativ handlungsfähig sein. Ist das Unternehmen in bestimmten Kernprozessen nicht mehr handlungsfähig, wird es die Phase des Eröffnungsverfahrens in der Eigenverwaltung schon nicht mehr überstehen.

In solchen Fällen erscheint es mir unter dem Gesichtspunkt des Zeitfaktors deutlich erstrebenswerter, dass ein vorläufiger Insolvenzverwalter mit seinem Team von Beginn an in das Unternehmen kommt, um sich schon mal einen Überblick zu verschaffen, und schnell an den notwendigen Positionen für Verstärkung sorgen zu können.

Er ist jedenfalls nicht vorbelastet, hat den Nimbus des Neuen, kann aufklären und mit der Vergangenheit aufräumen. Die Geschäftsleitung, aber auch der frühere Berater, hat diese Möglichkeit als Teil der Vergangenheit in der Regel nicht, und ist deswegen in diesen problematischen Fällen zwangsläufig Teil des Problems oder wird zumindest als solcher gesehen.

IV. *Die Liquiditätssicherung*

Cash ist in der Sanierung bekanntlich Trumpf. Erstaunlich ist, dass es trotzdem immer wieder Fälle gibt, in denen versucht wird, ohne Trümpfe in das Spiel zu gehen.

Ohne die Absicherung der Liquidität im Verfahren ist die Fortführung zum Scheitern verurteilt.

Liquiditätssicherung bedeutet aus meiner Sicht:

Da regelmäßig die „Hausbank" bzw. die bisherigen Finanzierer im Rahmen der Fortführung gebraucht werden, ist die möglichst frühzeitige Information der Banken bzw. Finanzierer essenziell, diese müssen „ins Boot geholt" werden.

Dafür ist wichtig, Vertrauen zu schaffen, insbesondere in die Fortführungsfähigkeit des Unternehmens. Dies bedeutet wiederum, dass eine Ertrags- und Liquiditätsplanung unter Insolvenzgesichtspunkten aufzustellen ist, und zwar nicht nur auf den Zeitraum des Insolvenzgeldes, also drei Monate, sondern mindestens für drei Monate über den Eröffnungszeitpunkt hinaus.

Sollen aufgrund des Geschäftsmodells, zum Beispiel im Bereich Anlagenbau oder bei sehr saisonalen Geschäften wie Mode, langfristige Vorleistungen getätigt werden, die sich erst nach dem Planungshorizont zurückzahlen lassen, ist eine gleichlautend laufende Planung über einen entsprechend langen Zeitraum zu erstellen. Es ist weder den Gläubigerausschussmitgliedern noch dem Sachwalter zuzumuten, einer Fortführung und dem Eingehen von Verbindlichkeiten zuzustimmen, wenn deren Rückzahlungsfähigkeit nicht zumindest plausibel berechnet ist.

Es sei in diesem Zusammenhang die BGH-Rechtsprechung zur Haftung des Insolvenzverwalters erwähnt, wonach der Verwalter eine Inanspruchnahme für unerfüllte Masseverbindlichkeiten nur vermeiden kann, wenn er einen Liquiditätsplan vorlegen kann, aus dem sich zum damaligen Zeitpunkt die Deckung der Masseverbindlichkeiten ergab.[6] Nach der Recht-

6 BGH, Urt. v. 17.12.2004 – IX ZR 185/03, NZI 2005, 222.

sprechung des BGH haftet auch der Eigenverwalter nach §§ 60, 61 InsO für unerfüllte Masseverbindlichkeiten, wenn er sich nicht über eine solide Liquiditätsplanung entlasten kann.[7]

Liquiditätssicherung bedeutet aber auch, sich frühzeitig Gedanken zu machen, wie man aus dem Insolvenzverfahren wieder herauskommen und eine Finanzierbarkeit des Geschäftes der Schuldnerin erreichen kann. Es ist in der Gesamtbetrachtung niemandem damit gedient, wenn die Schuldnerin mit Mühe ihre internen Quotenzahlungen leisten kann, aber im Tilgungszeitraum bereits wieder in Liquiditätsschwierigkeiten kommt.

Die bisherigen Banken tun sich aus verschiedenen Gründen in der Regel schwer mit einer Finanzierung der Schuldnerin. Neue Kreditgeber im Bankenkreis zu finden, ist im Hinblick auf das Fehlen entsprechender Jahresabschlüsse auch schwierig. Wenn wir, was möglicherweise in nicht ganz ferner Zukunft liegt, nicht mehr im Land der der Glückseligen leben, und es wieder vermehrt zu Insolvenzen kommt, dann wird man vielleicht hier wieder mehr Kreativität und Gedanken aufwenden und über Alternativen nachdenken müssen…

V. Das Verfahrensziel

Beim ersten Nachdenken würde man meinen, ein Eigenverwaltungsverfahren sollte das Ziel der Eigensanierung haben. Nur dann ist es gerechtfertigt, dem Schuldner quasi die Wohltat der Eigenverwaltung zu gewähren.

Der Gesetzgeber hat aber gerade nicht ein bestimmtes Verfahrensziel zur Voraussetzung für die Eigenverwaltung gemacht.[8] Das bedeutet nach herrschender Auffassung kann ein Eigenverwaltungsverfahren nicht nur mit dem Ziel angestrebt werden, einen Insolvenzplan den Gläubigern vorzustellen und den Unternehmensträger zu erhalten, sondern auch, um Investoren zu suchen und das Unternehmen im Rahmen der übertragenden Sanierung zu veräußern, oder auch um das Unternehmen in der Eigenverwaltung zu liquidieren. Dies gilt unter Zugrundelegung eines weiten Sanie-

7 BGH, Urt. v. 26.4.2018 – IX ZR 238/17, NZI 2018, 519.
8 Ausführlich dazu MüKoInsO/*Tetzlaff*, 3. Aufl. 2014, InsO § 270 Rn. 100-108.

rungsbegriffs auch für das Schutzschirmverfahren, auch wenn dort dem Schuldner aufgegeben wird, einen Insolvenzplan binnen Frist vorzulegen.[9]

Gerade bei Letzterem sollte man meines Erachtens den Fall kritisch betrachten: Wenn es kein fortzuführendes Unternehmen gibt, dem man eine zweite Chance einräumt, müssten die Vorteile für die Eigenverwaltung umso deutlicher sein und wirklich nachvollziehbare Gründe vorliegen, warum im konkreten Fall eine Eigenverwaltung die besseren Ergebnisse liefern soll.

VI. Die Geschäftsleitung

Der Gesetzgeber hat keine besondere Eigenverwaltungswürdigkeit der Geschäftsleitung oder des Schuldners für die Durchführung eines Eigenverwaltungsverfahrens gefordert. Er meinte, man kann davon ausgehen, dass diese gegeben ist, zumindest bis zur ersten Gläubigerversammlung.[10]

In der Roland Berger-Studie waren schon 2016 immerhin 43 % der Meinung, dass genau dies nicht der Fall ist. Zwei Jahre später sind es jetzt schon 73 %.[11] Ich hoffe für die Eigenverwaltung, diese Entwicklung setzt sich nicht in dieser Geschwindigkeit fort.

Wie jede Sanierung stellt insbesondere die Sanierung im Insolvenzverfahren besondere operative Herausforderungen an die Geschäftsleitung:

Dies beginnt mit der hohen Geschwindigkeit, mit der Entscheidungen und Handlungen abgefragt werden und geht weiter mit der Notwendigkeit, immens viel zu kommunizieren, sowohl nach innen als auch nach außen. Und eine erfolgreiche Sanierung erfordert ein hohes Maß an Akzeptanz der handelnden Personen, insbesondere bei den beteiligten Arbeitnehmern, Finanzierern, Lieferanten und Kunden. Ist dies bei der Geschäftsleitung

9 Vgl. dazu Uhlenbruck/*Zipperer* (Fn. 5), § 270b Rn. 13; a.A. z.B. MüKoInsO/*Kern* (Rn. 8), § 270b Rn. 34, der davon ausgeht, dass eine Betriebsfortführung, die auf die Wiederherstellung der Wettbewerbs- und Renditefähigkeit des Schuldners gerichtet ist, vorliegen muss.

10 RegE InsO, BT-Drs. 12/2443, S. 223.

11 ESUG-Studien von Roland Berger, abrufbar unter www.rolandberger.com, zuletzt abgerufen am 16. September 2019.

nicht mehr gegeben, weil man in der Vergangenheit zu viele Fehler gemacht hat oder zu viele Versprechungen nicht eingehalten hat, wird die Eigenverwaltung ohne Austausch des Managements nicht funktionieren.

Der Eigenverwalter soll nach dem Willen des Gesetzgebers die Aufgaben wahrnehmen, die sonst der gerichtlich bestellte Insolvenzverwalter wahrnimmt.

Das bedeutet aber, er muss besonderes Vertrauen in Anspruch nehmen können. Es darf aus meiner Sicht nicht der leiseste Zweifel bestehen, dass die Geschäftsleitung sich auch tatsächlich der Rechtsordnung, insbesondere der Insolvenzordnung unterwirft. Diese Zweifel entstehen aber, wenn jemand verspätet Insolvenzantrag stellt, schon hohe Rückstände bei den Sozialversicherungsträgern hat, obwohl dies straftbewehrt ist, oder Steuern nicht erklärt oder abführt.

Es besteht wohl weitgehend Einigkeit darüber, dass es bestimmte negative Ausschlusskriterien geben soll, wann die Geschäftsleitung nicht mehr geeignet ist, und dass, wenn von so einer Geschäftsleitung ein Insolvenzantrag auf Eigenverwaltung gestellt wird, dieser auch abgelehnt werden soll. Entsprechend gibt es Vorschläge, wie der Zugang zur Eigenverwaltung zu modifizieren ist:

In Hinblick auf die „Eigenverwaltungswürdigkeit" des Schuldners werden als Ausschlusskriterien für die Eigenverwaltung die Nichterfüllung der Buchführungs- und Bilanzierungspflichten ebenso genannt wie das Vorliegen einer Insolvenzverschleppung sowie ggf. von Steuer- und Sozialversicherungsrückständen.

VII. Der Eigenverwalter

Da der Eigenverwalter nach dem gesetzlichen Konstrukt die Aufgabe des Insolvenzverwalters wahrnehmen soll, braucht er erhebliches insolvenzrechtliches Know-How. Dies ist so gut wie nie im Unternehmen vorhanden, so dass eine Eigenverwaltung zwingend mit entsprechend versierten Beratern durchzuführen ist.

Dies auch deswegen, weil der Sachwalter ausschließlich Überwachungsfunktion hat und gerade nicht, wie dies gerade in den Anfangszeiten des

ESUG bei notleidenden Eigenverwaltungen häufig gemacht wurde, der Sachwalter die Mängel im Unternehmen oder bei den Beratern durch eigene Tätigkeit ausgleicht. Der BGH hat diesem Vorgehen in seiner Entscheidung vom 22. September 2016 eine klare Absage erteilt.[12]

Ich denke man kann sagen, dass es keine Eigenverwaltung gibt ohne insolvenzrechtliche Beratung der Geschäftsleitung und das Modell „Insolvenzverwalter bzw. ehemaliger Insolvenzverwalter geht in die Eigenverwaltung, um dort Insolvenzrecht umzusetzen und wird dabei von Insolvenzverwalter/Sachwalter nur überwacht" auf dem Vormarsch ist, auch wenn dies nicht ganz zu Unrecht als Fremdverwaltung im Gewand der Eigenverwaltung kritisiert wird.

Eine Glaubensfrage ist, ob es ausreicht, wenn die Geschäftsleitung entsprechend insolvenzrechtlich beraten wird, oder ob man fordern muss, dass der Schuldner das Know-How selber hat, also der Berater auch entsprechend in das Organ geht.

Der nicht insolvenzrechtlich beschlagene Geschäftsführer ist mit insolvenzrechtlichen Entscheidungen überfordert, er muss sich auf seinen Berater verlassen, der damit häufig faktisch zwangsläufig die Entscheidungen trifft. Er ist damit vielleicht auch wirtschaftlich überfordert, was die Tragweite seines Agierens in Hinblick auf seine Haftung angeht. Er ist nicht entsprechend erfahren, um dieses Risiko wirklich überschauen zu können, und verfügt gegebenenfalls nicht über die bei einem Berater regelmäßig vorhandene Versicherung für sein Handeln und etwaige daraus entstehende Vermögensschäden.

Bei dieser Konstellation ist es aber nur konsequent zu fordern: Wer die Eigenverwaltung strukturiert und faktisch führt, sollte auch im Organ sein und dafür auch den Gläubigern haften.

VIII. Der Sachwalter

Für den Insolvenzverwalter galt und gilt für viele immer noch das, was Ernst Jaeger schon 1936 gesagt hat:

12 BGH, Beschl. v. 22.9.2016 – IX ZB 71/14, NZI 2016, 963.

„Die Auswahl des Verwalters ist die Schicksalsfrage des Verfahrens."

Für den Sachwalter trifft dies in dieser Zuspitzung sicherlich nicht zu, da er keine Gestaltungsmöglichkeiten hat, sondern nur Überwachungs- und Anzeigepflichten, wenn sich aus seiner Sicht die Eigenverwaltung nachteilig für die Gläubiger entwickelt. Ihm kommt gleichwohl für eine erfolgreiche Eigenverwaltung eine hohe Bedeutung zu:

Zum einen ist er für die Gläubiger wichtiger Garant, dass ihre Interessen gewahrt werden. Daraus folgt für mich, dass höchstes Gebot die absolute Neutralität und Objektivität des Sachwalters sein sollte. Über ein erstes allgemeines Kennenlernen mit der Geschäftsleitung oder dem Unternehmer sollte es im Vorfeld nicht hinausgegangen sein, wobei auch das schon vermieden werden sollte, um gar nicht den Anschein einer Vorbefassung zu erwecken.

Die vorherige Zusammenarbeit in einem anderen Fall mit dem Eigenverwalter scheint mir dagegen nicht von Nachteil zu sein, sieht man mal von Tandemlösungen, die überall und immer wieder auftreten, ab. Das Vertrauen, das sich auf Grund einer bereits erfolgreichen Zusammenarbeit zwischen Beteiligten aufgebaut hat, verhindert Reibungen im Verfahren.

Da der Sachwalter aber einer der wesentlichen und wichtigen Informationsquellen und Partner für das Insolvenzgericht ist, sollte man aus meiner Sicht in der Regel darauf verzichten, einen anderen als einen bei Gericht gelisteten Verwalter vorzuschlagen.

Ich denke, die Zeiten dürften vorbei sein, dass es bei Gerichten keinen akzeptablen und entsprechend professionellen gelisteten Verwalter gibt. Allerdings: Auch wenn der Sachwalter nur Überwachungspflichten hat, sollte man nicht unterschätzen, wie viel Manpower es braucht, als aktives Kontrollorgan eine große Betriebsfortführung zu begleiten. Der Sachwalter sollte deshalb aus meiner Sicht, was seine Büroausstattung, aber auch die persönliche Erfahrung angeht, der Verfahrensgröße adäquat ausgewählt sein. Insbesondere, wenn es bei schwierigen Betriebsfortführungen um die Aufnahme von Massedarlehen oder andere wichtige Entscheidungen geht, ist es unstreitig von Vorteil, einen Verwalter zu haben, der das nicht zum ersten Mal macht, sodass Stirn- und Handflächen entsprechend trocken bleiben.

Der Sachwalter ist für die Gläubiger und vor allem für das Gericht der Garant dafür, dass die insolvenzrechtlichen Grundsätze und die Gläubigerinteressen im Verfahren beachtet werden.

Er kann aber auch darüber hinaus das Unternehmen in seinen Sanierungsbemühungen unterstützen, indem er bei Vertragspartnern – seien es Kunden oder Lieferanten – durch die positive Begleitung des Sanierungsprozesses für zusätzliches Vertrauen sorgt. Er kann umgekehrt auch den Schuldner bei schwierigen Verhandlungen unterstützen, indem er quasi die rechtliche Grenze des Verhandlungsspielraums glaubwürdig abbilden kann.
Der Sachwalter ist auch oft für die Belegschaft der erste Ansprechpartner, die zunächst getreu dem alten Sprichwort „Der Fisch stinkt immer vom Kopfe her" gegenüber ihrer Geschäftsführung – und vielleicht auch nicht immer ganz zu Unrecht – oftmals skeptisch ist.

Für die Auswahl und die Anforderungen an den Sachwalter folgt daraus, dass diese sich im Regelfall nicht von den Anforderungen an einen Insolvenzverwalter unterscheiden.

IX. Das Gericht

Auch das Gericht bzw. der zuständige Insolvenzrichter ist ein Schlüsselfaktor, allerdings einer, auf dessen Auswahl der Antragsteller keinen Einfluss hat.

Der Richter trifft wesentliche Verfahrensentscheidungen, angefangen von der Grundentscheidung, ob überhaupt eine Eigenverwaltung angeordnet wird, bis hin zur Erstprüfung der Richtigkeit und der Erfolgsaussichten eines Insolvenzplanes.

Idealerweise hat er ein hohes Maß an insolvenzrechtlicher Fachkenntnis und auch entsprechende Erfahrung oder kann sich beides zumindest bei einem entsprechend erfahrenen Kollegen zu Nutze machen.

Der derzeit wieder diskutierte Vorschlag, ob vielleicht doch eine maßvolle Zentralisierung der Insolvenzgerichte erfolgen sollte, und zumindest Kleinstgerichte mit nur einem Richter und wenigen Unternehmensinsolvenzen aufgelöst werden sollten, hat sicherlich starke Argumente für sich.

Auf der anderen Seite ist die Zentralisierung auch kein Allheilmittel. Einige der „Schauergeschichten“, die man sich immer wieder auf Podiumsdiskussionen erzählt, von nicht erreichbaren Richtern etc. spielen ja auch durchaus an großen Gerichten.

Ich denke allerdings, dass einige aus der Praxis geschilderte Probleme auch hausgemacht sind. Ein Erfolgsfaktor ist daher für mich der richtige Umgang mit dem Gericht durch frühzeitige Einbindung und Information. Ein Richter schätzt es genauso wenig wie jeder andere Entscheider, wenn er unter großem Zeitdruck und nur auf unzureichender oder für ihn selbst nicht prüfbarer Faktenlage entscheiden soll.

X. Der Gläubigerausschuss

Eine ähnlich fördernde oder – im negativen Fall – behindernde Rolle wie der Sachwalter kann der Gläubigerausschuss einnehmen, denn er muss besonders bedeutsamen Handlungen wie z.B. der Aufnahme eines Massekredites oder dem Verkauf des Unternehmens zustimmen. Er hat schon allein aufgrund seiner Haftungsrisiken das Recht und den Anspruch einer umfassenden Information.

Der Eigenverwalter muss mit dem Gläubigerausschuss schon im eigenen Interesse alle wesentlichen Punkte abstimmen. Insbesondere ist der Gläubigerausschuss ein entsprechender Garant für die Gläubiger und das zentrale Organ der Gläubigerautonomie.

Der Gesetzgeber hat eine Soll-Vorgabe gemacht für die Mitglieder des Gläubigerausschusses,[13] die aus meiner Sicht nicht in jedem Fall glücklich ist. Einem Kleingläubiger zuzumuten, sich intensiv mit einem Verfahren zu beschäftigen, bei dem er auf seine 500,00 €-Forderung irgendwann einmal eine 10 %-Quote bekommen wird, halte ich für nicht zielführend. Ist er Kleingläubiger, weil sein Geschäft entsprechend kleinteilig ist, ist er im Gläubigerausschuss häufig mit den Themen überfordert. Aber auch, wenn es jemand ist, der zwar ein Profi-Gläubiger ist, und im konkreten Fall nur eine kleine Forderung hat, stehen Aufwand und Nutzen völlig außer Verhältnis.

13 § 67 Abs. 2 InsO.

Man tut sich auch nicht unbedingt einen Gefallen, die betroffene Gläubigergruppe selbst in den Gläubigerausschuss zu holen. Gerade beim Betriebsrat meine ich, dass er dann oft so stark unter Druck von der Belegschaft steht, Informationen über die eigentlich vertrauliche Gläubigerausschusssitzung herauszugeben, dass es besser erscheint, einen Anwalt oder Gewerkschaftsvertreter für die Arbeitnehmer in den Gläubigerausschuss zu holen. Ähnliches gilt für Lieferanten, hier bietet sich ein Vertreter des Warenkreditversicherers oder der Poolführer an.

Und man kommt natürlich nicht umhin, insbesondere dann, wenn die Bank Sicherheiten gegeben hat und für die Fortführung gebraucht wird, die größte finanzierende Bank mit hereinzunehmen. Dass dies immer schwieriger wird aufgrund des Ausdünnens der Workout-Abteilungen, ist bekannt. Der Gesetzgeber sollte daher aus meiner Sicht zeitnah die Vergütungsregelung für den Gläubigerausschuss anpacken und für Anwaltskanzleien, die Gläubiger in dem Gläubigerausschuss vertreten könnten, die Möglichkeit schaffen, adäquate Stundensätze abzurechnen. Die bisherige Größenordnung von rund 80,00 - 150,00 € ist nicht mehr marktgerecht und verhindert, dass die Professionalität, die ein aufwändiges und komplexes Verfahren erfordert, für den Ausschuss zu gewinnen ist.

XI. Die Vorbereitung

Der große Vorteil und die große Chance für das Unternehmen bei der Eigenverwaltung liegt in der Möglichkeit, den „Tag X" vorzubereiten.

Der Insolvenzverwalter kommt oft in Unternehmen, die bis zuletzt darum gekämpft haben, die Insolvenzantragstellung zu vermeiden. Gelingt das nicht, wird die vorhandene Restenergie vielleicht gerade noch dafür aufgewandt, einen formal richtigen Insolvenzantrag mit all seinen Anlagen zusammen zu stellen. Für eine inaltliche Vorbereitung des Verfahrens und die notwendigen Maßnahmen fehlt dann oftmals die Zeit und auch die Motivation.

Begreift man aber das Insolvenzverfahren als Chance und bereitet ein Eigenverwaltungsverfahren aktiv vor, ist dies etwas völlig Anderes. Hier kann und muss der Unternehmer auf den Tag der Antragstellung hinarbeiten. Er muss Sachverhalte, die ein Risiko für die nahtlose Betriebsfortführung darstellen, im Vorfeld vermeiden: Man muss nicht unbedingt kurz vor Antragstellung ausgerechnet den Spediteur mit der Auslieferung kritischer Ware beauftragen und ihm durch das Beladen seiner LKW eine Druckposition verschaffen, die in der Fortführung für nicht unerhebliche Probleme sorgen kann.

Viele Probleme im Leben eines Insolvenzverwalters könnten bei entsprechender Vorbereitung der Verfahren vermieden werden. Erfolgt diese Vorbereitung nicht, sind meines Erachtens die Geschäftsleitung und ihre Berater, wenn es keine besonderen Gründe dafür gibt, nicht geeignet für die Eigenverwaltung.

XII. Die Zusammenarbeit zwischen Sachwalter und Eigenverwalter

Einer der wesentlichen Erfolgsfaktoren ist die reibungslose und vertrauensvolle Zusammenarbeit zwischen dem Unternehmen, den dortigen Beratern und dem Sachwalter.

Schafft es der Sachwalter, der möglicherweise durch eine langjährige Tätigkeit als Insolvenzverwalter nur unzureichend sozialisiert wurde, nicht, sein Ego etwas einzuschränken und sich mit seiner gesetzlichen Aufgabe zu begnügen, funktioniert ein Verfahren genau so wenig, wie wenn der Eigenverwalter den Sachwalter nur als störendes Anhängsel empfindet, der Informationen nur auf Anforderung, nur scheibchenweise und erst nach mehrmaligem Nachfragen erhält. Immerhin kann der Sachwalter sich auf die Kasse setzen und damit im Prinzip jede Unternehmensfortführung durch einen Ausgabenstopp ersticken. Häufig braucht das Unternehmen den Sachwalter auch als Verstärker und als Garant für die Erfüllung der Verpflichtungen durch das Unternehmen, obwohl er für die Masseverbindlichkeiten gar nicht haftet und daher rechtlich gesehen eigentlich gar kein Garant für die Erfüllung ist.

Aus meiner Erfahrung empfiehlt es sich zunächst, für die Zusammenarbeit durch eine Geschäftsordnung einen formalen Rahmen zu schaffen und wesentliche Eckpunkte der Zusammenarbeit, insbesondere wie ist das Bestellwesen und die Dokumentation des Eingehens der Masseverbindlichkeiten, einschließlich der Frage, bei welchen Masseverbindlichkeiten die vorherige Zustimmung einzuholen ist, zu regeln.

Des Weiteren müssen die beiden ein gemeinsames Verständnis entwickeln, bei welchen Verhandlungen und Entscheidungen der Sachwalter eingebunden wird oder teilnimmt. Soll er mit seinem Renommee bei Gericht und bei den Gläubigern die Fortführung und Sanierung unterstützen, muss er vom Unternehmen permanent transparent über alle wesentlichen Dinge informiert werden.

XIII. Transparenz

Dem Vertrauen wird in der Ökonomie zu Recht ein eigener Wert zugemessen. Bei fehlendem Vertrauen steigen die Kosten für alle Beteiligten durch Kontrollaufwand, und dadurch, dass vielleicht sinnvolle Entscheidungen, weil man nicht sicher ist, ob man die für die Beurteilung notwendige Fakten vollständig erhält, nicht getroffen werden.

Dies gilt in einem Insolvenzverfahren umso mehr, in dem die Beteiligten entweder, da sie nicht über eine längere Geschäftsbeziehung verfügen, noch kein Vertrauen bilden konnten, oder – wie die Gläubiger – ihr Vertrauen zusammen mit ihrem Geld verloren haben.

Dieses Vertrauen als Grundlage für ein möglichst reibungsloses Projekt schafft man nur durch vollumfängliche Transparenz zu Themen, die für die Beteiligten im Gläubigerausschuss, den Sachwalter und das Gericht von wesentlicher Bedeutung sind.

Hierzu gehören insbesondere die Kosten der Eigenverwaltung. Es ist gut, wenn man dieses Thema daher frühzeitig angeht, die Kosten offen legt und erläutert.

Will man einen Insolvenzplan durchsetzen, bei dem die Gläubiger eine Abgeltungszahlung erhalten, brauchen die Gläubiger eine Entscheidungsgrundlage in Form einer realistischen und fairen Bewertung. Es ist viel diskutiert worden über die Frage, wie man so eine Bewertung im Insolvenzverfahren erstellen kann.

Aus meiner Sicht bleibt es letztendlich dabei: Wenn die Gläubiger nicht Gefahr laufen wollen, ihre Position zu billig aufzugeben, muss man den Unternehmenswert durch einen Markttest verifizieren und das bedeutet, einen M&A-Prozess parallel zum Insolvenzplanverfahren durchzuführen.

Hilfreich ist es selbstverständlich auch, den Gläubigerausschuss und den Sachwalter frühzeitig über entsprechende Risiken im Geschäft aufzuklären.

Gerade bei Verfahren mit Außenwirkung und großer Gläubigerzahl, wie z.B. Anlagefällen, sollte man auch aktiv mit problematischen Themen aus der Vergangenheit umgehen, die einen Haftungs- oder Anfechtungssachverhalt darstellen könnten, und nicht erst warten, bis diese vom Sachwalter aufgeklärt oder angesprochen werden. Letzteres kann das Klima erheblich vergiften oder Verschwörungstheorien Vorschub leisten. Gab es – gesellschaftsrechtlich legitime, insolvenzrechtlich vielleicht problematische – Umfinanzierungen und Gesellschafterdarlehen etc., dann ist dies frühzeitig anzusprechen und einer entsprechenden sachlichen und nüchternen Prüfung zuzuführen, und das gilt auch im Kleinen z.B. für die Jagdhütte des Geschäftsführers oder den Porsche Cayenne der im Betrieb nicht mitarbeitenden Ehefrau.

XIV. Zuletzt

Und zu guter Letzt gilt das, was schon Max Frisch sagte, und was für alle Krisen gilt:

> „Die Krise ist ein produktiver Zustand. Man muss ihr nur den Beigeschmack der Katastrophe nehmen."

Professionelles Handeln und viel Kommunikation mit den Beteiligten im Eigenverwaltungsverfahren nimmt der Situation den Beigeschmack der Katastrophe und schafft damit die Voraussetzungen für einen Neuanfang.

Ein Blick hinter die Kulissen des IDW S6 – Sanierungskonzepte auf dem Prüfstand

Rechtsanwalt Ralf Zuleger, München

I. *Ausgangssituation/Allgemeines*

Die Ausgangssituation lässt sich wie folgt kurz beschreiben:

Der Kreditnehmer befindet sich in der Krise, die Kredite sind ausgeschöpft oder fällig. In dieser Phase wird sich die Bank wirtschaftlich überlegen, ob ein Sanierungsversuch erfolgversprechend sein kann, sich also die Wahrscheinlichkeit der Kreditrückzahlung erhöht und ob eine außergerichtliche Sanierung aus Sicht der Bank gegenüber anderen Alternativen voraussichtlich zu besseren Ergebnissen führt.

In diesem Zusammenhang ist auch zu prüfen, ob die Bank bereit ist, sich an einer Sanierungsfinanzierung und einem dieser Finanzierung vorgelagerten Überbrückungskredit zu beteiligen. Sanierungsbedürftigkeit liegt dabei nicht erst bei Vorliegen eines Insolvenzgrundes vor, sondern bereits dann, wenn die Fortführung des Betriebs ohne Stützungsmaßnahmen nicht mehr gesichert ist. Zudem wird sich die Bank über den rechtlichen Rahmen einen Überblick verschaffen. Dazu gehört die Berücksichtigung der §§ 826 und 138 BGB, die Frage nach der Anfechtbarkeit der bestellten Sicherheiten und/oder von Rückführungen nach §§ 129 ff. InsO, insbesondere § 133 InsO. Zudem kommen neben den zivilrechtlichen Anforderungen auch die Mindestanforderungen an das Risikomanagement (MaRisk) nach § 25a Abs. 4 KWG in Betracht. Dort heißt es unter BTO 1.2.5. Ziff. 2 (Behandlung von Problemkrediten): „Zieht ein Institut in Begleitung einer Sanierung in Betracht, hat es sich ein Sanierungskonzept zur Beurteilung der Sanierungsfähigkeit des Kreditnehmers vorlegen zu lassen…“.

Der dem eigentlichen Sanierungskonzept vorgelagerte Überbrückungskredit dient zur Sicherstellung der notwendigen Liquidität bis zur Vorlage und Prüfung des Sanierungsgutachtens. Allgemeine Voraussetzung zur rechtssicheren Ausreichung eines solchen Kredits (gegen Sicherheiten) ist, dass die Sanierung nicht von vorneherein evident unmöglich ist, der Kredit zum Zwecke der Überbrückung ausgereicht wird und zeitlich bis zur Vorlage des Gutachtens zuzüglich einer gewissen Überprüfungsphase begrenzt ist.

Zum relevanten Zeitrahmen führt der BGH im Rahmen eines Beschlusses vom 07. März 2017[1] wie folgt aus: „Die Frage, ab welcher Laufzeit ein als Überbrückungskredit bezeichnetes Darlehen sittenwidrig ist, kann nicht pauschal, sondern nur aufgrund einer umfassenden Gesamtwürdigung des einzelnen Vertrages unter Berücksichtigung aller den Vertrag kennzeichnenden Umstände beurteilt werden[2]. Die Grenze zwischen dem, was einer Bank bei Gewährung und Sicherung ihrer Kredite noch erlaubt ist, und dem, was für den redlichen Verkehr unerträglich und deshalb sittlich unstatthaft ist, kann deshalb nicht mithilfe starrer Fristen gezogen werden." Das Kammergericht Berlin hatte in der Vorinstanz in Anlehnung an § 15a InsO eine zeitliche Begrenzung von drei Wochen angenommen, während eine andere Kammer eine Überbrückungsfrist von bis zu acht Monaten (drei Monate + fünf Monate Verlängerung) für möglich hielt[3].

Unter den genannten Voraussetzungen ist auch eine Besicherung des Überbrückungskredit in anfechtungsfester Weise (§ 142 InsO) möglich. Hierbei können neue Sicherheiten bestellt werden (häufig eher atypische Sicherheiten, soweit die bisherigen Kredite im üblichen Rahmen besichert sind) wie zum Beispiel Verpfändung der Geschäftsanteile, Verpfändung der Markenrechte usw. Der Sicherungszweck sollte auf den Überbrückungskredit beschränkt sein und eine Nachbesicherung des Altkredits vermieden werden. Darüber hinaus ist es auch möglich, die Altsicherheiten auf den Überbrückungskredit zu erstrecken.

Unklar und rechtlich unsicher ist, ob neben der reinen Überbrückung der Phase bis zur Vorlage des Sanierungsgutachtens auch andere Überbrückungszwecke rechtlich gerechtfertigt sind. Zu denken ist beispielsweise an eine Situation, in der die Sanierung erkennbar von der kurzfristig

1 BGH, Beschl. v. 07.03.2017 – XI ZR 571/15, NZI 2017, 507.
2 BGH, Urt. v. 12.04.2016 – XI ZR 305/14, NZI 2016, 659.
3 KG, Urt. v. 15.12.2015 – 14 U 79/14, NZI 2016, 552.

zu erfolgenden Umsetzung einer einzelnen Maßnahme, beispielsweise des Verkaufs einer defizitären Tochtergesellschaft, abhängt, dieser Verkauf bereits initiiert ist und – beispielsweise – nur noch auf die Genehmigung einer staatlichen Stelle zu warten ist.

Der sich an den Überbrückungskredit anschließende Sanierungskredit hat auf dem Sanierungskonzept/Sanierungsgutachten aufzusetzen. Grundsätzlich ist, da eine Sanierung nur bei Durchfinanzierung des Sanierungszeitraums gelingen kann, die Laufzeit des Kredits durch die Sanierungsdauer laut Gutachten determiniert. Unabhängig vom Gutachten setzt die Kreditvergabe voraus, dass das Unternehmen selbst vom Gelingen der Sanierung überzeugt ist.

Als Sanierungskredit kommen sämtliche Darlehen oder Kredite in Betracht, wie sie bei einer Unternehmensfinanzierung allgemein ausgereicht werden (Betriebsmittelkredit/Saisonfinanzierung/Förderdarlehen/Investitionskredit/Konsortialfinanzierungen usw.).

Hierbei ergeben sich folgende Einzelfragen:

Zunächst stellt sich die Frage, inwieweit bei der Ausreichung des Sanierungskredits Altverbindlichkeiten gesichert werden können. In aller Regel sollten dabei die Neukredite mit einem gestuftem Sicherungszweck vor den Altkrediten besichert werden. Üblicherweise erfolgt aber eine komplette Neufinanzierung unter Einschluss der Altverbindlichkeiten im Rahmen einer geänderten Zins-und Tilgungsstruktur (wie im Sanierungsgutachten vorgezeichnet). Die Neuordnung des Kreditengagements kann auch für die Besicherung gelten.

Für eine etwaige Kündigung des Sanierungskredits gilt Folgendes: Da der Sanierungskredit in Kenntnis der Krise gewährt wird, scheidet eine ordentliche Kündigung während der Sanierungsphase aus, da insoweit zumindest konkludent ein entsprechendes Kündigungsrecht ausge-schlossen ist. Zudem ist eine außerordentliche Kündigung nur zulässig, wenn die Sanierungsmaßnahmen nicht planmäßig verlaufen oder aus anderen Gründen mit einer erfolgreichen Sanierung nicht mehr zu rechnen ist, wie dies beispielsweise bei der Kündigung substantieller anderer Finanzierungsbeiträge durch Dritte oder einer maßgeblichen Planabweichung zum Sanierungskonzept und Gutachten der Fall ist.

Befristung des Sanierungskredits: Häufig wird in der Praxis diskutiert, ob zur geeigneten Überprüfung des Erfolgs von Sanierungsmaßnahmen der Kredit befristet werden sollte, also während der Laufzeit des Gutachtens und des Sanierungszeitraums ausläuft. Der Nachteil einer solchen Gestaltung liegt dabei auf der Hand. Für die Prolongation ist grundsätzlich eine neue Sanierungsprüfung not-wendig, wobei diese auf die Prüfung der Plankonformität und gegebenenfalls geeigneter Maßnahmen, um Planabweichungen zu beheben, beschränkt werden kann. Rechtlich ist jedoch zu beachten, dass eine Durchfinanzierung des Sanierungszeitraums in solchen Fällen fraglich erscheinen kann. Die Bank wäre also so oder so gezwungen, weiter zu finanzieren und müsste gegebenenfalls die Beiträge kleinerer Finanzierungspartner mit aufnehmen. Aus diesem Grund ist von einer Befristung vor Ablauf des im Gutachten festgelegten Sanierungszeitraums abzuraten.

II. Grundlegendes vom Bundesgerichtshof

Im Mai 2016 hat der BGH ein vielbeachtetes Grundsatzurteil[4] erlassen, welches auf einer Vielzahl von Entscheidungen aufbaut, bei denen zum Teil nur einzelne Aspekte beleuchtet wurden/relevant waren[5]:

Der BGH entschied, dass Zahlungen (Zins und Tilgung) sowie bestellte Sicherheiten der Anfechtung unterliegen können, wenn kein schlüssiges Sanierungskonzept/-Gutachten vorliegt. Im Einzelnen führt er aus:
Ein Sanierungsplan muss nicht dem IDW S6 entsprechen.

Die Einhaltung des IDW Standards ermöglicht aber in der Regel eine positive Prognose.

In jedem Fall sei erforderlich:

- Prüfung der wirtschaftlichen Lage des Schuldners im Rahmen seiner Wirtschaftsbranche

4 BGH, Urt. v. 12.05.2016 – IX ZR 65/14, NZI 2016, 636.

5 BGH, Urt. v. 09.07.1953 – IV ZR 242/52, BGHZ 10, 228, NJW 1953, 1665; BGH, Urt. v. 12.11.1992 – IX ZR 236/91, NJW-RR 1993, 238; BGH, Urt. v. 04.12.1997 – IX ZR 47/97, NJW 1998, 1561; BGH, Urt. v. 21.11.2005 – II ZR 277/03, NZI 2006, 604; BGH, Urt. v. 08.12.2011 – IX ZR 156/09, NZI 2012, 142; zum Ganzen *Reiner*, WM 2018, 993 ff.

- Darstellung der Krisenursachen
- Erfassung der Vermögens-, Ertrags-, und Finanzlage
- Analyse von Krisenursachen
- Nachhaltigkeit der Sanierung: die für die Sanierung in Angriff genommenen Maßnahmen müssen objektiv geeignet sein. Dauerhafte Sanierung erforderlich
- Sanierungskonzept muss mindestens in den Anfängen schon in die Tat umgesetzt sein
- Fortführungswille der Organe des Unternehmens erforderlich
- Die Reduzierung der Verschuldung allein nicht ausreichen, wenn der durch die Ursachen der Krise nicht beseitigt werden
- Konzept muss schlüssig sein und von den tatsächlichen Gegebenheiten ausgehen
- Konzept muss nachvollziehbar und vertretbar erscheinen
- Konzept muss ernsthafte und begründete Aussicht auf Erfolg rechtfertigen („überwiegend wahrscheinlich“)
- Konzept setzt im Wesentlichen ein Leitbild des sanierten Unternehmens voraus

III. Umsetzung durch IDW S6

Das Institut der Wirtschaftsprüfer (IDW) legt in seinem Standard die Berufsauffassung zu den Anforderungen an Sanierungskonzepte dar. Die Neufassung des IDW S6 ist dabei von dem Bemühen gekennzeichnet, den Standard mit den Anforderungen der Rechtsprechung in Deckung zu bringen. Der Spagat zwischen dem rechtlich Erforderlichen und dem betriebswirtschaftlich Wünschenswerten ist dabei unverkennbar. Der IDW S6 greift nach eigenem Bekunden des IDW sämtliche Anforderungen der Rechtsprechung auf und interpretiert sie.

Kern ist die Prüfung der Sanierungsfähigkeit durch ein zweistufiges Verfahren:

Auf der ersten Stufe wird die Fortführungsfähigkeit geprüft (insolvenzrechtliche Fortbestehensprognose). Anders als die einschlägigen Tatbestände der InsO vermuten lassen, ist diese aber nur der erste Schritt. Aus Sicht des IDW (und des BGH) bedarf es in einem zweiten Schritt der Feststellung der wiedererlangten Wettbewerbsfähigkeit.[6] Zur Feststellung dieser Wettbewerbsfähigkeit gehört nach Auffassung des IDW neben dem Leitbild des sanierten Unternehmens vor allem eine angemessene Eigenkapitalausstattung und eine angemessene Rendite. Vor allem an diesen beiden Punkten hat sich die Kritik am neuen IDW S6 (in seiner Entwurfsfassung) entzündet, die in der finalen Fassung zum Teil berücksichtigt wurde.

Bei der Beurteilung der Angemessenheit der Eigenkapitalausstattung können neben dem bilanzierten Eigenkapital in Ausnahmefällen auch wirtschaftliche Eigenkapitalbestandteile berücksichtigt werden. Dies gilt dann, wenn die dem Unternehmen gewährten Finanzierungen nachrangig gegenüber anderen Gläubigern sind und dem Unternehmen ungeschmälert so lange zur Verfügung gestellt werden, wie sie zur Herstellung eines angemessenen Eigenkapitals benötigt werden.

Anhaltspunkte für eine angemessene Rendite können auch ratingorientierte Verfahren oder alternative Kennzahlen (zum Beispiel Verschuldensgrad) sein. Zudem können andere Aspekte wie zum Beispiel soziale Gründe, die die ökonomische Dimension des Investments beeinflussen, Berücksichtigung finden.

Ergänzend zum eigentlichen Standard hat das IDW auch eine Liste mit Fragen und Antworten zum IDW S6 veröffentlicht, in der eine Reihe von praktischen Themen behandelt werden und als Handlungsanleitung verwendet werden können.

IV. Praktische Probleme und Kritik

Leider besteht nach wie vor keine Rechtssicherheit. Welche Detailtiefe ein Konzept/Gutachten haben muss (auch wenn es kein IDW S6 Gutachten ist), wer es zu erstellen hat (immer nur ein unabhängiger fachkundiger Dritter?), was das Erfordernis der Umsetzung in den Anfängen bedeutet, bleibt weiter unscharf.

6 zur Kritik an diesem Vorgehen: *Schönfelder*, WM 2018,1630 ff.

Der Sanierungsversuch sollte bereits eingeleitet sein: Diese Anforderung geht zurück auf eine Entscheidung des BGH vom 26. März 1984[7]:

Problematisch dabei ist die Unsicherheit in jenen Fällen in denen erst nach Erstellung des Konzepts klar wird, welche Sanierungsmaßnahmen notwendig sind. Gemeint war vom BGH wohl, dass es um einen ernst gemeinten Sanierungsversuch geht, ein etwaiges Konzept also zum Beispiel nicht als Feigenblatt für die Schublade entwickelt wird. Als innere Tatsache wäre dies schwer nachzuweisen, so dass die Einleitung von Maßnahmen einen Rückschluss auf die Ernsthaftigkeit des Sanierungsversuchs zulässt, die sich aber auch aus anderen Umständen ergeben kann.

Infamia oder Sanierungskultur? Das Misstrauen gegenüber Unternehmen in der Krise steht im Widerspruch zu den Bemühungen um eine Stärkung der außergerichtlichen Sanierung und zum Vertrauen in Existenzgründungen, bei denen der Gründungswille des Unternehmers ausreicht[8]. Interessant dabei ist vor allem der praktische Befund. Während bei Existenzgründungen insbesondere im Start-up-Bereich zahlreiche Unternehmen scheitern, sehen wir in der Praxis ein vielfaches Gelingen außergerichtlicher Sanierungen. Auch die Entscheidung des Gesetzgebers zur Stärkung der Eigenverwaltung und die Restrukturierungsrichtlinie zeigen, dass Krise und Insolvenz kein grundsätzliches Misstrauen in die handelnden Unternehmen und ihre Organe rechtfertigen („debtor in possession").

Der IDW überinterpretiert aus meiner Sicht die Anforderungen des BGH in der zweiten Stufe. Die geforderte auskömmliche, branchenübliche Rendite für den Eigentümer sollte dabei rechtlich allenfalls als Indikator dienen. Wäre es anders, müssten auch Unternehmen in die Insolvenz gehen, die regelmäßig eine schwarze Null erzielen oder bewusst auf eine zwar branchentypische, aber nicht zwingende Rendite verzichten. Welche Rendite dem Eigentümer verbleibt, ist dessen alleinige Entscheidung. Er wird auch durch § 826 BGB oder § 133 InsO nicht geschützt.

Gleiches gilt für die Eigenkapitalausstattung. Nachvollziehbar und durch die Rechtsprechung belegt ist das Bemühen um eine nachhaltige Bewältigung der Unternehmenskrise. Dafür dienen Rendite und Eigenkapitalausstattung als gewichtige Indizien. Entscheidend und mit dem

7 BGH, Urt. v. 26.03.1984 – II ZR 171/83, NJW 1984, 1893.

8 BGH, Urt. v. 05.03.2009 – IX ZR 85/07, NZI 2009, 372; siehe zur römischrechtlichen Härte gegenüber Schuldnern den Beitrag von *Paulus* in ZInsO 2019, 1153 ff.

Nachhaltigkeitsgedanken der Rechtsprechung vereinbar ist gleichwohl die Frage, ob es dem Unternehmen als Ergebnis der Sanierung gelingt, sich am Markt refinanzieren zu können. Das betrifft sowohl Eigenkapital als auch Fremdkapital. Maßstab für das Fremdkapital können neben den genannten Kriterien auch Indikatoren wie der Netto-oder free Cashflow sein, die wiederum als Indikatoren für die Rückzahlungsfähigkeit auch im Rahmen der Kreditwürdigkeitsprüfung Anwendung finden (Berechnungsgrundlage für den Schuldendienstdeckungsgrad).

Es gibt keinen Rechtssatz, wonach nur betriebswirtschaftlich ideale Unternehmen kreditwürdig sind. Letzteres bestimmt sich nach der Fähigkeit des Unternehmens, in der Lage zu sein, den Kredit (und die anderen Verbindlichkeiten) bedienen zu können, wobei selbstverständlich Rendite und Eigenkapitalausstattung gewichtige, aber nicht ausschließliche Indikatoren sind. Nicht das betriebswirtschaftlich Wünschenswerte, sondern das rechtlich Erforderliche ist der Maßstab der fraglichen Normen.

Soweit es um den Schutz Dritter geht, sollte es doch ausreichen, wenn der Schuldner in der Lage ist, diese Drittverbindlichkeiten zu bedienen. Das entspräche auch der Zielrichtung der einschlägigen §§ 826 BGB und 133 InsO und dem Bemühen des Gesetzgebers, rein bilanzielle Betrachtungen zurückzudrängen, wie sich aus dem geltenden Überschuldungstatbestand des § 19 InsO ergibt, der eine rechnerische Überschuldung für irrelevant hält, sofern die Fortführung des Unternehmens nach den Umständen überwiegend wahrscheinlich ist. In der Begründung des entsprechenden Gesetzentwurfes heißt es dazu: „Der Gesetzentwurf will das ökonomisch völlig unbefriedigende Ergebnis vermeiden, dass auch Unternehmen, bei denen die überwiegende Wahrscheinlichkeit besteht, dass sie weiter erfolgreich am Markt operieren können, zwingend ein Insolvenzverfahren zu durchlaufen haben.“ Dieses unerwünschte Ergebnis wäre aber die Konsequenz aus einer Überdehnung der Anforderungen bei § 826 BGB und § 133 InsO, da kein Kreditgeber bereit sein wird, ohne auskömmliches Gutachten Kredite zu gewähren.

Ergebnis: Im Rahmen der zweistufigen Prüfung kommt es wesentlich darauf an, dass neben der Fortbestehensprognose im Betrachtungszeitraum die Nachhaltigkeit des Fortbestehens dargelegt werden kann. Dafür können Eigenkapital und Rendite gewichtige, aber nicht ausschließliche Indikatoren sein.

V. Ausblick: Umsetzung der Restrukturierungsrichtlinie

Zentrales Element der Richtlinie sind die Regelungen zum präventiven Restrukturierungsrahmen. Damit soll sichergestellt werden, dass Unternehmen Zugang zu einem wirksamen, nationalen, präventiven Restrukturierungsrahmen haben, der es ihnen ermöglicht, ihren Betrieb fortzusetzen. Maßgebliche Erwägung dabei ist, dass durch die Restrukturierung ein Unternehmen mit Überlebenschance geschaffen werden soll. Dabei kann eine Bestandsfähigkeitsprüfung verlangt werden, die allerdings zu keinen unverhältnismäßigen Verzögerungen oder Kosten führen soll (Erwägungsgrund 26; Art 4 (3) RL). Kommt es zu einem Sanierungsplan, soll dieser in der Regel von einer Justiz- oder Verwaltungsbehörde bestätigt werden (Erwägungsgrund 48) und verbindliche Wirkung haben (Erwägungsgrund 64); siehe dazu Art 10 RL. Neue Finanzierungen sollen grundsätzlich von einer etwaigen Insolvenzanfechtung ausgenommen werden (Erwägungsgrund 66 ff.; Art 17,18 RL). Es erscheint daher unabdingbar, dass das Verhältnis zur Sanierungsbesprechung vom nationalen Gesetzgeber ausdrücklich geklärt wird. Damit sollte klargestellt werden dass die notwendige Prüfung sich an der vergleichbaren Aufgabenstellung und Umfang orientiert, wie sie im Rahmen des Schutzschirmverfahrens notwendig ist (§ 270b Abs. 1 S. 3 InsO). Umgekehrt wird ein solches Vorgehen innerhalb eines Restrukturierungsverfahrens Einfluss haben auf die Anforderungen der Rechtsprechung an außergerichtlichen Sanierungen ohne Inanspruchnahme eines solchen Verfahrens.

Workshop Insolvenzarbeitsrecht

Professor Dr. Rolf-Dieter Mönning und Rechtsanwältin Cornelia Mönning, Aachen

I. Workshop-Ziel, Gestaltung und Steuerung

Wie in den Vorjahren handelt es sich wieder um einen moderierten Workshop mit fachlicher Leitung zur Lenkung des Gesprächs- und Diskussionsverlaufs. Der Workshop 2019 ist zeitlich limitiert (75 Minuten). Thematisch erfolgt teilweise eine Anknüpfung an die Workshops der Jahre 2016 und 2018. Damals von den Teilnehmern diskutierte Probleme werden fortgeschrieben, da inzwischen neue Entwicklungen oder aktuelle Entscheidungen zu teilweise offen gebliebenen Fragestellungen ergangen sind.

Dem zweiten Teil des Workshops liegt ein der Praxis entlehnter Fall zu Grunde, der zum besseren Verständnis, aber auch zur Abdeckung einer Vielzahl relevanter Probleme, aus dem Bereich des Insolvenzrechts und des Arbeitsrechts teilweise angepasst wurde.

Die Fallgestaltung wurde den Teilnehmern vorab übermittelt, um ihnen Gelegenheit zu geben, die Sachverhalte zu lesen und sich auf die Diskussion vorzubereiten. Nicht die Lösung der aufgeworfenen Probleme steht im Vordergrund, sondern die Entwicklung von belastbaren und rechtlich vertretbaren Lösungsansätzen.

Zu Beginn des Workshops erfolgt eine kurze Einführung in die Abläufe und die Themen. Die letzten fünf Minuten dienen der kritischen Schlussbetrachtung.

II. Durchführung

Die Teilnehmer des Workshops werden in zwei Gruppen eingeteilt. Die Teilnehmer der Gruppe 1 behandeln die aufgeworfenen Fragen aus der Sicht von Arbeitgeber/Insolvenzverwalter. Die Teilnehmer der Gruppe 2 vertreten die Interessen der Arbeitnehmer aus der Sicht von Betriebsräten oder Gewerkschaftsvertretern. Lösungsansätze sollen in einer gruppenübergreifenden Diskussion entwickelt werden.

Zur Vorbereitung auf den Praxisfall wird den Teilnehmern eine Zeitspanne von zehn Minuten zur Abstimmung untereinander eingeräumt.

III. Update Workshop 2016 – das 2. Insolvenzverfahren der RMS GmbH

1. Sachverhalt

Die RMS GmbH wurde 2016 im Rahmen eines Verfahrens nach § 270b InsO (Schutzschirm) saniert. Das Verfahren ist planmäßig verlaufen. Nach rechtskräftiger Bestätigung des Insolvenzplans und vollständiger Erfüllung der sich aus dem Insolvenzplan ergebenden Verpflichtungen wurde das Insolvenzverfahren gemäß § 258 InsO aufgehoben.

Die RMS GmbH produziert Komponenten für Landmaschinen, Baumaschinen und Schienenfahrzeuge. Sie gerät 2019 im Zuge struktureller Veränderungen in eine Absatzkrise, die sich zum 30.06.2019 in einem Auftragsrückgang von mehr als 50 % niederschlägt.

Mittels eines zweiten Insolvenzverfahrens, wiederum als Schutzschirmverfahren gemäß § 270b InsO, soll die gesamte Produktion ins außereuropäische Ausland verlagert werden. Am Standort Deutschland verbleiben dann noch Engineering, Qualitätsmanagement, Einkauf und Finanzen. Unter der Voraussetzung eines erfolgreichen Verfahrensverlaufes steht ein strategischer Investor bereit, der 51 % der Geschäftsanteile übernehmen und die Produktion an seinen asiatischen Sitz verlegen will. RMS hat im Jahr des Insolvenzverfahrens Verluste, 2017 ein nahezu ausgeglichenes Ergebnis und 2018 eine schwarze Null erwirtschaftet.

Im Zuge der ersten Sanierung wurde ein Sanierungstarifvertrag mit der IG Metall abgeschlossen, der u.a. unbezahlte Mehrarbeit sowie die Kürzung von Urlaubs- und Weihnachtsgeld vorsieht.

Der Tarifvertrag enthält eine Öffnungsklausel, wonach die Ansprüche, auf die die Mitarbeiter verzichtet haben, rückwirkend wieder aufleben, wenn über das Vermögen der RMS vor dem 1.1.2020 neuerlich ein Insolvenzverfahren eröffnet wird.

Der im ersten Verfahren bestätigte Insolvenzplan sah die Bildung von fünf Gruppen vor. Die Ansprüche der Gläubiger in den Gruppen 1 bis 4 wurden vor Aufhebung des Verfahrens vollständig erfüllt. In der Gruppe 5 befinden sich Gesellschafter und verbundene Unternehmen, deren nachrangige Forderungen abweichend von § 225 Abs. 1 InsO geregelt wurden. Diese haben auf die Hälfte ihrer Forderungen verzichtet, für den Rest langfristige Darlehensverträge vor Aufhebung des ersten Insolvenzverfahrens geschlossen und in diesen Verträgen einer Stundung von Zins- und Tilgungsleistungen bis 31.12.2025 zugestimmt.

2. Aufgabenstellung

(1) Ist ein zweites Schutzschirmverfahren (§ 270b InsO) zulässig?

(2) Wie sind die wieder auflebenden Forderungen der Arbeitnehmer aus dem Sanierungstarifvertrag 2016 zu qualifizieren, wenn in 2019 das Schutzschirmverfahren eröffnet wird? Insolvenzforderungen oder Masseschulden?

(3) Besteht ein Anspruch auf Insolvenzgeld und dessen Vorfinanzierung?

3. Diskussionsverlauf, Ergebnisse

(1) Ist ein zweites Schutzschirmverfahren (§ 270b InsO) zulässig?

Die Einleitung eines Insolvenzverfahrens zur Vorbereitung einer Sanierung (Schutzschirmverfahren) gemäß § 270b InsO ist an gesetzlich geregelte Voraussetzungen gebunden.

Antragsvoraussetzung für das Schutzschirmverfahren ist das Vorliegen lediglich drohender Zahlungsunfähigkeit (§ 18 InsO). Das deutsche Insolvenzrecht bindet die Einleitung auch eines strategischen Insolvenzverfahrens grundsätzlich an das Vorliegen eines Eröffnungsgrundes (§ 16 InsO). Damit wird ein gesetzlicher Insolvenzeingangsschutz gewährleistet, der dazu führt, dass die Durchführung eines Insolvenzverfahrens nicht im Belieben der Antragsteller liegt.

Drohende Zahlungsunfähigkeit bedeutet, dass der Antragsteller voraussichtlich nicht in der Lage sein wird, bestehende Zahlungspflichten im Zeitpunkt der Fälligkeit zu erfüllen. Sie droht, wenn anhand eines Finanzplans für das laufende sowie das folgende Geschäftsjahr mit überwiegender Wahrscheinlichkeit davon auszugehen ist, dass Zahlungsunfähigkeit eintritt. Dies ist durch einen Finanzplan, der auf den Zeitpunkt der Antragseinreichung zu erstellen ist, zu belegen.[1]

Das Schutzschirmverfahren setzt weiter voraus, dass die angestrebte Sanierung nicht offensichtlich aussichtslos ist. Beides – lediglich drohende Zahlungsunfähigkeit und nicht offensichtliche Aussichtslosigkeit einer Sanierung – sind in der Form einer Bescheinigung zu belegen. Diese Bescheinigung muss von einem in Insolvenzsachen erfahrenen Steuerberater, Wirtschaftsprüfer oder Rechtsanwalt oder einer Person mit vergleichbarer Qualifikation erstellt werden (§ 270b Abs. 1 S. 3 InsO).[2]

Aus der Terminologie – nicht offensichtlich aussichtslos – folgt, dass der Gesetzgeber für die Erstellung einer Bescheinigung kein umfassendes Sanierungskonzept oder ein vollständiges Sanierungsgutachten nach formalisierten Standards (z.B. IDW S6 oder jetzt aktuell IDW ES 2 n.F.) verlangt. Eine Plausibilitätskontrolle der Sanierungsfähigkeit reicht aus. Das Gesetz sagt nichts über Art und Umfang, Aufbau und inhaltliche Ausgestaltung

1 HK-InsO, *Brünkmans*, § 270b, Rn. 14.
2 *Mönning, Schäfer, Schiller*, BB 2017, Beilage zu Heft 25, 4 ff.

der Bescheinigung. Verlangt wird jedoch, dass die Bescheinigung mit Gründen zu versehen ist.

Zur inhaltlichen Ausgestaltung haben sich keine bundeseinheitlichen Standards entwickelt. Die Anforderungen differieren von Gericht zu Gericht. Das Institut der Wirtschaftsprüfer hat für die Bescheinigung nach § 270b Abs. 1 InsO den Standard ES 9, der Bundesverband Deutscher Unternehmensberater (BDU) die „Struktur eines Grobkonzeptes im Rahmen der Bescheinigung nach §270b InsO" entwickelt.[3]

Im vorliegenden Fall wird die Frage der Sanierungsfähigkeit mit hoher Wahrscheinlichkeit eine besonders kritische Bewertung durch das Insolvenzgericht erfahren. Grundsätzlich sperrt ein vorangegangenes Insolvenzverfahren ein im Abstand von dreieinhalb Jahren neu eingeleitetes Verfahren nach § 270b InsO nicht. Im Rahmen der Bewertung des Sanierungskonzeptes wird es darauf ankommen, die Gründe für die neuerliche Einleitung eines Schutzschirmverfahrens darzustellen und zu belegen, dass diese nicht Folge eines fehlgeschlagenen ersten Sanierungsverfahrens sind.

(2) Wie sind die wieder auflebenden Forderungen der Arbeitnehmer aus dem Sanierungstarifvertrag 2016 zu qualifizieren, wenn in 2019 das Schutzschirmverfahren eröffnet wird? Insolvenzforderungen oder Masseschulden?

Der Sanierungstarifvertrag, der vor Einleitung des ersten Schutzschirmverfahrens 2016 abgeschlossen wurde, sieht vor, dass Ansprüche, auf die die Mitarbeiter verzichtet haben, rückwirkend wieder aufleben, wenn über das Vermögen der RMS vor dem 1.1.2020 ein Insolvenzverfahren eröffnet wird. Dabei handelt es sich um Verzichte auf oder Reduzierung von Überstundenvergütungen und Urlaub. Wenn die durch Sanierungstarifvertrag im Jahr 2016 begründeten Ansprüche am Tage der Insolvenzeröffnung fällig werden, stellt sich die Frage, ob es sich dabei um Forderungen aus gegenseitigen Verträgen handelt, die für die Zeit nach der Eröffnung des Insolvenzverfahrens erfüllt werden müssen (§ 55 Abs. 1 S. 2 InsO). Die übrigen Merkmale, die zur Begründung von Masseverbindlichkeiten gesetz-

3 HK-InsO, *Brünkmans*, a.a.O., Rn. 21 ff.

lich vorgeschrieben sind, sind bereits auf den ersten Blick nicht erfüllt und scheiden von vornherein aus.

Bei Dienstverhältnissen können jedoch Ansprüche aus der Zeit vor der Eröffnung des Insolvenzverfahrens grundsätzlich nur als Insolvenzforderungen geltend gemacht werden. Die Abgrenzung zwischen Insolvenzforderung und Masseforderung erfolgt danach, wann die Arbeitsleistung, die den Ansprüchen zu Grunde liegt, erbracht wurde. Denn der Zeitpunkt der Arbeitsleistung bestimmt, inwieweit die Leistungen der Masse zu Gute kommen.[4]

Ansprüche auf Vergütung für vor Eröffnung vorgeleistete Arbeit sind daher generell nur Insolvenzforderungen, selbst wenn die Fälligkeit erst in Zusammenhang mit der Eröffnung des Insolvenzverfahrens eintritt. Denn die Arbeitsleistung, für die aufgrund des Sanierungstarifvertrages eine geringere Vergütung gezahlt oder weniger Urlaub gewährt wurde, wurde bereits lange Zeit vor Einleitung eines etwaigen neuen Insolvenzverfahrens erbracht.[5]

Unabhängig davon ob man den Ausgleichsanspruch aus dem Sanierungstarifvertrag als betagt oder befristet einstuft, können die hieraus resultierenden Forderungen lediglich als einfache Insolvenzforderungen geltend gemacht werden (§§ 41, 42 InsO).

(3) Besteht ein Anspruch auf Insolvenzgeld und dessen Vorfinanzierung?

Arbeitnehmer, die bereits im Zusammenhang mit einem ersten Insolvenzereignis Insolvenzgeld bezogen haben (§ 165 SGB III), haben keinen erneuten Anspruch auf Insolvenzgeldzahlung, sofern das neue Insolvenzereignis in die noch laufende Überwachung des Insolvenzplans fällt.

Die Dienstanweisung der Bundesagentur für Arbeit[6] führt unter Hinweis auf die Rechtsprechung des BSG[7] folgendes aus:

> „Wird nach Rechtskraft der Bestätigung des Insolvenzplans nach §§ 217 ff. InsO und Aufhebung des Insolvenzverfahrens (§ 258 Abs. 1

4 Vgl. auch: BAG, Urt. v. 27.04.2006 – 6 AZR 364/05, NZI 2006, 716; BAG, Urt. v. 14.03.2019 – 6 AZR 4/18, NZI 2019, 832.

5 HK-InsO, *Ries*, § 38, Rn. 19.

6 Stand 1.6.2015.

7 BSG, Urt. v. 17.3.2015 – B 11 AL 9/14 R.

InsO), aber noch vor vollständiger Erfüllung des Plans über das Vermögen der Arbeitgeberin bzw. des Arbeitgebers ein neues Insolvenzverfahren eröffnet (oder mangels Masse abgewiesen), wird in aller Regel nicht von wieder hergestellter Zahlungsfähigkeit i.S.d. Absätze 3 und 4 auszugehen sein (vgl. BSG Urt. v. 21.11.2002 – B 11 AL 35/02 R). Dies gilt jedenfalls dann, wenn die Überwachung der Planerfüllung durch die Insolvenzverwaltung angeordnet ist (vgl. BSG Urt. v. 29.05.2008 – B 11a AL 57/06 R). Wird der Insolvenzplan nicht überwacht, kann allein daraus nicht auf wieder hergestellte Zahlungsfähigkeit geschlossen werden. In solchen Fällen ist anhand der Einzelumstände zu prüfen, ob der Schuldner die Zahlungsfähigkeit wiedererlangt hat (vgl. BSG Urt. v. 06.12.2012 – B 11 AL 11/11 R).“[8]

Die Rechtsprechung des Bundessozialgerichts und die vorgenannte Dienstanweisung der Bundesagentur sind auf massive Kritik gestoßen. Bezweifelt wurde auch, dass die Entscheidungen des BSG in Einklang mit der Richtlinie 80/987/EWG in der Fassung der Richtlinie 2002/74/EG stehen. Möglicherweise als Folge dieser Kritik hat die Bundesagentur inzwischen ihre Dienstanweisung geändert. In den fachlichen Weisungen „Insolvenzgeld“, gültig ab 20.12.2018, werden unter 2.7. nunmehr modifizierte Anweisungen erteilt. Hier heißt es einleitend in Absatz 1:

> „Nur wenn die den Versicherungsfall begründende Zahlungsunfähigkeit beseitigt ist, kann ein weiteres Insolvenzereignis einen Anspruch auf Insolvenzgeld auslösen.“

In Absatz 3 heißt es:

> „Wann von wiederhergestellter Zahlungsfähigkeit auszugehen ist, muss nach den jeweiligen Gesamtumständen des Einzelfalles beurteilt werden. Die Tatsache, dass die laufenden Verbindlichkeiten erfüllt werden, rechtfertigt jedenfalls für sich allein noch nicht die Annahme wiederhergestellter Zahlungsfähigkeit. Gleiches gilt für den Fall, dass zwischen den jeweiligen Insolvenzereignissen ein längerer zeitlicher Abstand liegt.
> Grundsätzlich kann erneute Zahlungsfähigkeit dann angenommen werden, wenn sich die finanzielle Situation des Schuldners so gebessert hat,

8 *Mönning*, in Kübler, HRI, § 47, Rn 183.

dass er wieder kreditwürdig geworden ist. Das erfordert in der Regel, dass der Arbeitgeber auch bezüglich der Altschulden eine Regelung trifft, die der Sanierung des Unternehmens ausreichend Rechnung trägt.Indizien können sein:
- Langfristige Stundungsvereinbarungen
- Vergleichsregelungen
- Restschuldbefreiung
- Erfüllter Insolvenzplan."[9]

Im konkreten Fall wurde keine Planüberwachung angeordnet. Die Ansprüche aller am ersten Insolvenzplanverfahren beteiligten Gläubiger wurden vollständig erfüllt. Die Voraussetzungen für die neuerliche Gewährung von Insolvenzgeld sind daher gegeben. Die Frage, ob eine Vorfinanzierung des Insolvenzgelds möglich ist, richtet sich nach § 170 Abs. 4 SGB III und ist unverändert von der Zustimmung der Agentur für Arbeit abhängig. Die Zustimmung ist zu erteilen, wenn Tatsachen die Annahme rechtfertigen, dass durch die Vorfinanzierung der Arbeitsentgelte ein erheblicher Teil der Arbeitsplätze erhalten bleibt. Die Vorfinanzierung ist auch bei vorläufiger Eigenverwaltung gemäß § 270b InsO möglich. Dies stellt die Dienstanweisung der Bundesagentur für Arbeit zu §§ 187, 188 SGB III ausdrücklich klar.

Das Kriterium des voraussichtlichen Erhalts eines erheblichen Teils der Arbeitsplätze hängt nicht an starren Prozentsätzen, sondern ist abhängig vom Einzelfall.[10] Vom Erhalt eines erheblichen Teils der Arbeitsplätze ist jedenfalls dann auszugehen, wenn unter Berücksichtigung der bisherigen arbeitstechnischen Zwecke die betriebliche Funktion erhalten bleibt, also die betriebliche Tätigkeit des Unternehmens fortgeführt und der Arbeitsmarkt nicht nur unwesentlich begünstigt wird. Die Bundesagentur hat dazu allerdings gewisse Kerngrößen entwickelt, die nicht in jedem Fall gelten, aber als Richtschnur dienen können. Verlangt wird, dass zwischen 10 % und 20 % der Arbeitsplätze erhalten werden.

9 Fachliche Weisungen InsGeld, gültig ab 20.12.2018, Ziffer 2.7; siehe auch: https://www.arbeitsagentur.de/datei/dok_ba016429.pdf.

10 Fachliche Weisungen InsGeld, gültig ab 20.12.2018, a.a.O.

IV. Update Workshop Insolvenzarbeitsrecht 2018 – Datenschutz

1. Sachverhalt

Gemäß § 80 Abs. 2 S. 1 BetrVG ist der Arbeitgeber verpflichtet, den Betriebsrat für die Durchführung seiner Aufgaben umfassend zu unterrichten. Dazu sah der Workshop unter 3.3 folgende Fallgestaltung vor:

Frau Schmitz ist schwanger. Um ihre Übernahmechancen als Verkaufsleiterin einer Filiale nicht zu schmälern, erklärt sie dem Insolvenzverwalter, dass sie weder damit einverstanden ist, dass die Schwangerschaft dem Betriebsrat noch den potenziellen Käufern mitgeteilt wird.

Muss/kann der Insolvenzverwalter dieser Forderung entsprechen?

Zum Zeitpunkt des Workshops war strittig, ob der Arbeitgeber auch gegen den Widerspruch der Schwangeren zur Weitergabe dieser Information an den Betriebsrat verpflichtet ist.[11]

Die Revision gegen die Entscheidung des LAG München wurde zugelassen. Sie war zum Zeitpunkt des Workshops 2018 beim BAG anhängig.

2. Aufgabenstellung

(1) Hat der Betriebsrat Anspruch auf volle Auskunftserteilung? Darf/muss der Arbeitgeber/Insolvenzverwalter die Auskunft verweigern?

(2) Ist der Fall übertragbar, z. B. auf die Mitteilung einer Schwerbehinderung?

3. Diskussionsverlauf, Ergebnisse

(1) Hat der Betriebsrat Anspruch auf volle Auskunftserteilung? Darf/muss der Arbeitgeber/Insolvenzverwalter die Auskunft verweigern?

11 Dafür: LAG München, Beschl. v. 27.9.2017, BeckRS, 139/725; dagegen: LAG Niedersachsen, Urt. v. 22.1.2007 – 11 Sa 614/06.

Im Workshop 2018 wurde der Beschluss des LAG München, vom 27.9.2017 – 11 TaBV 36/17, diskutiert. [12]

Die Beteiligten des Rechtsstreites stritten darüber, ob der Arbeitgeber verpflichtet ist, dem Betriebsrat alle Fälle der Schwangerschaft von Arbeitnehmerinnen unaufgefordert unter Namensnennung mitzuteilen. Der Arbeitgeber wollte die Auskunft dem Betriebsrat nur erteilen, wenn die Arbeitnehmerin nicht widerspricht. Das ArbG hatte dem Antrag des Betriebsrats stattgegeben, das LAG hatte die Beschwerde des Arbeitgebers mit vorgenanntem Beschluss zurückgewiesen.

Hiernach kommt dem Betriebsrat zur Ausübung seiner Schutzpflichten ein *anlassloser Informationsanspruch* auf Unterrichtung über Schwangerschaften in der Belegschaft einschließlich der namentlichen Konkretisierung auch gegen den Willen der Schwangeren zu. Das allgemeine Persönlichkeitsrecht und das Recht auf informationelle Selbstbestimmung der Schwangeren werden durch §§ 80, 89 BetrVG verhältnismäßig eingeschränkt. *Es stehen auch keine schutzwürdigen Rechte der Schwangeren i.S.d. § 28 VI Nr. 3 BDSG entgegen.*

Der 1. Senat des BAG hat die Sache unter Aufhebung der Entscheidung an das LAG zurückverwiesen. [13]

Orientierungssätze der Richterinnen und Richter des BAG:

1. *Der allgemeine Auskunftsanspruch* des Betriebsrats nach § 80 II 1 BetrVG *ist aufgabengebunden* und in seiner Reichweite durch das *Erforderlichkeitsprinzip* bestimmt (Rn. 12 f.).

2. Der Betriebsrat genügt seiner im Zusammenhang mit der Geltendmachung des Auskunftsanspruchs bestehenden Vortragslast nicht, wenn er pauschal auf seine Aufgabe der Überwachung der Durchführung zugunsten der Arbeitnehmer geltender (Arbeitsschutz-) Gesetze verweist.
Vielmehr hat er die konkrete (Arbeitsschutz-)Vorgabe, deren Durchführung er überwachen will und die sein Auskunftsverlangen tragen soll,

12 LAG München, Beschl. v. 27.9.2017 – 11 TaBV 36/17, (ArbG München 8.3.2017 – 24 BV 138/16), BeckRS 2017, 139725.

13 BAG, Beschl. v. 9.4.2019 – 1 ABR 51/17 (LAG München 29.7.2017 – 11 TaBV 36/17), BeckRS 2019, 14744.

ebenso aufzuzeigen wie die Gründe, warum er erstrebte Auskunft für die Wahrnehmung dieser Aufgabe benötigt (Rn. 16 f.).

3. Das mit einem auf die Unterrichtung über eine besondere Kategorie personenbezogener Daten (sensitive Daten im datenschutzrechtlichen Sinn) verbundene Auskunftsverlangen des Betriebsrats ist an dem datenschutzrechtlichen Erlaubnistatbestand des § 26 III 1 und 3 i.V.m. § 22 II BDSG zu messen. Mit dieser Regelung hat der Gesetzgeber in zulässiger Weise von der Öffnungsklausel des Art. 9 II Buchst. b DSGVO Gebrauch gemacht (Rn. 24 ff.).

4. Beansprucht der Betriebsrat vom Arbeitgeber eine Unterrichtung darüber, welche Arbeitnehmerin ihre Schwangerschaft mitgeteilt hat, betrifft dies ein sensitives Datum (Rn. 35).

5. Die damit verbundene Datenverarbeitung ist erforderlich im Sinne von § 26 III 1 BDSG, wenn die Anspruchsvoraussetzungen des § 80 II 1 BetrVG erfüllt sind. Diese Annahme geben die Bindung der vom Betriebsrat begehrten Auskunft an eine von ihm aufzuzeigende Aufgabe und die Prüfung, ob die verlangte Information für die Wahrnehmung der Aufgabe erforderlich ist, vor (Rn. 39 ff.).

6. Eine nach § 26 III 1 BDSG zulässige Verarbeitung sensitiver Daten setzt allerdings weiter voraus, dass kein Grund zu der Annahme besteht, dass das schutzwürdige Interesse der betroffenen Person an dem Ausschluss der Verarbeitung überwiegt. Diesem Erfordernis ist im Zusammenhang mit der Erfüllung einer sich aus dem Gesetz ergebenden Pflicht des Arbeitgebers zur Unterrichtung des Betriebsrats durch die von § 26 III 3 BDSG angeordnete entsprechende Geltung des § 22 II BDSG Rechnung getragen. Danach sind zur Wahrung der Interessen der betroffenen Person angemessene und spezifische Maßnahmen vorzusehen (Rn. 40).

7. Der Betriebsrat hat bei der Geltendmachung eines auf sensitive Daten gerichteten Auskunftsbegehrens das Vorhalten solcher angemessener und spezifischer Maßnahmen darzulegen. Fehlen sie oder sind sie unzulänglich, steht das seinem Auskunftsbegehren entgegen (Rn. 46 ff.).

Leitsatz:

Umfasst ein allgemeiner Auskunftsanspruch des Betriebsrats nach § 80 Abs. 2 Satz 1 BetrVG sensitive Daten im datenschutzrechtlichen Sinn, *ist Anspruchsvoraussetzung, dass der Betriebsrat zur Wahrung der Interessen der von der Datenverarbeitung betroffenen Arbeitnehmer/innen angemessene und spezifische Schutzmaßnahmen trifft. Der Anspruch hängt nicht vom Einverständnis der Arbeitnehmer/innen ab.*

Die Teilnehmer des Workshops begrüßen, dass kein anlassloser Informationsanspruch besteht, sondern das Erforderlichkeitsprinzip zu beachten ist.

In Rn 47 (a) der Begründung des BAG heißt es:

„...Bei der Weitergabe sensitiver Daten an den Betriebsrat hat der Arbeitgeber die Beachtung des in § 26 III 3 i.V.m. § BDSG § 22 BDSG § 22 Absatz II BDSG geregelten Gebots angemessener und spezifischer Schutzmaßnahmen nicht in der Hand. Ihm sind hierauf bezogene Vorgaben an den Betriebsrat aufgrund dessen Unabhängigkeit als Strukturprinzip der Betriebsverfassung verwehrt (vgl. ausf. BAGE 87, BAGE Band 87 Seite 64 = NZA 1998, NZA Jahr 1998 Seite 385 = AP BDSG § 36 Nr. AP BDSG § 1 [zu B III 2 c aa]). Daher hat der Betriebsrat bei der Geltendmachung eines auf sensitive Daten gerichteten Auskunftsbegehrens das Vorhalten von Maßnahmen darzulegen, welche die berechtigten Interessen der betroffenen Arbeitnehmer – vorliegend der ihre Schwangerschaft mitteilenden Arbeitnehmerinnen – wahren. Den Betriebsrat trifft insoweit, unabhängig davon, ob er iSv Art. EWG_DSGVO Artikel 4 Nr. EWG_DSGVO Artikel 4 Nummer 7 DS-GVO Teil der verantwortlichen Stelle (so z. B. Bonanni/Niklas, ArbRB 2018, 371; Gola/Pötters, DSGVO, Art. 88 Rn. 38; Gola/Gola, DSGVO, Art. 4 Rn. 56) oder gar Verantwortlicher (so z. B. Kurzböck/Weinbeck, BB 2018, BB Jahr 2018 Seite 1652 [BB Jahr 2018 1655]; Kleinebrink, DB 2018, DB Jahr 2018 Seite 2566; Wybitul, NZA 2017, NZA Jahr 2017 Seite 413) ist, eine spezifische Schutzpflicht...“

Die Teilnehmer des Workshops sahen hierin nicht nur die Pflicht des Betriebsrates, technische und organisatorische Schutzmaßnahmen zu gewährleisten, sondern auch die Pflicht der Arbeitgeber, den Betriebsrat hierfür angemessen technisch auszustatten und zu schulen.

(2) Ist der Fall übertragbar, z. B. auf die Mitteilung einer Schwerbehinderung?

Art. 4 Nr. 15 DSGVO enthält die Legaldefinition für Gesundheitsdaten.
Sensible Daten sind diejenigen Daten, die sich auf die körperliche und geistige Gesundheit einer natürlichen Person, einschließlich der Erbringung von Gesundheitsdienstleistungen, beziehen und aus denen Informationen über deren Gesundheitszustand hervorgehen.

Die Teilnehmer des Workshops kommen zu dem Ergebnis, dass die Schwerbehinderung ein Gesundheitsdatum im datenschutzrechtlichen Sinne ist. Deshalb sind die vom BAG aufgestellten Orientierungssätze auch anzuwenden, wenn der Betriebsrat die Bekanntgabe der schwerbehinderten Beschäftigten verlangt.

V. Workshop 2019 – Arbeitsrecht

1. Sachverhalt

Teil 1

Die A-GmbH, die im Handelsregister des Amtsgerichts Köln eingetragen ist, ist mit der Herstellung und dem Vertrieb von Papier aller Art und von verwandten Waren beschäftigt.

Die Geschäftsführer der A-GmbH stellten mit Schreiben vom 1.6.2018 Antrag auf Eröffnung eines Insolvenzverfahrens über das Vermögen der Schuldnerin.
Das Gericht ordnete mit Beschluss vom 4.6.2018 Sicherungsmaßnahmen an. Gleichzeitig bestellte das Gericht einen vorläufigen Insolvenzverwalter (§ 21 Abs. 2 Nr. 1 InsO) und ordnete einen Zustimmungsvorbehalt an (§ 21 Abs. 2 Nr. 2, 2. Alt. InsO).

Mit Beschluss vom 1.9.2018 wurde das Insolvenzverfahren eröffnet und der vorläufige Insolvenzverwalter zum Insolvenzverwalter bestellt.

Der Geschäftsbetrieb wurde im eröffneten Verfahren und über den Eröffnungszeitpunkt hinaus fortgeführt.

Im Zeitpunkt der Antragstellung waren ca. 500 Arbeitnehmer bei der Schuldnerin beschäftigt.

Die Schuldnerin erwirtschaftete in den letzten Jahren Verluste und im Insolvenzantragsverfahren wurde festgestellt, dass sich die Liquiditätslücke fortlaufend deutlich erhöht.

Insolvenzverwalter und Betriebsrat haben bereits im vorläufigen Insolvenzverfahren Anstrengungen unternommen, einen Investor zu finden, der bereit ist, den laufenden Betrieb fortzuführen und ihn aus der Insolvenz zu übernehmen.

Ein Investor, die C-GmbH, war bereit, mit Wirkung zum 1.12.2018 den Betrieb gemäß § 613a BGB zu übernehmen, jedoch auf der Grundlage eines Erwerberkonzeptes. Der Investor macht die Übernahme von der vorherigen Durchführung von Personalanpassungsmaßnahmen abhängig. Sein Erwerberkonzept sieht eine drastische Senkung der Zahl der beschäftigten Arbeitnehmer im Betrieb auf ca. 250 verbleibende Mitarbeiterinnen und Mitarbeiter vor. Betriebsrat und Insolvenzverwalter stimmen überein, dass die Durchführung des Erwerberkonzeptes die einzige Möglichkeit ist, die Fortführung des Betriebs der Insolvenzschuldnerin außerhalb des Insolvenzverfahrens zu gewährleisten und eine Perspektive für die verbleibenden Arbeitsplätze zu bieten. Betriebsrat und Insolvenzverwalter vereinbaren am 15.11.2018 einen Interessenausgleich mit Namensliste gemäß § 125 InsO sowie einen Sozialplan.

Die ca. 250 Arbeitnehmer, die in Umsetzung des Erwerberkonzeptes der C-GmbH bei dieser keine Beschäftigungsmöglichkeit finden, werden noch im November 2018 vom Insolvenzverwalter unter Beachtung der Maximalkündigungsfrist gemäß § 113 InsO, d.h. spätestens zum 28.2.2019, gekündigt.

Den gekündigten Arbeitnehmern wird der Wechsel in eine Transfergesellschaft nach Maßgabe des vereinbarten Sozialplans angeboten. Die von der Kündigung betroffenen Arbeitnehmer, die nicht in die Transfergesellschaft wechseln, werden mit Wirkung vom 30.11.2018 bis zum Ablauf der jeweiligen Kündigungsfrist unwiderruflich von der Pflicht zur Erbringung von Arbeitsleistungen freigestellt.

Teil 2

Die Insolvenzschuldnerin, A-GmbH, hatte im Jahr 2010 Teile ihres Geschäftsbetriebes in eine 100 %-ige Tochtergesellschaft, *die B-GmbH,* ausgelagert. Die B-GmbH ist auf dem Betriebsgelände der A-GmbH ansässig und nutzt unentgeltlich Betriebsräume, Möbel, technisches Equipment und IT-Anlagen der A-GmbH. Die Buchhaltung wird ebenfalls unentgeltlich durch die A-GmbH durchgeführt. Gegenstand der B-GmbH ist die Lagerung und der Versand aller Produkte der A-GmbH sowie die innerbetriebliche Logistik nebst Werksreinigung. Bei der B-GmbH sind ca. 30 Arbeitnehmer beschäftigt.

Die B-GmbH beantragte ihrerseits am 1.10.2018 die Eröffnung eines Insolvenzverfahrens. Das Insolvenzverfahren wurde am 4.1.2019 eröffnet und der Insolvenzverwalter der A-GmbH auch zum Insolvenzverwalter der B-GmbH bestellt.

Nach Eröffnung des Insolvenzverfahrens über das Vermögen der B-GmbH verhandelt der Insolvenzverwalter vergeblich mit mehreren potenziellen Investoren und beschließt die Stilllegung des Betriebes zum 31.5.2019.

Teil 3

Zwischen der A-GmbH und der B-GmbH einerseits und der Industriegewerkschaft Bergbau Chemie Energie andererseits wurde anlässlich der Betriebsratswahl im Jahr 2014 ein *Tarifvertrag nach § 3 Abs. 1 Nr. 3 BetrVG* geschlossen.

Der Tarifvertrag gilt für die bestehenden Betriebe und Betriebsstätten der A- und B-GmbH. Geregelt wird die rechtsübergreifende betriebliche Interessenvertretung aller beschäftigten Arbeitnehmer i.S.v. § 5 Abs. 1 BetrVG der im Geltungsbereich genannten Betriebe/ Betriebsstätten und Unternehmen.

Ziel der Tarifvertragsparteien ist es, eine verbesserte Wahrnehmung der Interessen der jeweils am Standort beschäftigten Arbeitnehmer der A- und B-GmbH zu erreichen.

Hierzu ist im Tarifvertrag geregelt:

„II. Gemeinsamer Betriebsrat

1. Errichtung des Betriebsrates

1.1. Die Regelung dieses Tarifvertrags ist erstmals bei der in 2014 stattfindenden regelmäßigen Betriebsratswahl anzuwenden.

1.2. Für die A- GmbH und die B- GmbH und deren Betriebsstätten/Standorte wird ein gemeinsamer, rechtsträgerübergreifender Betriebsrat gebildet.

1.3. Der nach diesem Tarifvertrag gebildete Betriebsrat ersetzt den in den aufgeführten Unternehmen jeweils gesetzlich zu bildenden Betriebsrat.

2. Jugend- und Ausbildungsvertretung; Schwerbehindertenvertretung

Ziffer II. 1. findet entsprechend Anwendung auf die Errichtung der Jugend- und Auszubildendenvertretung und für die Wahl der Schwerbehindertenvertretung.

III. Betriebliche Strukturen

Die aufgrund dieses Tarifvertrages nach § 3 Absatz 1 Nr. 3 BetrVG gebildete betriebsverfassungsrechtliche Organisationseinheit gilt als „ein Betrieb“ im Sinne des BetrVG. Auf den für diesen Betrieb gebildeten Betriebsrat finden die Vorschriften über die Rechte und Pflichten des Betriebsrats und die Rechtsstellung seiner Mitglieder Anwendung.

IV. Geltung des Betriebsverfassungsgesetzes

Soweit in diesem Tarifvertrag nicht anderes bestimmt ist, gelten die Bestimmungen des Betriebsverfassungsgesetzes entsprechend.“

Auf der Grundlage dieses Tarifvertrages kümmert sich der Betriebsrat der A-GmbH um alle arbeitsrechtlichen Belange der Beschäftigten der B-GmbH. Im Jahr 2018 wurde ein gemeinsamer Betriebsrat mit elf Betriebsratsmitgliedern gewählt, die ausschließlich bei der A-GmbH beschäftigt sind. Zwei Betriebsratsmitglieder wurden von ihrer beruflichen Tätigkeit freigestellt.

Der Insolvenzverwalter der B-GmbH möchte mit den Betriebsratsmitgliedern, deren Arbeitsverhältnis zwischenzeitlich (am 1.12.2018) von der A-GmbH auf die C-GmbH übergegangen ist, wegen der geplanten Betriebsstilllegung der B-GmbH einen Interessenausgleich mit Sozialplan verhandeln.

Der Geschäftsführer der C- GmbH vertritt die Auffassung, dass er nicht an den Zuordnungs-TV gebunden ist. Nach seiner Auffassung endet das Amt des gemeinsamen Betriebsrates mit dem Übergang der Leitungsmacht auf die C-GmbH am 1.12.2018. Jedenfalls will er keine Arbeitnehmer, die BR-Mitglieder waren, für die Interessenausgleichsverhandlungen des Insolvenzverwalters der B-GmbH freistellen. Auch die bislang freigestellten BR-Mitglieder werden von ihm aufgefordert, ab dem 1.12.2018 ihre arbeitsvertraglich geschuldeten Tätigkeiten zu erbringen.

Teil 4

Die Arbeitnehmer der insolventen A-GmbH hatten in der Vergangenheit Anspruch auf *betriebliche Altersversorgung* (Altersrente, Invalidenrente, Witwen- bzw. Witwerrente und Waisenrente) auf der Grundlage einer Pensionsordnung und entsprechender arbeitsvertraglicher Vereinbarungen.

Die Finanzierung der Pensionsleistung erfolgte bei der A-GmbH ohne Beteiligung der Arbeitnehmer. Für die Verpflichtungen hat die A-GmbH in der Vergangenheit Rückstellungen gebildet und eine Insolvenzsicherung beim PSV durchgeführt. Die Auszahlung an die Rentner erfolgte mit der monatlichen Entgeltabrechnung durch die A-GmbH.

Im Kaufvertrag haben der Insolvenzverwalter der A-GmbH und der Geschäftsführer der C-GmbH vereinbart:

> *Der Käufer übernimmt keinerlei Verpflichtungen der Gesellschaft oder eine Übertragung von deren Verpflichtungen in Bezug auf*
>
> *a. Pensionen,*
> *b. Mitarbeiter, die von der C-GmbH nicht übernommen werden (die vor dem Tag des Betriebsübergangs zu entlassen sind),*
> *c. Verpflichtungen der Gesellschaft aus Zeiträumen vor dem Tag des Wirksamwerdens. Der Käufer übernimmt jedoch die Pensionen und Urlaubsansprüche die seit der Eröffnung des Insolvenzverfahrens angefallen sind, für die Mitarbeiter, die er übernimmt.*
>
> *Verpflichtungen für die übernommenen Mitarbeiter aus Zeiträumen vor dem Wirksamwerden des Betriebsübergangs, insbesondere Vergütungsansprüche, trägt der Verkäufer.*

Der Insolvenzverwalter zahlt die Löhne und Gehälter der Beschäftigten, die seinerseits gekündigt werden, auch nach dem Zeitpunkt des Betriebsübergangs (1.12.2018) bis zum Ablauf der Kündigungsfrist am 28.2.2019 weiter.

Die Käuferin, C-GmbH, zahlt lediglich die Gehälter und Löhne für die Arbeitnehmer, die sie gemäß Erwerberkonzept übernommen hat und welche nicht vom Insolvenzverwalter gekündigt wurden.

Nach dem Betriebsübergang will der Geschäftsführer der C-GmbH zunächst keinerlei Rückstellungen bilden, da er die Auffassung vertritt, an die Pensionszusage der A-GmbH nicht gebunden zu sein.

Zwei Monate nach Übernahme des Betriebes beginnt er mit der Rückstellung für diejenigen Arbeitnehmer, die von ihm weiterbeschäftigt werden und nicht vom Insolvenzverwalter gekündigt wurden.

Für die anspruchsberechtigten Arbeitnehmer, deren Arbeitsverhältnis bis zum Ablauf der Kündigungsfrist auf die C-GmbH übergegangen sind, für die allerdings der Insolvenzverwalter die Lohn- und Gehaltszahlungen übernommen hat, werden ab dem 1.12.2018 keine Rückstellungen zur betrieblichen Altersvorsorge gebildet.

2. Aufgabenstellung

(1) Geht der Zuordnungstarifvertrag gemäß § 3 BetrVG auf die C-GmbH als Erwerberin der A-GmbH über?

(2) Bleiben die Betriebsratsmitglieder, die sämtlich bei der A-GmbH beschäftigt waren und deren Arbeitsverhältnisse mit der C-GmbH fortgesetzt werden, auch nach dem Betriebsübergang für die insolvente B-GmbH zuständig?

(3) Wann endet die Amtszeit der Betriebsratsmitglieder, deren Arbeitsverhältnis auf die C-GmbH übergegangen ist? Bleiben die Betriebsratsmitglieder auch bis zu diesem Zeitpunkt für die B-GmbH zuständig?

(4) Sind die Betriebsratsmitglieder nach Übergang ihres Arbeitsverhältnisses am 1.12.2018 noch für Interessenausgleichs- und Sozialplanverhandlungen mit dem Insolvenzverwalter der B-GmbH im Mai 2019 zuständig?

(5) Welche rechtlichen Möglichkeiten bestehen für BR, Geschäftsführer der C-GmbH und ggf. Insolvenzverwalter, die geschilderten Streitfragen zu klären?

(6) Haftet die C-GmbH für Versorgungszusagen der übergehenden Arbeitnehmer aus der Pensionsordnung der A-GmbH? Wenn ja, in welchem Umfang?

3. Diskussionsverlauf, Ergebnisse

Die Teilnehmer des Workshops werden über die Entscheidung des BAG vom 18.01.2012 informiert:[14]

„(…) 3. Die betriebsverfassungsrechtlichen Normen eines Zuordnungstarifvertrags i. S. von § 3 I BetrVG wirken im Fall eines Betriebsteilübergangs beim neuen Rechtsträger grundsätzlich nicht fort (…)"

„(…) RN 45(ccc) *Die Normen eines Zuordnungstarifvertrags werden nicht nach § 613 a I 2 BGB transformiert.* Diese Vorschrift knüpft nur an Rechte und Pflichten des Arbeitgebers, also vor allem an Inhaltsnormen an. Betriebsverfassungsrechtliche Normen werden nicht in den Einzelarbeitsvertrag transformiert, weil sie nicht die Rechte und Pflichten aus dem Einzelarbeitsverhältnis, sondern die der Betriebsparteien regeln (vgl. Wiedemann/Oetker, 7. Aufl., § 3 TVG Rdnr. 246; s. auch Müller-Glöge, in: MünchKomm, 5. Aufl., § 613 a BGB Rdnr. 135; ErfK/Preis, § 613 a BGB Rdnr. 118).
…
Rn 46 (ddd) Für Zuordnungstarifverträge i. S. von § 3 I BetrVG ist die so genannte Nachbindung des § 3 III TVG nicht analog heranzuziehen (a. A. Däubler, DB 2005, 666 [668]). Der Fall eines Verbandsaustritts ist mit der Ausgliederung eines Betriebsteils nicht zu vergleichen (vgl. Hohenstatt, in: Willemsen/ders./Schnitker/Schweibert/Seibt, Umstrukturierung und Übertragung von Unternehmen, 4. Aufl., D Rdnr. 195; im Ergebnis ebenso bspw. HWK/Gaul, § 3 BetrVG Rdnr. 43). *Eine Bindung des Erwerbers an den vom Veräußerer geschlossenen Zuordnungstarifvertrag kommt allenfalls im Fall teilweiser Gesamtrechtsnachfolge bei Verschmelzung in Betracht oder dann, wenn sich der Erwerber durch eine Anerkennungsvereinbarung schuldrechtlich an den Zuordnungstarifvertrag bindet.* Beides liegt hier nicht vor.(…)"

Die Teilnehmer des Workshops diskutieren Fragen des Übergangs- und Restmandates des Betriebsrates gemäß §§ 21a, 21b BetrVG.

14 BAG, Urt. v. 18.01.2012 – 7 ABR 72/10, NZA-RR 2013, 133.

Beachtlich ist hier die Entscheidung des BAG vom 21.9.2011[15]:

„(...) **(Rn 48)** Allerdings kann durch *Strukturveränderungen* das Substrat für eine durch einen Tarifvertrag nach§ 3 Abs. 1 Nrn. 1 bis 3 BetrVG *errichtete betriebsverfassungsrechtliche Organisationseinheit entfallen. Die tarifvertraglich gebildete Einheit kann ihre Identität verlieren* (vgl. Fitting, § 3 Rdnr. 86). So kann beispielsweise die Grundlage für Spartenbetriebsräte i. S. von § 3 Abs. 1 Nr. 2 BetrVG verloren gehen, wenn der Arbeitgeber die Spartenorganisation aufgibt. Auch im Rahmen der gesetzlichen Betriebsverfassung ist es dem Arbeitgeber unbenommen, durch organisatorische Veränderungen Betriebe im Sinne des Betriebsverfassungsgesetzes zu bilden, zusammenzulegen, zu spalten oder zu zerschlagen. Das ist im Rahmen der tariflich gewillkürten Betriebsverfassungsstrukturen nicht anders.

Mit dem Verlust der Identität der tarifvertraglich geschaffenen Einheit *endet* ebenso wie beim Betrieb i.S.d. BetrVG *auch die Amtszeit des für die Einheit errichteten BR.*(...)“

In Anwendung der §§ 21 a, 21 b BetrVG schließt sich aber ein Übergangsmandat und /oder Restmandat des BR an. Vgl. hierzu die Entscheidung des BAG vom 22.08.2017. [16]

„(...) 3. Die §§ 21 a, 21 b BetrVG gelten auch im Bereich gewillkürter Betriebsverfassungsstrukturen (...)“[17]

Da nach § 3 Abs. 5 BetrVG die gewillkürten Einheiten als Betriebe i.S.d. BetrVG gelten, sind auch ihre Spaltungen und Zusammenfassungen grds. wie Spaltungen und Zusammenfassungen i.S.d. Gesetzes zu behandeln.

Der Tarifvertrag gemäß § 3 BetrVG wirkt beim Betriebsübergang nicht normativ fort, wenn die geschaffene Einheit nicht identisch bleibt.

Gleichwohl dürfte, solange der neue ArbG an den betrieblichen Strukturen nichts ändert, der BR bis zum Ablauf der regelmäßigen Amtszeit im Amt bleiben.[18]

15 BAG, Urt. v. 21.09.2011 – 7 ABR 54/10 (NZA-RR 2012,186).
16 BAG, Urt. v. 22.08.2017 – 1 ABR 52/14 (NZA 2018, 50).
17 BAG, Urt. v. 22.08.2017, a.a.O.
18 Vgl. *Fitting* § 3 Rn. 89 m. Verweis auf Rn. 84.

Das BetrVG enthält in §§ 13, 21 keine hinreichende ausdrückliche Regelung.

Geregelt ist lediglich, dass

- bei Spaltung (§ 21 a),
- bei Untergang (§ 21 b),

der bisherige BR ein zeitlich begrenztes Übergangs- oder Restmandat hat.

Gemäß § 21a BetrVG endet das Übergangsmandat spätestens sechs Monate nach Wirksamwerden der Spaltung. Gemäß § 21b BetrVG bleibt der Betriebsrat im Falle der Stilllegung, Spaltung oder Zusammenlegung so lange im Amt, wie dies zur Wahrnehmung der damit im Zusammenhang stehenden Mitwirkungs- und Mitbestimmungsrechte erforderlich ist.

Für den Fall des Ablaufs eines TV (einvernehmliche Aufhebung, Zeitablauf, wirksame Kündigung) erscheint das nicht zwingend. Vielmehr steht in diesem Fall dem Fortbestand des bisherigen BR bis zum Ablauf der regelmäßigen Amtszeit grds. nichts im Wege.

Mit dem Verlust der Identität der tarifvertraglich geschaffenen Einheit endet ebenso wie beim Betrieb i.S.d. BetrVG auch die Amtszeit der für die Einheit errichteten Betriebsrates. In Anwendung der §§ 21a, 21b BetrVG schließt sich ein Übergangs- und /oder Restmandat an.

Durch Tarifvertrag oder Betriebsvereinbarung kann das Übergangsmandat um weitere sechs Monate verlängert werden.

Aus Zeitgründen konnten die Fragen zur betrieblichen Altersversorgung nur kurz diskutiert werden.

Nach der Rechtsprechung des BAG tritt der Erwerber eines Betriebes aus der Insolvenz nur eingeschränkt für Verbindlichkeiten des Veräußerers aus betrieblicher Altersversorgung ein, da die besonderen Verteilungsgrundsätze des Insolvenzrechts (§ 613a Abs. 1 BGB) vorgehen.

Das BAG hat mit Beschluss vom 16.10.2018 den EuGH um Klärung gebeten, ob eine solche Einschränkung mit Art. 3 Abs. 4 der Richtlinie 2001/23 EG zu vereinbaren ist. [19]

In dem vom BAG vorgelegten Verfahren ist der Kläger der Ansicht, dass im Rahmen der vom Betriebserwerber zu zahlenden Betriebsrente auch die Betriebszugehörigkeit vor der Insolvenz bei der Berechnung berücksichtigt werden muss. Der Berechnung müsse sein Gehalt beim Stichtag vor dem Versorgungsfall abzüglich der durch den PSV gezahlten Altersrente zu Grunde gelegt werden (hier Steigerung ca. 150,00 € monatlich).

Nach der derzeitigen Auslegung des nationalen Rechts durch das BAG müsste die Klage abgewiesen werden. Der Erwerber wäre aufgrund der Haftungsprivilegierung durch teleologische Reduktion des § 613a Abs. 1 BGB gerade nicht verpflichtet, dem Kläger eine Betriebsrente zu gewähren, deren Höhe sich nach den Bestimmungen der Versorgungsordnung unter bloßen Abzugs des Beitrags errechnet, den der Kläger aufgrund der Insolvenz seiner früheren Arbeitgeberin vom PSV erhält.

Nach der gesetzlichen Systematik haftet der Betriebserwerber grundsätzlich gemäß § 613a Abs. 1 BGB für die vom Veräußerer zugesagte betriebliche Altersversorgung der übernommenen Arbeitnehmer.

Es gilt der sogenannte Festschreibeeffekt (§ 7 Abs. 2 S. 6 BetrAVG „Bei der Berechnung der Höhe des Anspruchs sind Veränderungen der Versorgungsregelung und der Bemessungsgrundlage, die nach dem Eintritt des Sicherungsfalles eintreten, nicht zu berücksichtigen.“). Das bedeutet, dass der PSV die zum Zeitpunkt der Eröffnung des Insolvenzverfahrens nach der Versorgungsordnung maßgebliche monatliche Bruttovergütung des Arbeitnehmers zu Grunde legt und spätere Gehaltserhöhungen während der Betriebszugehörigkeiten beim Betriebserwerber vom PSV nicht beachtet werden.

Diese Praxis führt dazu, dass die Arbeitnehmer im Ergebnis eine niedrigere Betriebsrente erhalten als in der ursprünglichen Betriebsrentenzusage vorgesehen. Dies ergibt sich daraus, dass sie sich im Rahmen des Anwartschaftswerts gegenüber dem Betriebserwerber einerseits nicht auf die gesamte tatsächliche Betriebszugehörigkeit (einschließlich der Zeit vor der

19 BAG, Beschl. v. 16.10.2018 – 3 AZR 139/17 (A) (LAG Düsseldorf 20.1.2017 – 6 Sa 582/16), BeckRS 2018, 34982, ArbRAktuell 2019, 69.

Eröffnung des Insolvenzverfahrens) berufen können und andererseits aber der PSV die nach dem Betriebsübergang erfolgte Gehaltserhöhung unberücksichtigt lässt.

Nach derzeitigem nationalem Recht haftet die C-GmbH für die Versorgungszusagen der übergehenden Arbeitnehmer aus der Pensionsordnung der A-GmbH nach dem sogenannten Festschreibeeffekt, d.h. ohne Zeiten vor Eröffnung des Insolvenzverfahrens. Der Erwerber haftet für Versorgungszusagen der übergehenden Arbeitnehmer also nur insoweit, als diese auf nach der Eröffnung des Insolvenzverfahrens zurückgelegte Beschäftigungszeiten beruhen. Für Ansprüche aus Zeiträumen vor der Eröffnung des Insolvenzverfahrens haftet gemäß §§ 7 ff. BetrAVG der PSV. Dabei bemisst sich die Höhe des vom PSV zu übernehmenden Anteils der betrieblichen Altersversorgung bei gehaltsbezogenen Versorgungssystemen nach der vom Arbeitnehmer vor Eröffnung des Insolvenzverfahrens bezogenen Vergütung. Spätere Entgelterhöhungen bleiben gemäß § 7 Abs. 2 S. 6 BetrAVG bei der Berechnung des Betriebsrentenanspruchs unberücksichtigt.

Der Festschreibeeffekt führt zu einer Haftungslücke: Sieht die Versorgungszusage vor, dass Bemessungsgrundlage für die Versorgungsleistung das Gehalt zu einem bestimmten Stichtag vor dem Eintritt des Versorgungsfalls (aber nach dem Insolvenzfall) ist, decken weder die PSV-Leistungen noch die beim Betriebserwerber bestehenden Anwartschaften die volle Leistung ab, die der Arbeitnehmer ohne Eintritt des Insolvenzfalls hätte erhalten können. Die Arbeitnehmer müssen in diesem Fall die Differenz zwischen dem Versorgungsanspruch, der sich aus der Versorgungsordnung ergibt, und der Summe aus den Leistungspflichten von Betriebserwerber und PSV zur Insolvenztabelle anmelden.

Die Entscheidung des EuGH steht noch aus.

Sollte der EuGH zu dem Ergebnis kommen, dass eine volle Haftung des Erwerbers für die Betriebsrentenansprüche, einschließlich der Anwartschaften für Dienstzeiten vor Eröffnung des Insolvenzverfahrens, abzüglich der vom PSV geleisteten Zahlungen, besteht, bringt das erhebliche Probleme für Betriebsveräußerungen aus der Insolvenz mit sich.

Sollte der EuGH den Festschreibeeffekt nicht bestätigen, müssen Erwerber, die Betriebe im Insolvenzverfahren erwerben, höhere Versorgungskosten einplanen. Ein möglicher Vertrauensschutz im Hinblick auf den Fortbestand der derzeitigen Rechtsprechung dürfte nur in sehr engen Grenzen bestehen.

Denkbar wäre, dass der EuGH zu dem Ergebnis kommt, dass der vom Unionsrecht geforderte Schutz der Arbeitnehmer verlangt, dass bei der Berechnung der vom PSV zu zahlenden Altersrente auch die Gehaltserhöhungen zwischen Insolvenz und Versorgungsfall berücksichtigt werden müssen und die Arbeitnehmer insofern einen höheren Rentenanspruch gegenüber dem PSV aus Art. 8 der Richtlinie 2008/94/EG haben.

Unklar wäre in diesem Fall, in welchem Verhältnis der Erwerber und der PSV untereinander für die gestiegenen Ansprüche haften würden.[20]

20 Siehe auch: https://deutschland.taylorwessing.com/de/drohende-anderung-des-Haftungsrahmens-für-Betriebsrenten-bei-Erwerb-aus der-Insolvenz?; *Grau/Flockenhaus*, NZA-RR 2019,289.

Workshop Insolvenzrecht

Rechtsanwältin Britta Böing und Professor Dr. Jens M. Schmittmann, Essen

I. Sachverhalt

Dr. A ist seit mehreren Jahren als Arzt selbständig in eigener Praxis tätig.

Im Jahre 2015 hat Dr. A seine gegenwärtigen und zukünftigen Ansprüche gegen die Kassenärztliche Vereinigung (KV) zur Absicherung einer Darlehensforderung an die C Bank abgetreten.

Die Kassenärztliche Vereinigung ist Körperschaft öffentlichen Rechts. Zu ihren Aufgaben gehört es, die Qualität der ärztlichen Leistungen zu sichern, das Honorar unter den Vertragsärzten sowie den zur ambulanten Behandlung ermächtigten Krankenhausärzten zu verteilen, deren Interessen gegenüber Krankenkassen zu vertreten sowie den ärztlichen Bereitschaftsdienst zu organisieren.

Am 1. Februar 2018 stellt Dr. A Eigenantrag auf Eröffnung des Insolvenzverfahrens über sein Vermögen, da er auf Grund von misslungenen privaten Immobilienspekulationen zahlungsunfähig geworden ist. Das Amtsgericht – Insolvenzgericht – Essen ordnet noch am gleichen Tage einen Zustimmungsvorbehalt an und bestellt Herrn Rechtsanwalt R zum sog. „schwachen" vorläufigen Insolvenzverwalter.

Nachdem Rechtsanwalt R sein Gutachten erstattet hat, eröffnet das Amtsgericht – Insolvenzgericht – Essen am 1. April 2018 das Insolvenzverfahren über das Vermögen des Dr. A und bestellt Rechtsanwalt R zum Insolvenzverwalter.

Am 15. Mai 2018 zahlt die KV an den Insolvenzverwalter 30.000,00 € Honorar für das I. Quartal 2018 aus.
Der Insolvenzverwalter beobachtet den Geschäftsbetrieb des Schuldners und entschließt sich am 1. Juli 2018 die selbständige Tätigkeit des Schuldners freizugeben. Diese Erklärung geht Dr. A noch am gleichen Tage zu.

Am 15. August 2018 zahlt die KV Honorar in Höhe von 25.000,00 € für das II. Quartal 2018 an Dr. A aus.

Die C Bank meint, dass ihr aufgrund der Abtretung der Gesamtbetrag in Höhe von 55.000,00 € zusteht.

Nach Ablauf des Jahres 2018 verlangt das Finanzamt von Rechtsanwalt R die Abgabe einer Einkommensteuererklärung für den gesamten Veranlagungszeitraum 2018 sowie die Zahlung der gesamten Einkommensteuer für das Jahr 2018.

Am 2. Januar 2019 wird das Insolvenzverfahren über das Vermögen des Dr. A mangels Masse eingestellt. Dr. A betreibt die Praxis weiter und die Bank verlangt aufgrund der Abtretung die Auszahlung der weiter anfallenden Honorare von der KV.

Aufgaben:

1. Abtretung an die C Bank

a) Welche Ansprüche stehen der C Bank hinsichtlich der Beträge in Höhe von 30.000,00 € und 25.000,00 € zu?

b) Stehen der C Bank Ansprüche aus Abtretung gegenüber der KV für das III. und IV. Quartal des Jahres 2018 zu?

2. Pfändung nach Einstellung mangels Masse

Dr. A gerät bei einem Lieferanten, der seine Praxis im Jahre 2019 hinaus beliefert, in Zahlungsverzug. Der Lieferant L erwirkt einen Vollstreckungsbescheid und pfändet durch Pfändungs- und Überweisungsbeschluss die Ansprüche von Dr. A gegenüber der KV.

Zu Recht?

3. Finanzverwaltung

a) Kann die Finanzverwaltung mit Aussicht auf Erfolg Rechtsanwalt R auf Abgabe der Einkommensteuererklärung VZ 2018 in Anspruch nehmen und von ihm verlangen, auch die Einkünfte des Schuldners nach Freigabe zu erklären?

b) Nach Einstellung des Insolvenzverfahrens mangels Masse steht eine Steuerschuld für den VZ 2018 in Höhe von 25.000,00 € offen, von dem ein Teilbetrag in Höhe von 5.000,00 € vor dem 1. Februar 2018, ein weiterer Teilbetrag in Höhe von 5.000,00 € zwischen dem 1. Februar 2018 und dem 1. April 2018 entfällt sowie der Restbetrag in Höhe von 15.000,00 €in Höhe von 7.500,00 €auf das freigegebene Vermögen entfällt.

   Von wem kann die Finanzverwaltung nach Einstellung des Verfahrens Zahlung verlangen?

II. Lösungshinweise

1. Abtretung an die C Bank

a) Ansprüche der C Bank hinsichtlich des I. und II. Quartals

Zunächst stellt sich die Frage, ob die Abtretung wirksam ist. Dies könnte unter dem Gesichtpunkt der Verpflichtung des Arztes zur Verschwiegenheit und der Strafandrohung gemäß § 203 Abs. 1 StGB Bedenken unterliegen. Ein Arzt wird gemäß § 203 Abs. 1 Nr. 1 StGB bestraft, wenn er unbefugt ein fremdes Geheimnis, insbesondere ein zum persönlichen Lebensbereich gehörendes Geheimnis, offenbart, das ihm als Arzt anvertraut oder sonst bekanntgeworden ist.

Aus dem Sachverhalt sind keine Anhaltspunkte dafür ersichtlich, dass die Patienten des Dr. A einer Abtretung zugestimmt haben, so dass eine Einwilligung den Tatbestand des § 203 Abs. 1 Nr. 1 StGB und damit das Abtretungsverbot ausschließen. Aufgrund der aus § 402 BGB folgenden umfassenden Informationspflicht gegenüber dem neuen Gläubiger hat die Abtretung von Honorarforderungen von Ärzten in aller Regel die Preisgabe von anvertrauten Geheimnissen zur Folge und ist bei fehlender Einwilligung des Patienten wegen Verstoß gegen § 203 Abs. 1 Nr. 1 StGB gemäß § 134 BGB nichtig.[1] Durch die zivilrechtliche Sanktion der Nichtigkeit des Abtretungsvertrages gemäß § 134 BGB soll der Patient geschützt werden. Zugleich wird seinem durch Art. 2 Abs. 1 GG gewährleisteten Recht auf informationelle Selbstbestimmung Rechnung getragen.[2]

Diese Rechtsprechung des BGH, die zunächst für Vergütungsansprüche von Rechtsanwälten sowie privatrechtliche Honoraransprüche von Ärzten gegen ihre Patienten entwickelt worden war, ist auf den Fall der Abtretung von Vergütungsforderungen eines Kassenarztes gegen die kassenärztliche Vereinigung zu übertragen, da hier die Offenbarung von Patientendaten nicht ausgeschlossen werden kann, und sich die Abtretung gemäß § 134 BGB i.V. mit § 203 Abs. 1 Nr. 1 StGB als unwirksam erweist.[3]

Die Abtretung ist allerdings wirksam, wenn die Informationspflichten des § 402 BGB ausdrücklich abbedungen wurden und folglich die Offenbarung sensibler Patientendaten ausgeschlossen ist.[4] Nach der Recht-

1 So BGH, Urt. v. 6. Juni 2019 – IX ZR 272/17, Rn. 11, ZIP 2019, 1291 ff. = EWiR 2019, 499 f. [*Würdinger*] = ZInsO 2019, 1414 ff. = WM 2019, 1269 ff. = NJW 2019, 2156 ff. = ZVI 2019, 304 ff. (vgl. dazu: *Baier/Huber*, Rechtsprechungsänderung zur Wirksamkeit einer Globalzession bei Freigabe einer selbständigen Tätigkeit im Insolvenzverfahren, DB 2019, 2070 ff.; *Kögel*, Der Doktor und die liebe Bank – Globalzession und kein Ende, ZVI 2019, 402 ff.; *Pape*, Abschied von der Konvaleszenz, ZInsO 2019, 1613 ff.); BGH, Urt. v. 10. Februar 2010 – VIII ZR 53/09, NJW 2010, 2509 ff., Rn. 11; BGH, Urt. v. 21. Januar 2010 – IX ZR 65/09, BGHZ 184, 101 ff., Rn. 11; BGH, Beschl. v. 17. Februar 2005 – IX ZB 62/04, WM 2005, 850, 851; BGH, Urt. v. 10. Juli 1991 – VIII ZR 296/90, BGHZ 115, 123, 124 ff.

2 So BGH, Urt. v. 6. Juni 2019 – IX ZR 272/17, Rn. 11; BGH, Urt. v. 11. November 2004 – IX ZR 240/09, NJW 2005, 507 ff.; BGH, Urt. v. 13. Juni 2001 – VIII ZR 176/00, BGHZ 148, 97, 101 f.

3 So BGH, Urt. v. 6. Juni 2019 – IX ZR 272/17, Rn. 14.

4 So BGH, Urt. v. 6. Juni 2019 – IX ZR 272/17, Rn. 22; BGH, Urt. v. 21. Januar 2010 – IX ZR 65/09, BGHZ 184, 101 ff., Rn. 11.

sprechung des BGH ist auch eine stillschweigende Aufhebung der Regelung des § 402 BGB möglich, z.B. wenn dem Zedenten im Rahmen einer stillen Zession die Einziehungsbefugnis vorbehalten ist.[5]

Vorliegend soll davon ausgegangen worden sein, dass die Informationspflicht aus § 402 BGB ausdrücklich oder konkludent abbedungen worden ist. Somit ist die Abtretung aus dem Jahre 2015 als wirksam anzusehen, da auch im Übrigen Anhaltspunkte für eine Unwirksamkeit nicht ersichtlich sind.

Weiter ist fraglich, auf welchen Zeitpunkt abzustellen ist. Nach der Rechtsprechung des BGH entsteht der Vergütungsanspruch des Kassenarztes dem Grund nach, sobald der Arzt vergütungsfähige Leistungen erbracht hat. Fällig werden mag der Anspruch erst mit dem endgültigen Honorarbescheid der kassenärztlichen Vereinigung, der aufgrund der in den Gesamtverträgen (§ 83 SGB V) ausgehandelten Gesamtvergütung (§ 85 Abs. 1 SGB V) und des von der KV festgesetzten Verteilungsmaßstabes (§ 85 Abs. 4 Satz 1 und 2 SGB V) ergeht (vgl. BSGE 56, 284, 285). Auf die Fälligkeit des abgetretenen Anspruchs kommt es im Rahmen des § 91 Abs. 1 InsO jedoch nicht an.[6]

Hinsichtlich des Betrages in Höhe von 30.000,00 € die die KV am 15. Mai 2018 an den Insolvenzverwalter gezahlt hat, erfolgte die Leistungserbringung durch den nachmaligen Schuldner vor Anordnung von Sicherungsmaßnahmen. Nach Eröffnung des Insolvenzverfahrens können Vergütungsforderungen eines Schuldners aufgrund der Regelung des § 91 Abs. 1 InsO nicht kraft einer vor Verfahrenseröffnung geschlossenen Abtretung auf den Zessionar übergehen. Die Norm schützt die Insolvenzmasse vor dem Verlust von Vermögensgegenständen, indem sie jeden Rechtserwerb für unwirksam erklärt, gleichgültig, auf welchem Rechtsvorgang er beruht.[7]

Die Regelung des § 91 Abs. 1 InsO betrifft nur das eröffnete Insolvenzverfahren und kann auf das Eröffnungsverfahren nicht analog angewendet

5 So BGH, Urt. v. 6. Juni 2019 – IX ZR 272/17, Rn. 22.

6 So BGH, Urt. v. 11. Mai 2006 – IX ZR 247/03, BGHZ 167, 363 ff. = ZIP 2006, 1254 ff. = NZI 2006, 457 ff. = KTS 2007, 510 ff. Rn. 25.

7 So Uhlenbruck/*Mock*, InsO – Kommentar, 15. Aufl., München, 2019, § 91 Rn. 1; Thole/*Kayser*, InsO – Kommentar, 9. Aufl., Heidelberg, 2018, § 91 Rn. 1.

werden, auch wenn das Insolvenzgericht Sicherungsmaßnahmen angeordnet hat.[8] Der Anwendungsbereich des § 91 Abs. 1 InsO erfasst vor Insolvenzeröffnung wirksam abgeschlossene Erwerbsvorgänge nicht.[9]

Der Bank steht somit grundsätzlich der Betrag in Höhe von 30.000,00 € ggfs. abzüglich der der Insolvenzmasse zustehenden Feststellungs- und Verwertungspauschale gemäß § 171 InsO zu.

Für die Leistungen, die der Schuldner ab Anordnung von Sicherungsmaßnahmen erbracht hat, ist eine Korrektur über das Insolvenzanfechtungsrecht erforderlich.[10]

Hinsichtlich des Teilbetrages in Höhe von 25.000,00 € die die KV am 15. August 2018 an Dr. A ausgezahlt hat, liegt der Leistungszeitraum vollständig in der Zeit des eröffneten Insolvenzverfahrens. Nach Eröffnung des Insolvenzverfahrens können Vergütungsforderungen des Schuldners gegen die KV gemäß § 91 Abs. 1 InsO nicht aufgrund einer vor Verfahrenseröffnung, hier im Jahre 2015, geschlossenen Abtretung auf die Bank übergehen.[11] Die Beträge aus der Zeit ab Verfahrenseröffnung stehen jedenfalls bis zur Freigabe am 1. Juli 2018 ausschließlich dem Insolvenzverwalter zu. Die C Bank hat demnach keinen Anspruch auf Auszahlung des Betrages in Höhe von 25.000,00 €.

Zudem wäre gegebenenfalls noch zu erörtern, ob die KV mit schuldbefreiender Wirkung an Dr. A geleistet hat. Da die KV am 15. Mai 2018 an den Insolvenzverwalter den Betrag in Höhe von 30.000,00 € ausgezahlt hatte, ist davon auszugehen, dass sie die Eröffnung des Insolvenzverfahrens kannte. Demnach konnte sie nicht mit schuldbefreirender Wirkung an Dr. A auszahlen, so dass der Insolvenzverwalter Zahlung in Höhe von 25.000,00 € von der KV fordern kann.

8 So Uhlenbruck/*Mock*, § 91 InsO Rn. 2.

9 So BGH, Urt. v. 5. Mai 2011 – IX ZR 144/10, BGHZ 189, 299 ff., Rn. 15; BGH, Urt. v. 21. Februar 2008 – IX ZR 255/06, WM 2008, 602 ff., Rn. 10.

10 Vgl. dazu: BGH, Urt. v. 5. Mai 2011 – IX ZR 144/10, Rn. 15; BGH, Urt. v. 10. Dezember 2009 – IX ZR 1/09, WM 2010, 222, Rn. 27.

11 Vgl. dazu: BGH, Urt. v. 6. Juni 2019 – IX ZR 272/17, Rn. 36.

b) Ansprüche hinsichtlich des III. und IV. Quartals

Hinsichtlich des III. und IV. Quartals ergibt sich die Besonderheit, dass der Insolvenzverwalter am 1. Juli 2018 die selbständige Tätigkeit des Schuldners aus der Insolvenzmasse freigegeben hat, so dass Ansprüche der Insolvenzmasse jedenfalls an den Ansprüchen des Schuldners gegenüber der KV nicht bestehen. Fragen der Zahlungspflicht des Schuldners gemäß § 295 Abs. 2 InsO nach Freigabe bleiben hier außer Betracht.

Nach einer Freigabe nach § 35 Abs. 2 InsO können Rechte am insolvenzfreien Vermögen des Schuldners wirksam erworben werden.[12]

Der BGH hat früher die Auffassung vertreten, dass die Vorausabtretung künftiger, nach Verfahrenseröffnung entstehender Forderungen infolge Rekonvaleszenz ihre Wirksamkeit zurückerlangt, wenn diese aus einer durch den Insolvenzverwalter freigegebenen selbständigen Tätigkeit des Schuldners herrühren.[13] Seinerzeit hat der BGH ausgeführt, dass im Falle der Abtretung einer künftigen Forderung die Verfügung selbst bereits mit Abschluss des Abtretungsvertrages beendet sei. Der Rechtsübergang erfolge jedoch erst mit dem Entstehen der Forderung. Entstehe die im Voraus abgetretene Forderung nach Eröffnung des Insolvenzverfahrens, könne der Gläubiger gemäß § 91 Abs. 1 InsO kein Forderungsrecht zu Lasten der Masse mehr erwerben. Nur wenn der Zessionar bereits vor der Eröffnung des Insolvenzverfahrens eine Gewissheit der Rechtsposition hinsichtlich der abgetretenen Forderung erlangt habe, sei die Abtretung insolvenzfest.[14]

An dieser Auffassung hält der BGH nicht mehr fest. Vielmehr vertritt er nunmehr die Auffassung, dass für den Fall, dass die Abtretung vor Insolvenzeröffnung erfolgte und sich auf künftige Forderungen gegen die KV bezieht, nach Freigabe durch den Insolvenzverwalter die Forderung während der Dauer des Insolvenzverfahrens mangels eines wirksamen Erwerbs des Sicherungsnehmers in das freigegebene Vermögen des Schuld-

12 So Uhlenbruck/*Mock*, § 91 InsO Rn. 4.

13 So BGH, Urt. v. 18. April 2013 – IX ZR 165/12, ZIP 2013, 1181 ff. = WM 2013, 1129 ff., Rn. 15.

14 So BGH, Urt. v. 18. April 2013 – IX ZR 165/12, Rn. 17; BGH, Urt. v. 20. September 2012 – IX ZR 208/11, WM 2012, 2292 ff., Rn. 13; BGH, Urt. v. 26. Januar 2012 – IX ZR 191/10, WM 2012, 549 ff., Rn. 29.

ners fallen.[15] Der BGH meint nunmehr, dass im Falle der Freigabe dem Sinn und Zweck der Regelung des § 35 Abs. 2 S. 1 InsO nur gerecht wird, wenn dem Schuldner noch vor Abschluss des Insolvenzverfahrens „dank des tatsächlichen Erwerbs neuer Vermögenswerte ein wirtschaftlicher Neustart" ermöglicht werde.[16] Infolge der Freigabe gehe die Verfügungsbefugnis an den von der Freigabe erfassten Vermögenswerten von dem Insolvenzverwalter unmittelbar ohne die Möglichkeit eines Zwischenerwerbs Dritter auf den Schuldner über. Zwar könne der Schuldner über Forderungen aus der freigegebenen Tätigkeit nach eigenem Ermessen – auch zugunsten eines durch § 91 Abs. 1 InsO an einem Forderungserwerb gehinderten Zessionar – verfügen. Die Anwendung der Vorschrift des § 91 Abs. 1 InsO stelle aber sicher, dass vor Verfahrenseröffnung bewirkte Verfügungen des Schuldners nicht gegen dessen Willen nach der Freigabe zu einer Auszehrung des Vermögens aus der selbständigen Tätigkeit führten.[17]

Demnach stehen der Bank Ansprüche aus der Abtretung für das III. und IV. Quartal nicht zu.

2. Pfändung nach Einstellung mangels Masse

Die Pfändung durch den Lieferanten ist wirksam, wenn dieser über einen zur Zwangsvollstreckung berechtigenden Titel verfügt und Vollstreckungshindernisse nicht entgegenstehen.

Nach Eröffnung des Insolvenzverfahrens können Insolvenzforderungen i.S. von § 38 InsO nur durch Anmeldung zur Tabelle geltend gemacht werden. Vorliegend handelt es sich allerdings um eine Neuverbindlichkeit, die gegen die Schuldner ungeachtet des eröffneten Insolvenzverfahrens tituliert werden kann, z.B. im Mahnbescheids- oder Klageverfahren.

Gemäß § 794 Abs. 1 Nr. 4 ZPO ist der Vollstreckungsbescheid geeigneter Vollstreckungstitel.

15 So BGH, Urt. v. 9. Juni 2019 – IX ZR 272/17, Rn. 35.
16 So BGH, Urt. v. 6. Juni 2019 – IX ZR 272/17, Rn. 41.
17 So BGH, Urt. v. 6. Juni 2019 – IX ZR 272/17, Rn. 45.

Das Vollstreckungsverbot aus § 89 Abs. 1 InsO hindert die Vollstreckung nicht, da es sich bei dem Lieferanten nicht um einen Insolvenzgläubiger, sondern um einen Neugläubiger handelt.

Nach der Rechtsprechung des BGH wird durch die Freigabe eine von der Insolvenzmasse getrennte, den Neugläubigern aus der freigegebenen selbständigen Tätigkeit des Schuldners vorbehaltene Haftungsmasse geschaffen.[18]

Die von dem Schuldner ab Wirksamwerden einer Freigabeerklärung aus der selbständigen Tätigkeit erzielten Einkünfte bilden nach der Rechtsprechung des BGH als ihm gehörendes Vermögen zugunsten der Gläubiger, deren Forderungen erst nach der Freigabeerklärung entstanden sind, einen separaten Haftungsfond.[19] Der Neuerwerb aus der selbständigen Tätigkeit haftet somit den Neugläubigern, also auch dem Lieferanten.

Der Pfändung steht auch nicht entgegen, dass es sich im Grundsatz um Forderungen aus Arzthonoraren handelt. Da hier nicht der einzelne Anspruch gegen den Patienten gepfändet wird, sondern der Anspruch gegen die KV ist das Geheimnis des Patienten nicht gefährdet und der Tatbestand des § 203 Abs. 1 Nr. 1 StGB steht nicht entgegen.

Sonstige Gründe, die zur Unwirksamkeit führen könnten, sind nicht ersichtlich.

3. Finanzverwaltung

Die Finanzverwaltung steht nach Aufhebung des Insolvenzverfahrens sowohl dem Schuldner als auch dem (früheren) Insolvenzverwalter gegenüber.

18 So BGH, Urt. v. 6. Juni 2019 – IX ZR 272/17, Rn. 46.

19 So BGH, Urt. v. 6. Juni 2019 – IX ZR 272/17, Rn. 47; BGH, Urt. v. 18. April 2013 – IX ZR 165/12, WM 2013, 1129 ff. Rn. 23.

a) Abgabe der Steuererklärung 2018

Der Insolvenzverwalter ist verfahrensrechtlich Vermögensverwalter i.S. von § 34 Abs. 3 AO und hat daher gemäß § 34 Abs. 1 AO die steuerlichen Pflichten des Insolvenzverwalters im Insolvenzverfahren zu erfüllen.[20]

Das Insolvenzverfahren wurde am 2. Januar 2019 eingestellt, so dass im Zeitpunkt der Abgabe der Einkommensteuererklärung für 2018 der Insolvenzverwalter nicht mehr im Amt ist. Daraus folgert der BFH, dass mit Aufhebung des Insolvenzverfahrens der Schuldner kraft Gesetzes seine Verwaltungs- und Verfügungsbefugnis zurückerlangt und vom Insolvenzverwalter nicht mehr die Erfüllung steuerlicher Pflichten verlangt werden kann.[21] Die Finanzverwaltung vertritt zum Teil die Auffassung, dass die Verantwortlichkeit des Insolvenzverwalters nicht mit der Aufhebung des Insolvenzverfahrens endet, sondern bis zur Erledigung sämtlicher steuerlicher Verpflichtungen bestehen bleibt.[22]

Folgt man der Auffassung der Finanzverwaltung und ist der frühere Insolvenzverwalter daher noch zur Erklärung verpflichtet, stellt sich die Frage, wie weit diese Erklärungspflicht reicht. Der Insolvenzverwalter ist Vermögensverwalter i.S. von § 34 Abs. 3 AO, der die Pflichten auf den Bereich beschränkt, auf den sich die Vermögensverwaltung bezieht. Dies ergibt sich aus der Einschränkung „soweit ihre Verwaltung reicht".

Mithin kann der Insolvenzverwalter für die Erklärung herangezogen werden, soweit sie sich nicht auf den freigegebenen Bereich bezieht.

20 So BFH, Beschl. v. 15. September 2010 – II B 4/10, BFH/NV 2011, 2 f., Rn. 6; Schmidt/*Sternal*, InsO – Kommentar, 19. Aufl., 2016, § 80 Rn. 70; Schmidt/*Schmittmann*, Anhang Steuerrecht, Rn. 13.

21 So BFH, Beschl. v. 22. Oktober 2007 – VIII B 55/07, BFH/NV 2008, 187 f., Rn. 20; BFH, Beschl. v. 8. August 1995 – VII R 25/94, BFH/NV 1996, 13 f.

22 So *Busch/Winkens/Büker*, Insolvenzrecht und Steuern visuell, 2. Aufl., Stuttgart, 2014, S. 123.

b) Zahlungspflichten

Nach Einstellung des Insolvenzverfahrens stellt sich die Frage, welche Zahlungspflichten den Schuldner und gegebenenfalls den (früheren) Insolvenzverwalter treffen.

Zunächst ist es erforderlich, die insgesamt offene Steuerschuld für den Veranlagungszeitraum 2018 in Höhe von 25.000,00 € auf die unterschiedlichen Forderungskategorien aufzuteilen:

Hinsichtlich des Teilbetrages in Höhe von 5.000,00 €, der zwischen dem 1. Januar 2018 und dem 1. Februar 2018, also dem Tag der Anordnung von Sicherungsmaßnahmen, entstanden ist, handelt es sich um eine Insolvenzforderung i.S. von § 38 InsO. Danach sind Insolvenzgläubiger die persönlichen Gläubiger, die einen zur Zeit der Eröffnung des Insolvenzverfahrens begründeten Vermögensanspruch gegen den Schuldner haben. Insolvenzgläubiger haben ihre Forderung gemäß § 174 Abs. 1 InsO schriftlich beim Insolvenzverwalter anzumelden und Urkunden, aus denen sich die Forderung ergibt, beizufügen.

Auch der Teilbetrag in Höhe von 5.000,00 €, der zwischen dem 1. Februar 2018 und dem 1. April 2018 entstanden ist, ist vor Eröffnung des Insolvenzverfahrens entstanden, so dass es sich um eine Insolvenzforderung handeln könnte (§ 38 InsO). Dem steht aber die Regelung des § 55 Abs. 4 InsO entgegen. Verbindlichkeiten des Schuldners aus dem Steuerschuldverhältnis, die von einem vorläufigen Insolvenzverwalter oder vom Schuldner mit Zustimmung eines vorläufigen Insolvenzverwalters begründet worden sind, gelten nach Eröffnung des Insolvenzverfahrens als Masseverbindlichkeit. Die Abgrenzung zwischen Insolvenzforderungen und (sonstigen) Masseverbindlichkeiten richtet sich ausschließlich nach dem Zeitpunkt der insolvenzrechtlichen Begründung. Eine Steuerforderung ist insolvenzrechtlich in dem Zeitpunkt begründet, zu dem der Besteuerungstatbestand vollständig verwirklicht ist.[23]

23 Vgl. BFH, Beschl. v. 31. Oktober 2018 – III B 77/18, ZIP 2019, 133 ff. = EWiR 2019, 113 f. [*Schmittmann*].

Die einheitliche Einkommensteuerschuld eines Kalenderjahres ist in eine Insolvenzforderung, eine Masseforderung und eine insolvenzfreie Forderung aufzuteilen.[24]

Insolvenzforderungen sind zur Tabelle anzumelden; Steuern, die auf Einkünften der Insolvenzmasse beruhen und zu Massekosten führen, sind durch Steuerbescheid festzusetzen.[25]

Bei dem Teilbetrag in Höhe von 5.000,00 €, der auf die Zeit vom 1. Februar 2018 bis zum 1. April 2018 entfällt, handelt es sich somit um eine Masseverbindlichkeit gemäß § 55 Abs. 4 InsO. Sie ist durch Steuerbescheid festzusetzen.

Hinsichtlich des Restbetrages in Höhe von 15.000,00 € entfällt ein Teilbetrag in Höhe von 7.500,00 € auf die Insolvenzmasse, da sie vor der Freigabe entstanden ist. Gemäß § 55 Abs. 1 Nr. 1 InsO sind Masseverbindlichkeiten solche, die durch Handlung des Insolvenzverwalters oder in anderer Weise durch die Verwaltung, Verwertung und Verteilung der Insolvenzmasse begründet werden, ohne zu den Kosten des Verfahrens zu gehören.

In der Zeit vom 1. Februar 2018, als Rechtsanwalt R zum vorläufigen Insolvenzverwalter bestellt worden ist, bis zum 1. Juli 2018, als der Geschäftsbetrieb des Schuldners aus der Masse freigegeben worden ist, wurde die Arztpraxis durch den Insolvenzverwalter betrieben. Somit sind Masseverbindlichkeiten gemäß § 55 Abs. 4 InsO (für die Zeit vom 1. Februar 2018 bis zum 1. April 2018) bzw. § 55 Abs. 1 Nr. 1 InsO (für die Zeit vom 1. April 2018 bis zum 1. Juli 2018) entstanden. Die Einkünfte sind durch den Insolvenzverwalter zu erklären und die Steuer aus der Insolvenzmasse zu zahlen.

Eine Zahlung aus der Insolvenzmasse ist offenbar nicht erfolgt und wird auch nicht mehr erfolgen, da das Insolvenzverfahren mangels Masse eingestellt worden ist. Es stellt sich daher die Frage, ob eine persönliche Haftung des Insolvenzverwalters in Betracht kommt.

24 So *Schmittmann* in: Schmidt, Anhang Steuerrecht Rn. 120.

25 So BFH, Urt. v. 5. März 2008 – 10 R 60/04, BFHE 220, 299 ff. = BStBl. II 2008, 787 ff. = ZIP 2008, 1643 ff.

Die gesetzlichen Vertreter natürlicher und juristischer Personen und die Geschäftsführer von nicht rechtsfähigen Personenvereinigungen und Vermögensmassen haben gemäß § 34 Abs. 1 Satz 1 AO deren steuerliche Pflichten zu erfüllen. Dies gilt gemäß § 34 Abs. 3 AO auch für Vermögensverwalter, soweit ihre Verpflichtung reicht. Werden Ansprüche aus dem Steuerschuldverhältnis (§ 37 AO) infolge vorsätzlicher oder grob fahrlässiger Verletzung der den vorgenannten Personen auferlegten Pflichten nicht oder nicht rechtzeitig festgesetzt oder erfüllt oder werden Steuervergütungen oder Steuererstattungen ohne rechtlichen Grund gezahlt, haftet der Vertreter.[26]

Eine Haftung kommt nur in Betracht, wenn eine Pflichtverletzung vorgelegen hat und diese für den Haftungsschaden ursächlich war. Dies ist dann der Fall, wenn der Haftungsschaden ohne die Pflichtverletzung nicht eingetreten wäre.[27] Der Insolvenzverwalter hat im vorliegenden Fall offenbar weder Steuererklärungen abgegeben noch Steuerzahlungen geleistet. Dies ist als Pflichtverletzung anzusehen. Es ist aber vorliegend zu berücksichtigen, dass das Verfahren gemäß § 207 Abs. 1 InsO mangels Masse eingestellt worden ist, so dass davon auszugehen ist, dass nicht einmal die Kosten des Verfahrens gedeckt waren. Ungeachtet dessen, dass der Insolvenzverwalter Steuererklärungen nicht gefertigt hat, so wären jedenfalls auch keine Steuerzahlungen erfolgt. Eine Haftung des Insolvenzverwalters scheidet daher aus.

Hinsichtlich des Teilbetrages in Höhe von 7.500,00 €, der auf das freigegebene Vermögen entfallen ist, bestand ohnehin keine Verpflichtung des Insolvenzverwalters zu zahlen. Die aus der insolvenzfreien Tätigkeit des Schuldners resultierenden Steuern sind durch Leistungsbescheid unmittelbar gegenüber dem Steuerschuldner festzusetzen.[28]

Es stellt sich sodann weiter die Frage, ob und gegebenenfalls in welcher Höhe die Finanzverwaltung vom Schuldner Zahlungen verlangen kann.

26 Vgl. im Einzelnen: Jesgarzewski/*Schmittmann*, Steuerrecht – Grundlagen und Anwendungsfälle aus der Wirtschaft, 2. Aufl., Wiesbaden, 2016, Kapitel 15.

27 So BFH, Urt. v. 26. April 1984 – V R 128/79, BFHE 141, 343 ff. = BStBl. II 1984, 776, 778.

28 So *Schmittmann* in: Schmidt, Anhang Steuerrecht, Rn. 130

Auch während des Insolvenzverfahrens bleibt der Schuldner Steuerschuldner im Sinne von § 33 AO. Er schuldet weiterhin die Steuer, ungeachtet dessen, dass der Insolvenzverwalter als Vermögensverwalter i.S. von § 34 Abs. 3 i.V. mit Abs. 1 AO die steuerlichen Pflichten des Schuldners zu erfüllen hat.

Nach Aufhebung des Insolvenzverfahrens kann das Finanzamt – wie oben bereits ausgeführt – nicht mehr den Insolvenzverwalter bekanntgeben, da mit Aufhebung des Insolvenzverfahrens die Verfügungsbefugnis über die (verbleibende) Masse an den Schulder zurückfällt.[29] Nichts anderes kann gelten, wenn das Verfahren mangels Masse eingestellt wird.

Nach Auffassung des BFH kann dahinstehen, ob der Insolvenzverwalter die ihn treffenden steuerlichen Pflichten des Schuldners (§ 34 Abs. 3 i.V.m. Abs. 1 AO), insbesondere die Pflicht, für den Schuldner Steuererklärungen abzugeben und die Pflicht, Steuerverbindlichkeiten vorab zu berichtigen, (schuldhaft) nicht erfüllt hat und ob er deshalb für einen etwaigen Steuerausfall persönlich haften müsste. Die Steuerpflicht des Schuldners bleibt davon unberührt.[30]

Die steuerliche Haftung des Schuldners wird nach Auffassung des BFH auch durch die Rechtsprechung des BGH zur Nachhaftung des Insolvenzschuldners für vom Insolvenzverwalter nicht erfüllte Masseverbindlichkeiten[31] nicht gehindert. Nach der Rechtsprechung des BFH werden Masseverbindlichkeiten weder von einer Restschuldbefreiung erfasst noch besteht eine Haftungsbeschränkung zugunsten des Schuldners. Die Eröffnung des Insolvenzverfahrens ändere nichts daran, dass der Steuerpflichtige als Subjekt der Einkommensteuer grundsätzlich zugleich auch Steuerschuldner sei.[32]

Da die Einkommensteuerschuld des Steuerpflichtigen kraft Gesetzes durch die Verwirklichung des maßgeblichen Tatbestands (§ 38 AO) entstehe und nicht dadurch, dass der Insolvenzverwalter den insolventen Steuerpflichti-

29 So BFH, Urt. v. 2. April 2019 – IX ZR 21/17, BFHE 264, 109 ff. = ZIP 2019, 1333 ff. = EWiR 2019, 471 f. [*Schmittmann*], Rn. 19.

30 So BFH, Urt. v. 2. April 2019 – IX ZR 21/17 Rn. 22.

31 So BGH, Teilurt. v. 24. September 2009 – IX ZR 234/07, NJW 2010, 69 ff.

32 So BFH, Urt. v. 28. November 2017 – VII R 1/16, Rn. 30, BFHE 260, 26 ff. = BStBl. II 2018, 457 ff. = EWiR 2018, 309 f. [*Anzinger*].

gen aufgrund seiner Verwaltungs- und Verfügungsbefugnis nach § 80 Abs. 1 InsO zur Zahlung der Steuer verpflichte, ist der Schuldner auch nach Aufhebung des Insolvenzverfahrens noch Schuldner der vom Insolvenzverwalter begründeten Einkommensteuer.[33] Nach Auffassung des BFH kommt es dann auch nicht darauf an, ob die streitigen Steuerschulden aus Einkommensteuer insgesamt Masseverbindlichkeiten im Sinne des § 55 Abs. 1 Nr. 1 InsO sind oder zum Teil dem insolvenzfreien Bereich des Klägers zuzuordnen sind.[34]

Sofern der Schuldner Restschuldbefreiung erlangt, sind davon 5.000,00 € aus dem Zeitraum vor dem 1. Februar 2018 erfasst. Hinsichtlich eines weiteren Teilbetrages in Höhe von 5.000,00 € für die Zeit des vorläufigen Insolvenzverfahrens und in Höhe von 7.500,00 € für die Zeit des eröffneten Insolvenzverfahrens vor Freigabe handelt es sich um Masseverbindlichkeiten nach § 55 Abs. 4 bzw. § 55 Abs. 1 Nr. 1 InsO. Der Restbetrag in Höhe von 7.500,00 € entfällt auf das freigegebene Vermögen. Insgesamt kann die Finanzverwaltung vom Schuldner nach Einstellung des Verfahrens noch Zahlung in Höhe von 20.000,00 € verlangen.

33 So BFH, Urt. v. 27. November 2017 – VII R 1/16, Rn. 31.
34 So BFH, Urt. v. 28. Januar 2017 – VII R 1/16, Rn. 40.

Unterrichtung und Widerspruch beim Betriebsübergang – Fallstricke und Gestaltungsoptionen

*Professor Dr. Adam Sagan, MJur (Oxon), Universität Bayreuth**

I. Einleitung

Das Recht des Betriebsübergangs, namentlich die Vorschrift des § 613a BGB, ist eine „Dauerbaustelle"[1] des Arbeitsrechts. Es gilt gemeinhin als Hindernis für die Sanierung wirtschaftlich notleidender Unternehmen. Dieser Befund dürfte vor allem dem gesetzlich zwingend vorgeschriebenen Übergang der Arbeitsverhältnisse im Falle eines Betriebsüberganges geschuldet sein (§ 613a Abs. 1 S. 1 BGB).

* Die Vortragsfassung wurde beibehalten, das Manuskript geringfügig redigiert und punktuell um Fußnoten ergänzt.

1 *Willemsen*, NZA-Beilage 4/2008, 155, 163.

Aber auch die gesetzliche Verpflichtung zur Unterrichtung der Arbeitnehmer über den Betriebsübergang (§ 613a Abs. 5 BGB) und das daran anknüpfende Recht der Arbeitnehmer zum Widerspruch gegen den Arbeitgeberwechsel (§ 613a Abs. 6 BGB) stellen Unternehmen und ihre Rechtsberater nicht selten vor erhebliche Herausforderungen. Diesen Herausforderungen, sozusagen den „Risiken und Nebenwirkungen" der Unterrichtung und des Widerspruchs bei einem Betriebsübergang, möchte ich näher nachgehen. Um die aktuellen Entwicklungen in der Rechtsprechung des BAG einordnen zu können, möchte ich dabei auch die Genese des Unterrichtungsanspruchs und des Widerspruchsrechts mit in den Blick nehmen.

II. Entstehungsgeschichte

1. Rechtsprechung des BAG

Aus der Perspektive der Entstehungsgeschichte ist festzustellen: zuerst war der Widerspruch. Mitte der 1970er-Jahre entschied das BAG, damals noch ohne einfachgesetzliche Rechtsgrundlage und unter Berufung auf die Grundrechte des Arbeitnehmers, dass ein Arbeitsverhältnis nicht gegen dessen Willen von einem Arbeitgeber auf einen anderen übergehen dürfe.[2] Ein solcher „Verkauf" des Arbeitnehmers sei, wie das Gericht formulierte, ein Verstoß gegen die menschliche Würde.[3] Daher habe der Arbeitnehmer das Recht, dem Arbeitgeberwechsel zu widersprechen.

Kurze Zeit später wurde auf der europäischen Ebene die erste Betriebsübergangsrichtlinie erlassen.[4] Sie sah für den Fall des Betriebsübergangs die Überleitung der hiervon betroffenen Arbeitsverhältnisse auf den Erwerber vor,[5] enthielt aber keine Regelung zu einem etwaigen Widerspruchsrecht. Erst Anfang der 1990er-Jahre entschied der EuGH, dass die Richtlinie ein Widerspruchsrecht zwar nicht vorschreibe, den Mitglied-

2 BAG, Urt. v. 2.10.1974 – 5 AZR 504/73, NJW 1975, 1378.

3 BAG NJW 1975, 1378.

4 Richtlinie 77/187/EWG des Rates vom 14. Februar 1977 zur Angleichung der Rechtsvorschriften der Mitgliedstaaten über die Wahrung von Ansprüchen der Arbeitnehmer beim Übergang von Unternehmen, Betrieben oder Betriebsteilen (ABl. L 61, 5.3.1977, S. 26).

5 Art. 3 Abs. 1 RL 77/187/EWG.

staaten aber auch nicht verbiete, dem Arbeitnehmer ein Recht zum Widerspruch gegen den Übergang seines Arbeitsverhältnisses einzuräumen.[6]

Bereits zuvor hatte sich in der Rechtsprechung des BAG die Erkenntnis durchgesetzt, dass der Arbeitnehmer sein Widerspruchsrecht sinnvoll nur dann ausüben könne, wenn er vom Betriebsübergang in Kenntnis gesetzt wurde.[7] Sei der Arbeitnehmer über den Betriebsübergang informiert worden und setze das Arbeitsverhältnis ohne Vorbehalt mit dem neuen Arbeitgeber fort, stimme er dem Übergang zu; das Widerspruchsrecht erlösche. Welche Informationen im Einzelnen notwendig waren, damit das Widerspruchsrecht erlosch, blieb mehr oder minder unklar. Das BAG verlangte, dass der Arbeitnehmer „rechtzeitig von dem bevorstehenden Übergang unterrichtet“[8] werde. Sei das der Fall, könne er dem Übergang des Arbeitsverhältnisses innerhalb von drei Wochen widersprechen.

Die frühe Entstehungsgeschichte zeigt, dass sich in der Rechtsprechung des BAG zuerst das Widerspruchsrecht durchgesetzt hat. Ausgehend vom Widerspruchsrecht wurde eine Unterrichtungsobliegenheit entwickelt, die allein den Zweck hatte, das Widerspruchsrecht zu flankieren.

2. Europäische Rechtsetzung

Die nächste entwicklungsgeschichtliche Etappe ist der Erlass der zweiten Betriebsübergangsrichtlinie im Jahr 1998,[9] im Einzelnen der Richtlinie 98/50/EG. Diese Richtlinie führte nun eine Unterrichtungspflicht ein. Danach sind im Fall eines Betriebsübergangs grundsätzlich die Vertreter der betroffenen Arbeitnehmer zu unterrichten, d.h. in der Diktion des deutschen Rechts: der Betriebsrat. Nach der Richtlinie ist die Arbeitnehmervertretung zu unterrichten über:

1. den Zeitpunkt bzw. den geplanten Zeitpunkt des Übergangs,

6 EuGH NZA 1993, 169 Rn. 37 (*Katsikas*).
7 Auch zum Folgenden BAG NJW 1978, 1653, 1654.
8 BAG NZA 1994, 357, 358; s. auch BAGE 45, 140 (144); BAG NZA 1987, 524, 526.
9 Richtlinie 98/50/EG des Rates vom 29. Juni 1998 zur Änderung der Richtlinie 77/187/EWG zur Angleichung der Rechtsvorschriften der Mitgliedstaaten über die Wahrung von Ansprüchen der Arbeitnehmer beim Übergang von Unternehmen, Betrieben oder Betriebsteilen (ABl. L 201, 17.7.1998, S. 88).

2. den Grund für den Übergang,
3. die rechtlichen, wirtschaftlichen und sozialen Folgen des Übergangs für die Arbeitnehmer sowie
4. die hinsichtlich der Arbeitnehmer in Aussicht genommenen Maßnahmen.[10]

Über diese Gegenstände ist die Arbeitnehmervertretung, d.h. der Betriebsrat, zu unterrichten. Der notwendige Inhalt der Unterrichtungspflicht ist im Unionsrecht daher ohne weiteres kollektiv- bzw. betriebsverfassungsrechtlich zu deuten.[11]

Die Richtlinie enthält jedoch Ausnahmen von der Pflicht zur Unterrichtung der Arbeitnehmervertretung. Eine wichtige Ausnahme gilt für den Fall, dass es in dem betreffenden Betrieb unabhängig vom Willen der Arbeitnehmer keine Arbeitnehmervertretung gibt. In Deutschland gilt dies vor allem für Betriebe mit weniger als fünf Arbeitnehmern. In diesen sog. Kleinbetrieben kann unabhängig vom Willen der Arbeitnehmer ein Betriebsrat nicht gebildet werden.[12] Für diesen Ausnahmefall schreibt die Richtlinie vor, dass in Ermangelung einer Arbeitnehmervertretung die einzelnen, vom Betriebsübergang betroffenen Arbeitnehmer zu unterrichten sind.[13]

Der Inhalt der Unterrichtung unterscheidet sich aber nicht von dem einer Unterrichtung der Arbeitnehmervertreter. Auch die einzelnen Arbeitnehmer sind zu unterrichten über den Zeitpunkt des Übergangs, den Grund für den Übergang, die Folgen des Übergangs und die hinsichtlich der Arbeitnehmer in Aussicht genommenen Maßnahmen. Das sind dieselben Informationen, die der Betriebsrat erhielte, wenn ein solcher gebildet werden könnte. Auch die Unterrichtung der einzelnen Arbeitnehmer ist m.E. daher im Hinblick auf die notwendigen Unterrichtungsgegenstände kollektivrechtlich zu interpretieren.[14]

10 Art. 6 Abs. 1 RL 98/50/EG i.V.m. Art. 2 Abs. 1 Buchst. c RL 98/50/EG.

11 Näher hierzu *Grau/Hartmann*, in Preis/Sagan (Hrsg.), Europäisches Arbeitsrecht, 2. Aufl. 2019, Rn. 15.193 ff.; *Winter*, in Franzen/Gallner/Oetker (Hrsg.), Kommentar zum europäischen Arbeitsrecht, 2. Aufl. 2018, Art. 7 RL 2001/23/EG Rn. 6 ff.

12 § 1 Abs. 1 BetrVG.

13 Art. 6 Abs. 6 RL 98/50/EG.

14 *Sagan*, ZIP 2011, 1641, 1643.

Zwei Gesichtspunkte sind zum europäischen Recht der Vollständigkeit halber noch zu ergänzen. Zum einen enthielt auch die zweite Betriebsübergangsrichtlinie nach wie vor keine Regelung zu einem Widerspruchsrecht.[15] Zum anderen wurde die Betriebsübergangsrichtlinie zwischenzeitlich konsolidiert. Die aktuelle Fassung ist die Richtlinie 2001/23/EG;[16] der Inhalt ist aber unverändert.

3. Deutsche Umsetzung

Die Schwierigkeiten beginnen nun bei der Umsetzung der europäischen Vorgaben in das deutsche Recht. Von einer Normierung des Regelfalls, d.h. der Unterrichtung des Betriebsrats, hat der deutsche Gesetzgeber aufgrund einer Ausnahmebestimmung in der Betriebsübergangsrichtlinie abgesehen. Demgegenüber hat er die Ausnahme, d.h. die Unterrichtung der einzelnen Arbeitnehmer, zur gesetzlich zwingenden Regel gemacht. Seit dem Jahr 2002 bestimmt § 613a Abs. 5 BGB, dass bei jedem Betriebsübergang jedem einzelnen Arbeitnehmer ein Unterrichtungsanspruch zusteht.[17]

Die Ausgestaltung dieses Unterrichtungsanspruchs ist problematisch. Zum einen hat der deutsche Gesetzgeber die Gegenstände der Unterrichtung vollständig aus dem europäischen Recht übernommen. Wie in der Richtlinie ist auch nach dem deutschen Recht über den Zeitpunkt des Übergangs, den Grund für den Übergang, die Folgen des Übergangs sowie die hinsichtlich der Arbeitnehmer in Aussicht genommenen Maßnahmen zu unterrichten. Der Inhalt der Unterrichtung ist im Grunde vollkommen identisch mit der Unterrichtung, die nach dem europäischen Recht für den Betriebsrat gedacht ist.

Zum anderen hat der deutsche Gesetzgeber in § 613a Abs. 6 BGB das Widerspruchsrecht normiert. Er meinte dabei an die vormalige Rechtspre-

15 Näher *Grau/Hartmann* (Fn. 11), Rn. 15.97 ff.

16 Richtlinie 2001/23/EG des Rates vom 12. März 2001 zur Angleichung der Rechtsvorschriften der Mitgliedstaaten über die Wahrung von Ansprüchen der Arbeitnehmer beim Übergang von Unternehmen, Betrieben oder Unternehmens- oder Betriebsteilen (ABl. L 82, 22.3.2001, S. 16).

17 Zur Kritik an der deutschen Umsetzungsgesetzgebung *Franzen*, RdA 2002, 258, 260 ff.

chung anknüpfen zu können, als er – wie sich später herausstellen sollte – höchst unglücklich Unterrichtung und Widerspruch miteinander verbunden hat. Die Frist für den Widerspruch beginnt nach dem Gesetz nämlich erst mit dem „Zugang der Unterrichtung nach Absatz 5“ (§ 613a Abs. 6 S. 1 BGB).

Im deutschen Recht besteht deswegen eine Wechselbeziehung zwischen der Unterrichtung und dem Widerspruch. Das ist paradox, weil der Inhalt der Unterrichtung europarechtlich vorgezeichnet ist, das europäische Recht aber kein Widerspruchsrecht kennt. Der deutsche Gesetzgeber hat mit der „europäischen“ Unterrichtungspflicht einerseits und dem „deutschen“ Widerspruchsrecht anderseits zwei Materien miteinander verquickt, die nicht zusammenpassen.[18]

III. Frühe Rechtsprechung des BAG zu § 613a Abs. 5 und 6 BGB

Das BAG stand deswegen vor der Aufgabe, den Unterrichtungsanspruch und das Widerspruchsrecht in seiner Rechtsprechung zu konkretisieren. Das ist aufgrund des soeben geschilderten normativen Befundes sicherlich eine Herausforderung. Allerdings hat das BAG in seiner frühen Rechtsprechung zu § 613a Abs. 5 und 6 BGB die Probleme, die sich aus der gesetzlichen Regelung ergeben, nicht ent-, sondern ganz im Gegenteil deutlich verschärft.

1. Dogma von der ausreichenden Wissensgrundlage

Der Inhalt der Unterrichtung orientiert sich im Unionsrecht – wie geschildert[19] – an den Informationsinteressen der Arbeitnehmervertretung, sprich des Betriebsrats. Dass der deutsche Gesetzgeber den Unterrichtungsinhalt nahezu wörtlich aus der Richtlinie übernommen hat, hätte es deswegen nahegelegt, den Inhalt der Unterrichtung im deutschen Recht an den Vorgaben des Unionsrechts auszurichten. Dafür spricht auch der Wille des deutschen Gesetzgebers. Die Gesetzesbegründung weist ausdrücklich darauf hin, dass der Inhalt der Unterrichtungspflicht übereinstimmend mit

18 *Sagan*, ZIP 2011, 1641, 1643 f.
19 S. oben II.2.

den Vorgaben der Betriebsübergangsrichtlinie geregelt wird.[20] Diese unionsrechtliche Wurzel des Unterrichtungsinhalts wird in Deutschland jedoch sowohl von der Rechtsprechung als auch vom rechtswissenschaftlichen Schrifttum souverän ignoriert.

Die Unterrichtung wird im deutschen Recht grundlegend anders als im europäischen Recht gedeutet. Vorherrschend ist die Vorstellung, die Unterrichtung sei vom Widerspruchsrecht her zu interpretieren. Vor der Normierung des Unterrichtungsanspruchs und des Widerspruchsrechts war das BAG der Ansicht, die Unterrichtung solle es dem Arbeitnehmer ermöglichen, „sich vor der Entscheidung über die Ausübung oder Nichtausübung des Widerspruchsrechts näher zu erkundigen und Rat einzuholen."[21] Diese überkommene Vorstellung wird nun nach nahezu allgemeiner Ansicht auf den Zusammenhang zwischen dem gesetzlichen Unterrichtungsanspruch und dem gesetzlichen Widerspruchsrecht übertragen.

Richtig ist, dass die Gesetzesbegründung zum Unterrichtungsanspruch darauf verweist, für die Unterrichtung sei Textform anzuordnen, damit sich der Arbeitnehmer erkundigen und auf dieser Grundlage entscheiden könne, ob er dem Übergang seines Arbeitsverhältnisses widersprechen wolle.[22] Dieser Gedanke war aber allein ausschlaggebend für das Gebot der Textform. Die Rechtsprechung und das Schrifttum haben der Gesetzesbegründung jedoch die viel weitergehende Aussage entnommen, die Unterrichtung solle dem Arbeitnehmer eine „*ausreichende Wissensgrundlage*" für die Ausübung des Widerspruchsrechts vermitteln.[23] Der Arbeitnehmer solle alle Informationen erhalten, die er für die Entscheidung über die Ausübung des Widerspruchsrechts benötigt. Das ist das heute nahezu unangefochtene Dogma der ausreichenden Wissensgrundlage.

20 BT-Drucks. 14/7760, S. 19.
21 BAG NZA 1994, 357, 358; zuvor schon BAG NJW 1978, 1653, 1654.
22 BT-Drucks. 14/7760, S. 19.
23 BAG NZA 2006, 1273 Rn. 26; BAG NZA 2010, 89 Rn. 18; BAG NZA 2017, 783 Rn. 34; *Baeck/Winzer/Kramer*, NZG 2014, 652, 653; *Elking/Aszmons*, BB 2014, 2041, 2042; *Gaul/Niklas*, DB 2009, 452; *Hauck*, NZA-Beilage 2009, 18, 20; *Klocke*, RdA 2017, 311, 312; *Preis*, in Erfurter Kommentar, 20. Aufl. 2020, § 613a Rn. 84; *Reinhard*, NZA 2009, 63, 63; *Willemsen/Müller-Bonanni*, in Henssler/Willemsen/Kalb (Hrsg.), Arbeitsrecht Kommentar, 8. Aufl. 2018, § 613a BGB Rn. 316; s. auch *Sieg/Maschmann*, Unternehmensumstrukturierung aus arbeitsrechtlicher Sicht, 2. Aufl. 2010, Rn. 140.

Diese dogmatische Weichenstellung unterliegt aus meiner Sicht zwei durchgreifenden Einwänden. Zum einen kennt die Betriebsübergangsrichtlinie kein Widerspruchsrecht. Auf der Ebene des europäischen Rechts kann die Unterrichtung deswegen nicht die Funktion haben, den Arbeitnehmer mit den Informationen zu versorgen, die er für die Ausübung des Widerspruchsrechts benötigt. Für den Unterrichtungsanspruch im deutschen Recht, der dem unionsrechtlichen Vorbild „eins zu eins" nachgebildet ist, kann nichts anderes gelten.[24] Der deutsche Gesetzgeber hat den Inhalt der Unterrichtung nicht vom Widerspruchsrecht her geformt, sondern schlicht dem europäischen Recht entnommen.

Zum anderen muss der Arbeitnehmer die Ausübung des Widerspruchsrechts nicht sachlich begründen.[25] Zugespitzt formuliert: Der Arbeitnehmer kann bis an die Grenze des Rechtsmissbrauchs jeden beliebigen Umstand zum Anlass nehmen, dem Arbeitgeberwechsel zu widersprechen. Nähme man das Dogma der ausreichenden Wissensgrundlage ernst, müsste der Arbeitnehmer folglich über alle Umstände unterrichtet werden, die ihn möglicherweise zum Widerspruch veranlassen könnten. Von diesem Standpunkt aus lässt sich die Unterrichtungspflicht nicht sachgerecht einschränken. Es ist vielmehr eine geradezu denknotwendige Folge, dass die normativen Konturen der Unterrichtungsgegenstände verschwimmen und die Unterrichtungspflicht sich ins Unermessliche ausweitet.

Das gilt um so mehr, als dass zeitlich vor dem Betriebsübergang zu unterrichten ist, der Arbeitnehmer sein Widerspruchsrecht aber mitunter erst lange Zeit nach dem Arbeitgeberwechsel ausübt. Fragt man im Zeitpunkt des Widerspruchs danach, welche Informationen für die Ausübung des Widerspruchsrechts schon im Zeitpunkt des Betriebsübergangs bedeutsam gewesen wären, öffnet das die Tür für typische Rückschaufehler; Wertungen und Kenntnisse aus der Gegenwart werden in die Vergangenheit projiziert. Tatsächlich verleitet das Dogma der ausreichenden Wissensgrundlage zu solchen Rückschaufehlern. Das möchte ich anhand zweier Fälle aus der Rechtsprechung des BAG illustrieren.

24 *Sagan*, in Lutter, Umwandlungsgesetz, 6. Aufl. 2019, § 324 Rn. 49.
25 BAG NZA 2009, 1095 Rn. 24.

a) Eigentum am Betriebsgrundstück

Der erste Fall betrifft ein Unternehmen, das im Jahr 2004 kurz vor der Insolvenz stand und beabsichtigte, einen Fertigungsbetrieb einzustellen.[26] Das Unternehmen hatte bereits mit dem Betriebsrat Verhandlungen über einen Sozialplan- und Interessenausgleich aufgenommen, als sich ein Käufer für den Betrieb fand. Gegen Mitte des Jahres 2004 kam es zum Betriebsübergang. Rund neun Monate später wurde über das Vermögen des Betriebserwerbers das Insolvenzverfahren eröffnet. Der Kläger widersprach dem Übergang zwar nicht, machte aber, da er fehlerhaft unterrichtet worden sei, Schadenersatz geltend. Das BAG entschied, dass die Unterrichtung in der Tat fehlerhaft gewesen sei. Der Kläger sei nämlich insbesondere nicht davon unterrichtet worden, dass im Zuge des Betriebsübergangs das Eigentum an dem Betriebsgrundstück nicht auf den Erwerber übertragen wurde. Diese Information sei jedoch notwendig gewesen, damit der Arbeitnehmer sein Widerspruchsrecht sachgerecht ausüben könne.[27]

Das ist m.E. einer der Rückschaufehler, zu dem das Dogma der ausreichenden Wissensgrundlage verführt. Kaum jemals wird ein Arbeitnehmer seine Beschäftigung von den Eigentumsverhältnissen am Betriebsgrundstück abhängig machen. Entscheidet man aber aus der Rückschau in der Kenntnis der späteren Insolvenz des Betriebserwerbers, ist es in der Tat keineswegs ausgeschlossen, dass die Unterrichtung des Arbeitnehmers über die Eigentumsverhältnisse am Betriebsgrundstück ihn möglicherweise zum Widerspruch veranlasst hätte. Das soll bereits genügen, um diesen Umstand mit dem Dogma der ausreichenden Wissensgrundlage zum notwendigen Unterrichtungsgegenstand zu erklären. In solchen Rückschaufällen führt dieses Verständnis der Unterrichtung geradezu notwendigerweise zu einem Unterrichtungsfehler.

b) Sozialplanprivileg (§ 112a Abs. 2 BetrVG)

Mein zweites Beispiel betrifft einen Betrieb, der rund zwei Jahre, nachdem er übertragen worden war, vom Erwerber stillgelegt wurde.[28] Ein So-

26 BAG NZA 2008, 642.
27 Insbesondere BAG NZA 2008, 642 Rn. 32.
28 BAG NZA 2014, 610.

zialplan musste nicht aufgestellt werden, da das erwerbende Unternehmen in den Anwendungsbereich des sog. Sozialplanprivilegs fiel. Damit ist die Vorschrift des § 112a Abs. 2 BetrVG gemeint, nach der ein Sozialplan in den ersten vier Jahren nach der Gründung eines Unternehmens nicht erzwungen werden kann. Das BAG bejahte einen Unterrichtungsfehler, weil nicht über das Sozialplanprivileg informiert worden war. Das Gericht war – wiederum aus der Rückschauperspektive – der Ansicht, die Ausnahme des Erwerbers von der Sozialplanpflicht sei schon beim Betriebsübergang bedeutsam gewesen.[29]

Das Dogma der ausreichenden Wissensgrundlage stellte sich für das betreffende Unternehmen als echter „Fallstrick" heraus. Es führte in diesem Fall nicht nur dazu, dass über das Datum zu unterrichten war, an dem mit dem Beginn der unternehmerischen Tätigkeit das Sozialplanprivileg einsetzte.[30] Vielmehr musste der Arbeitnehmer auch über das Sozialplanprivileg als solches unterrichtet werden. Die Unterrichtung über den Betriebsübergang weitete sich hierdurch gleichsam zu einer Pflicht zu betriebsverfassungsrechtlicher Rechtsberatung aus.[31]

2. Rückwirkung des Widerspruchsrechts

Die Uferlosigkeit der Unterrichtungspflicht ist bereits für sich genommen ein Problem. Die Schwierigkeiten potenzieren sich wegen der Rechtsfolgen, die der Widerspruch in zeitlicher Hinsicht auslöst.

Schon in seiner anfänglichen Rechtsprechung war das BAG der Ansicht, dass der Widerspruch, wenn er nach dem Arbeitgeberwechsel erklärt wird, auf den Zeitpunkt des Betriebsübergangs zurückwirkt.[32] Das wurde auf die Überlegung gestützt, das Widerspruchsrecht sei ein „Rechtsfolgenverweigerungsrecht",[33] was indes mehr ein zirkelschlüssiges Schlagwort als ein

29 Insbesondere BAG NZA 2014, 610 Rn. 31; ebenso *Annuß*, in Staudinger, BGB, Neubearbeitung 2019, Rn. 288; zu den Folgen *C. Meyer*, SAE 2015, 15, 18 f.

30 Vgl. hierzu *Elking/Aszmons*, BB 2014, 2041, 2045; allg. *Annuß*, in Richardi (Hrsg.), BetrVG, 16. Aufl. 2018, § 112a Rn. 14.

31 Näher zur Kritik *Sagan*, Anm. zu BAG, AP BGB § 613a Nr. 449; *Steffan*, NZA 2016, 608, 609.

32 BAG NZA 1987, 524, 526 im Anschluss an *Seiter*, Betriebsinhaberwechsel, 1980, S. 66 und 68.

33 BAG NZA 1994, 360, 361; ebenso BAG NZA 2014, 1405 Rn. 27.

Argument in der Sache ist. Nur führte die anfängliche Rechtsprechung nicht zu nennenswerten Problemen, weil der Arbeitnehmer dem Arbeitgeberwechsel regelmäßig nur innerhalb von drei Wochen widersprechen konnte.[34] Bei einem so kurzen Zeitraum kann es zumindest praktikabel sein, einen zwischenzeitlichen Arbeitgeberwechsel im Falle eines Widerspruchs auch für die Vergangenheit rückabzuwickeln.

Nach der gesetzlichen Normierung des Widerspruchsrechts stellt sich die Situation aber grundlegend anders da. Nun beginnt die Frist für die Erklärung des Widerspruchs erst mit einer ordnungsgemäßen Unterrichtung.[35] Jeder Unterrichtungsfehler hat daher zur Folge, dass der Arbeitnehmer ohne Wahrung einer Frist, dem Übergang auf den Betriebserwerber widersprechen kann. Der Widerspruch kann folglich, und das kommt in der Praxis nicht ganz selten vor, durchaus noch Jahre nach dem Arbeitgeberwechsel erklärt werden.[36] Auch nach der Normierung des Widerspruchsrechts hat das BAG jedoch daran festgehalten, dass der Widerspruch, wenn er nach dem Betriebsübergang erklärt wird, auf den Zeitpunkt des Arbeitgeberwechsels zurückwirkt.[37]

Hieran hat sich im Schrifttum bereits berechtigte Kritik entzündet.[38] Ich beschränke mich auf den Einwand, dass die Ausübung eines Gestaltungsrechts nach den allgemeinen Regeln der Rechtsgeschäftslehre grundsätzlich nur in die Zukunft wirkt. § 130 Abs. 1 S. 1 BGB bestimmt, dass eine empfangsbedürftige Willenserklärung erst mit ihrem Zugang wirksam wird.[39] Die rückwirkende Umgestaltung der Rechtslage durch einseitige Gestaltungserklärung ist eine Ausnahme, die einer gesetzlichen Rechtsgrundlage bedarf. Für den Widerspruch bei einem Betriebsübergang ist eine solche Rechtsgrundlage nicht ersichtlich.[40]

34 BAG NZA 1998, 750, 751.

35 Statt vieler nur BAG NZA 2019, 1279 Rn. 44 m.w.N.

36 So etwa in BAG NZA 2018, 168.

37 Dezidiert BAG NZA 2006, 1268 Rn. 41 m.w.N.; best. BAG NZA 2010, 1295 Rn. 32.

38 *Rieble*, NZA 2004, 1; ferner Staudinger/*Annuß* (Fn. 29), § 613a Rn. 322 ff.; diff. *Willemsen*, NJW 2007, 2065, 2072 f.

39 Näher *Fröde*, Willenserklärung, Rechtsgeschäft und Geschäftsfähigkeit, 2012, S. 80 ff. und 94.

40 S. auch Lutter/*Sagan* (Fn. 24), § 324 Rn. 63.

3. Verwirkung des Widerspruchsrechts

Wurde die Widerspruchsfrist wegen eines Unterrichtungsfehlers nicht ausgelöst, unterliegt das Widerspruchsrecht allein der zeitlichen Grenze der Verwirkung als einem Anwendungsfall der unzulässigen Rechtsausübung (§ 242 BGB).[41] Verwirkung tritt im Allgemeinen ein, wenn sich der Schuldner wegen der Untätigkeit des Gläubigers über einen gewissen Zeitraum darauf einrichten durfte und auch darauf eingerichtet hat, der Gläubiger werde sein Recht nicht mehr geltend machen.[42] Dementsprechend verwirkt der Arbeitnehmer sein Widerspruchsrecht, wenn er einen Vertrauenstatbestand schafft, der die am Betriebsübergang beteiligten Arbeitgeber darauf vertrauen lässt, er werde sein Widerspruchsrecht nicht mehr ausüben.[43] Dies ist anhand einer Würdigung aller Umstände des Einzelfalles zu entscheiden.

Im Hinblick auf die Vorgabe einer umfassenden Einzelfallwürdigung hat das BAG jedoch zwei problematische Einschränkungen gemacht. Nach seiner anfänglichen Rechtsprechung sollten nur „besondere Verhaltensweisen" des Arbeitnehmers zu einer Verwirkung des Widerspruchsrechts führen.[44] Erforderlich sei, so das BAG, dass der Arbeitnehmer über den Bestand des Arbeitsverhältnisses disponiere.[45] Deswegen sollte insbesondere die bloße Fortsetzung des Arbeitsverhältnisses beim Betriebserwerber nicht zur Verwirkung des Widerspruchsrechts führen.[46] Auf diese Weise fügte die Rechtsprechung eine sachfremde „Erheblichkeitsschwelle" in den Tatbestand der Verwirkung ein. Sie führte dazu, dass das Widerspruchsrecht nicht verwirken konnte, solange der Arbeitnehmer, etwa mit dem Abschluss eines Aufhebungsvertrages, nicht über den Bestand des Arbeitsverhältnisses disponierte.

Darüber hinaus hat das BAG die Schutzwürdigkeit der am Betriebsübergang beteiligten Arbeitgeber ausgeblendet. Es machte die Verwirkung allein vom Verhalten des Arbeitnehmers abhängig. Das Gewicht des Unterrichtungsfehlers blieb hingegen unberücksichtigt. Dabei ist genau das eine

41 Zusf. BAG NZA 2018, 933 Rz. 71 f.
42 Vgl. BGH NJW 2016, 3512 Rn. 37.
43 Näher *Sagan*, ZIP 2011, 1641, 1647.
44 BAG NZA 2007, 793 Rn. 44.
45 BAG NZA 2010, 393 Rn. 44; BAG NZA 2010, 761 Rn. 29.
46 BAG NZA 2010, 89 Rn. 50.

entscheidende Größe, wenn man ermitteln möchte, ob die Arbeitgeber sich darauf verlassen durften, der Arbeitnehmer werde sein Widerspruchsrecht nicht mehr ausüben.[47] Es macht ersichtlich einen Unterschied, ob das Unterrichtungsschreiben eine „lässliche Sünde", etwa einen Schreibfehler, enthält, oder der Arbeitnehmer im denkbar schlimmsten Fall etwa absichtlich über die Rechtslage getäuscht werden sollte. Diese Differenzierung spiegelt sich in der Rechtsprechung zur Verwirkung aber nicht wider. Mit dem Begriffsapparat des BAG lassen sich die harmlosen von den heiklen Fällen nicht unterscheiden.

4. Reaktionen

Im Schrifttum hat die Rechtsprechung insbesondere aus den Kreisen unternehmensberatender Rechtsanwälte deutliche Kritik erfahren.[48] *Björn Gaul* resümierte im Jahr 2015, eine fehlerfreie Unterrichtung zu formulieren, sei „nahezu unmöglich".[49] Freilich bemüht sich die Praxis darum, der Rechtsprechung des BAG gerecht zu werden. Verständlicherweise wird versucht, jeden auch nur kleinsten Fehler zu vermeiden. Die typischen Unterrichtungsschreiben sind infolgedessen ausgesprochen ausführlich, nicht selten ein Dutzend Seiten lang und *lege artis* in dem Bemühen um äußerste juristische Perfektion abgefasst. Für die meisten Arbeitnehmer dürften sie im Wesentlichen unverständlich sein.

Lassen Sie mich die Probleme mit einem aktuellen „Fallstrick" illustrieren. Ein in Unterrichtungsschreiben häufig problematischer Gesichtspunkt ist die Haftung der am Betriebsübergang beteiligten Arbeitgeber.[50] Besonders diffizil ist die Darstellung dieses Gesichtspunktes, wenn sich der Betriebsveräußerer in der Insolvenz befindet. In diesem Fall soll der Betriebserwerber – nach der bisherigen Rechtsprechung des BAG – ausnahmsweise nicht für Ansprüche haften, die bereits bei der Eröffnung des

47 Hierzu *Grau*, RdA 2005, 367, 369; ErfK/*Preis* (Fn. 23), § 613a BGB Rn. 101; *Sagan*, ZIP 2011, 1641, 1649.

48 *Dzida*, NZA 2009, 641, 643 f.; *Leßmann*, DB 2011, 2378; *Lingemann*, NZA 2012, 546; *Löw*, BB 2011, 1791.

49 RdA 2015, 206, 208.

50 Zu einer ordnungsgemäßen Unterrichtung über die Haftung beim Betriebsübergang s. BAG, AP BGB § 613a Unterrichtung Nr. 15 Rn. 34 ff.; allg. *Fuhlrott*, FA 2012, 231.

Insolvenzverfahrens entstanden waren.[51] In zwei Fällen, die beide die betriebliche Altersversorgung betreffen, hat nun das BAG dem EuGH die Frage vorgelegt, ob die nur eingeschränkte Haftung des Betriebserwerbers mit der Betriebsübergangsrichtlinie im Einklang steht.[52] Eine Antwort des EuGH steht noch aus.

Es ist derzeit nicht absehbar, wie die Rechtsprechung hierüber künftig entscheiden wird, und das wirft die Frage auf, ob und inwieweit darüber, wenn es gegenwärtig zu einem Betriebsübergang kommt, zu unterrichten ist. Einerseits soll es genügen, wenn die Unterrichtung einen vertretbaren Rechtsstandpunkt einnimmt; andererseits soll sie sich an der höchstrichterlichen Rechtsprechung orientieren.[53] Die Rechtsprechung befindet sich nun aber, was die Haftung des Erwerbers bei einem Betriebsübergang in der Insolvenz des Veräußerers betrifft, möglicherweise im Umbruch. Unterrichtet man allein auf der Grundlage der bisherigen Rechtsprechung, handelt man sich womöglich in ferner Zukunft den Vorwurf ein, fehlerhaft unterrichtet zu haben. Einstweilen kann man diesem Vorwurf allenfalls mit einem Hinweis darauf vorbeugen, dass sich die in der Rechtsprechung anerkannten Grundsätze zur Haftung beim Betriebserwerb in der Insolvenz des Veräußerers gegebenenfalls ändern könnten.[54]

IV. Aktuelle Rechtsprechungsentwicklung

Aktuelle Entscheidungen des BAG zeigen eine im Vergleich zu seiner vormaligen Rechtsprechungslinie gegenläufige Tendenz. In seinen jüngeren Entscheidungen scheint sich das BAG darum zu bemühen, die Anforderungen an die Unterrichtung bzw. die rechtlichen Konsequenzen von Unterrichtungsfehlern einzugrenzen.

51 BAG NJW 1980, 1124, 1125.
52 BAGE 163, 356; BAGE 164, 1.
53 BAG NZA 2007, 682 Rn. 37.
54 Ähnl. *Polloczek/Rein*, NZI 2019, 65.

1. „Heilung" einer anfänglich fehlerhaften Unterrichtung

Der erste Fall, die Heilung einer anfänglich fehlerhaften Unterrichtung, bezieht sich auf das Sozialplanprivileg, von dem bereits die Rede war.[55] Das BAG steht, wie ich schon ausgeführt habe, auf dem Standpunkt, der Arbeitnehmer sei darüber zu unterrichten, wenn für den Betriebserwerber das Sozialplanprivileg gilt.

Im Jahr 2016 hatte das BAG über einen Fall zu entscheiden, in dem diese Information fehlte. Folgerichtig wäre die Unterrichtung an sich fehlerhaft gewesen.[56] Der Arbeitnehmer hatte in diesem Fall dem Übergang seines Arbeitsverhältnisses jedoch zu einem Zeitpunkt widersprochen, in dem das Sozialplanprivileg für den Erwerber schon nicht mehr galt; der Zeitraum von vier Jahren war abgelaufen. Deswegen stellte sich die Frage, ob der Arbeitnehmer dem Wechsel zum Betriebserwerber gleichwohl wegen des ursprünglichen Unterrichtungsfehlers noch widersprechen konnte.

Das ist m.E. zu verneinen. Der Arbeitnehmer hatte sein Widerspruchsrecht jedenfalls verwirkt. Der Unterrichtungsfehler war zwischenzeitlich bedeutungslos geworden und war deswegen von verschwindend geringem Gewicht. Der Umstand, dass das Arbeitsverhältnis beim Erwerber für mehr als eine nur unerhebliche Zeitdauer fortgesetzt worden ist, hätte deswegen nach dem Auslaufen des Sozialplanprivilegs für die Verwirkung des Widerspruchsrechts genügt. Nach diesem Zeitpunkt war die Erklärung des Widerspruchs die missbräuchliche Ausübung einer nur formalen Rechtsposition.

Diese Argumentation stand dem BAG aber auf der Grundlage seiner bisherigen Rechtsprechung nicht offen, da es im Rahmen der Verwirkungsprüfung die Schwere des Unterrichtungsfehlers nicht würdigt. Das Gericht hat einen anderen Weg gewählt. Es meint, die fehlende Unterrichtung über das Sozialplanprivileg sei durch Zeitablauf „kraft Gesetzes geheilt"[57] worden.

Wenngleich ich das Ergebnis teile, vermag ich mich der Begründung nicht anzuschließen. Die Heilung bedarf einer gesetzlichen Rechtsgrundlage,

55 S. oben III.1.b.
56 BAG NZA 2017, 783.
57 BAG NZA 2017, 783 Rn. 39; zust. *Grau/Schaut*, NJW 2018, 216, 218 f.

wie sie sich beispielsweise für die Heilung formunwirksamer Grundstückskaufverträge in § 311b Abs. 1 S. 2 BGB findet. Für die fehlerhafte Unterrichtung über einen Betriebsübergang ist eine solche Rechtsgrundlage nicht ersichtlich. Das BAG hat eine solche Rechtsgrundlage nur behauptet, aber keine einschlägige Norm genannt.

Ferner betrifft die Heilung die Wirksamkeit einer Willenserklärung. Heilung bedeutet, dass eine anfänglich unwirksame Willenserklärung aufgrund späterer Umstände nachträglich wirksam wird. Die Unterrichtung über den Betriebsübergang ist jedoch keine Willens-, sondern eine bloße Wissenserklärung.[58] Der Arbeitgeber gibt sie nicht mit der Absicht ab, die Rechtslage zu gestalten. Er möchte lediglich seine Leistungspflicht erfüllen, die sich aus dem Gesetz ergibt. Die Unterrichtung kann deswegen zwar fehlerhaft, aber nicht „unwirksam" sein.[59] Die fehlerhafte Unterrichtung ist nicht unwirksam, sondern erfüllt die Unterrichtungspflicht nicht. Das ist keine Frage der Wirksamkeit, sondern der schuldrechtlichen Erfüllung im Sinne des § 362 BGB. Die Fehlerhaftigkeit der Unterrichtung ist infolgedessen kein Wirksamkeitshindernis, das kraft Gesetzes geheilt werden könnte, sondern eine Leistungsstörung, die einer Heilung von Gesetzes wegen nicht zugänglich ist. Zeitablauf ist kein Erfüllungssurrogat.

2. Mehrfacher Betriebsübergang

Die zweite Fallgruppe betrifft zwei aufeinanderfolgende Betriebsübergänge. Es geht um Fälle, in denen ein Arbeitnehmer aufgrund von zwei Betriebsübergängen bei insgesamt drei Arbeitgebern tätig ist. Der Klarheit halber werde ich die beteiligten Arbeitgeber im Folgenden numerisch mit erster, zweiter und dritter Arbeitgeber bezeichnen.

a) „Bisheriger" Arbeitgeber

Eine erste Entscheidung des BAG zu dieser Fallgruppe stammt aus dem Jahr 2014.[60] In dem zu entscheidenden Fall war es zu zwei Betriebsüber-

58 BAG, AP BGB § 613a Unterrichtung Nr. 15 Rn. 52; Staudinger/*Annuß* (Fn. 29), § 613a Rn. 273.
59 So aber *Annuß*, NZA 2017, 976, 977 f.
60 BAG NZA 2014, 1074.

gängen gekommen. Nachdem der dritte Arbeitgeber insolvent wurde, erklärte der Arbeitnehmer den Widerspruch gegen den Übergang vom ersten auf den zweiten Arbeitgeber. Der Arbeitnehmer machte mithin nicht Rückkehr zum zweiten, sondern zum ersten Arbeitgeber geltend.

Das hat das BAG im Ergebnis abgelehnt, bemühte hierfür aber eine gekünstelte Wortlautauslegung. Nach dem Gesetz kann der Widerspruch gegenüber dem bisherigen oder dem neuen Arbeitgeber erklärt werden (§ 613a Abs. 6 S. 2 BGB). Das BAG meinte, nach dem zweiten Betriebsübergang sei in diesem Sinne nur der zweite Arbeitgeber der bisherige Arbeitgeber.[61] Mit dem zweiten Betriebsübergang verliere der erste Arbeitgeber seine Eigenschaft als „bisheriger Arbeitgeber". Ihm gegenüber könne der Widerspruch nicht mehr erklärt werden. Dem Arbeitnehmer bleibe allenfalls die Möglichkeit, erst dem zweiten und sodann dem ersten Übergang seines Arbeitsverhältnisses zu widersprechen.[62] Das müsste jedoch wohl voraussetzen, dass keines der beiden Widerspruchsrechte verfristet bzw. verwirkt ist.

Die Begründung des BAG ist letztlich nicht überzeugend. Mit dem ersten Betriebsübergang entsteht ein Widerspruchsrecht des Arbeitnehmers. In Ansehung dieses Übergangs ist der erste Arbeitgeber der „bisherige" Arbeitgeber, so dass ihm gegenüber der Widerspruch erklärt werden kann. An diesem Ergebnis kann ein darauffolgender, weiterer Betriebsübergang nichts ändern.[63] Das BAG wendet ferner ein, der Übergang von dem zweiten auf den dritten Arbeitgeber sei zwingendes Recht.[64] Das ist richtig, verfängt aber nicht, denn auch das Recht des Arbeitnehmers, dem ersten Übergang zu widersprechen, ist zwingendes Recht.

Im Übrigen fügt sich die Entscheidung des BAG nicht in seine Dogmatik zur Rückwirkung des Widerspruchs ein. Folgt man der Rechtsprechung in diesem Punkt, müsste der Widerspruch gegen den ersten Übergang dazu führen, dass das Arbeitsverhältnis mit Wirkung für die Vergangenheit auf den ersten Arbeitgeber zurückfällt. Dann wäre es für dieses Arbeitsverhältnis niemals zu einem zweiten Übergang gekommen. Wirkt der Widerspruch in die Vergangenheit zurück, ist es widersprüchlich, den Arbeit-

61 BAG NZA 2014, 1074 Rn. 17.
62 BAG NZA 2016, 647 Rn. 25; offen gelassen in BAG NZA 2014, 1074 Rn. 21.
63 So auch ErfK/*Preis* (Fn. 23), § 613a BGB Rn. 99.
64 So nun BAG NZA 2016, 647 Rn. 24.

nehmer darauf zu verweisen, den Übergängen seines Arbeitsverhältnisses in umgekehrter zeitlicher Reihenfolge zu widersprechen. Dieses Ergebnis stellt sich zwanglos nur dann ein, wenn man die Wirkung des Widerspruchs auf die Zukunft begrenzt. Unter dieser Prämisse entzieht der Widerspruch gegen den ersten Übergang den darauffolgenden weiteren Übergängen nicht automatisch rückwirkend die Grundlage.

b) Grundlegende Informationen

In einer Folgeentscheidung hat das BAG seine Rechtsprechung zum mehrfachen Betriebsübergang fortentwickelt.[65] Es hat die Rechtsfigur der sog. grundlegenden Informationen eingeführt. Zu diesen grundlegenden Informationen zählt das Gericht die zumindest textförmige Unterrichtung über drei Gesichtspunkte:

1. den Zeitpunkt oder den geplanten Zeitpunkt des Betriebsübergangs,
2. den Gegenstand des Betriebsübergangs und
3. den Betriebsübernehmer.[66]

Der Rechtsprechung zufolge soll das Widerspruchsrecht im Einzelnen offenbar unter den folgenden Voraussetzungen erlöschen:

1. Der Arbeitnehmer hat bei einem ersten Betriebsübergang die grundlegenden Informationen erhalten.
2. Diesem Übergang seines Arbeitsverhältnisses hat der Arbeitnehmer nicht innerhalb eines Monats widersprochen.
3. Es folgt ein zweiter Betriebsübergang, zu dem der Arbeitnehmer wiederum die grundlegenden Informationen erhalten hat.

Unter diesen drei kumulativ zu erfüllenden Voraussetzungen erlösche, so das BAG, das Recht des Arbeitnehmers, dem ersten Übergang seines Arbeitsverhältnisses zu widersprechen.[67] Das gelte, wie das Gericht betont, unabhängig davon, ob der Arbeitnehmer ordnungsgemäß unterrichtet worden sei.[68] Die Unterrichtungspflicht wird in diesem Fall mithin erheblich eingeschränkt. Von dem umfangreichen Katalog der gesetzlichen Un-

65 BAG NZA 2016, 647.
66 BAG NZA 2016, 647 Rn. 15.
67 BAG NZA 2016, 647 Rn. 26.
68 BAG NZA 2016, 647 Rn. 26.

terrichtungspflicht bleiben nur noch die von der Rechtsprechung als grundlegend bezeichneten Informationen übrig.

Das ist eine durchaus radikale Fortentwicklung der Rechtsprechung. Weder für die Beschränkung der Unterrichtungspflicht auf grundlegende Informationen, die das BAG in der Methode wie ein gesetzliches Tatbestandsmerkmal behandelt, noch für das Erlöschen des Widerspruchsrechts besteht eine gesetzliche Rechtsgrundlage. Zumindest zweifelhaft, wenn nicht gar widersprüchlich ist es, wenn sich das BAG in diesem Zusammenhang darauf beruft, für die am Betriebsübergang beteiligten Arbeitgeber müsse Planungssicherheit bestehen und der gesetzlichen Widerspruchsfrist sei eine Befriedungsfunktion immanent.[69] Ich erlaube mir daran zu erinnern, dass es die Rechtsprechung des BAG selbst gewesen ist, die die Unterrichtungspflichten massiv ausgeweitet und zugleich dafür gesorgt hat, dass bei einem Unterrichtungsfehler bis zu einer Disposition des Arbeitnehmers über den Bestand seines Arbeitsverhältnisses keine Rechtssicherheit eintreten kann.

Nun beklagt die Rechtsprechung fehlende Planungssicherheit, hält aber – und zwar auch im Fall des mehrfachen Betriebsübergangs – am Dogma der ausreichenden Wissensgrundlage fest,[70] dabei dürfte vor allem dieses Dogma für die „Planungsunsicherheiten" bei der Unterrichtung über den Betriebsübergang verantwortlich sein. Freilich wäre die Herstellung von Rechtssicherheit zu begrüßen, doch bedürfte es dafür nicht einer Einschränkung der Unterrichtung beim mehrfachen Betriebsübergang, sondern einer Abkehr vom Dogma der ausreichenden Wissensgrundlage.

Es ist paradox, dass die Unterrichtungspflicht gerade im Fall mehrfacher Betriebsübergänge eingeschränkt wird. Es ist widersprüchlich, wenn bei einem einzelnen Betriebsübergang über die Eigentumsverhältnisse am Betriebsgrundstück unterrichtet werden muss,[71] bei mehrfachen Betriebsübergängen hingegen im Grunde die rudimentäre Unterrichtung darüber genügt, dass es überhaupt zu einem Arbeitgeberwechsel gekommen ist. So verständlich die Bemühungen des BAG um eine Restriktion der eigenen Rechtsprechung auch sind, der mehrfache Betriebsübergang ist eine dafür

69 BAG NZA 2016, 647 Rn. 20 und 28.
70 BAG NZA 2016, 647 Rn. 27 und 29.
71 S. oben III.1.a.

denkbar ungünstige Fallgruppe. Mehr Betriebsübergänge können nicht zu weniger Unterrichtung führen.[72]

c) Gestaltungsoptionen

Die Praxis mag erwägen, ob ihr die jüngere Rechtsprechung neue Gestaltungsoptionen eröffnet. Für die Formulierung von Unterrichtungsschreiben folgt jedenfalls, dass nunmehr über Gegenstände erster und zweiter Klasse zu unterrichten ist. Sind die Angaben dazu, welcher Betrieb wann an wen übertragen wurde, richtig, kann das Widerspruchsrecht auch dann erlöschen, wenn die Unterrichtung im Übrigen fehlerhaft ist. Es scheint empfehlenswert, jedes Unterrichtungsschreiben künftig mit der Angabe der „grundlegenden Informationen“ einzuleiten und an dieser Stelle nun in der Tat noch den kleinsten Fehler zu vermeiden.[73]

Eine andere Frage ist, ob das Risiko eines Unterrichtungsfehlers bei künftigen Transaktionen durch einen Zwischenerwerb gemindert werden könnte. Immerhin könnte ein zweiter Betriebsübergang dazu eingesetzt werden, das Risiko einer Rückkehr des Arbeitnehmers zum ersten Arbeitgeber zu mindern. Das allerdings scheint mir letztlich keine brauchbare Überlegung zu sein. Die Rechtsprechung hat den Katalog der grundlegenden Informationen ohne gesetzliche Grundlage entwickelt und kann ihn in künftigen Fällen jederzeit ändern, insbesondere auch erweitern oder Ausnahmen hinzufügen.[74] Das ist im Einzelfall bereits geschehen.[75] Insofern erscheint mir die Rechtsprechung zum mehrfachen Betriebsübergang nicht hinreichend belastbar zu sein.

3. Langjährige Weiterarbeit beim Erwerber

Zuletzt hat das BAG mit einer Entscheidung aus dem Jahr 2017 eine weitreichende Rechtsprechungsänderung vorgenommen.[76] Bis zu dieser Entscheidung sollte das Widerspruchsrecht des Arbeitnehmers bei einem Un-

72 Treffend ErfK/*Preis* (Fn. 23), § 613a BGB Rn. 99.
73 Ebenso *Lingemann*/*Chakrabarti*, Anm. zu BAG, AP BGB § 613a Nr. 471.
74 Lutter/*Sagan* (Fn. 24), § 324 Rn. 67.
75 Dazu sogleich unter IV.3.
76 BAG, NZA 2018, 168.

terrichtungsfehler nur verwirken, wenn er über den Bestand seines Arbeitsverhältnisses disponiert hatte.[77] Stets hatte die Rechtsprechung betont, die widerspruchlose Fortsetzung des Arbeitsverhältnisses beim Betriebserwerber könne nicht zur Verwirkung des Widerspruchsrechts führen.

In einer jüngeren Entscheidung meinte das BAG, an dieser Rechtsprechung festhalten zu wollen.[78] Bei Lichte betrachtet, hat es seine Rechtsprechung in diesem Punkt aber grundlegend geändert.[79] Das BAG ist nunmehr der Auffassung, dass das Widerspruchsrecht regelmäßig verwirkt, wenn das Arbeitsverhältnis über die Dauer von sieben Jahren beim Betriebserwerber fortgeführt wird.[80] Bei der Bemessung dieses Zeitraums hat sich das Gericht an einer Mittellösung zwischen der regelmäßigen Verjährungsfrist von drei Jahren (§ 195 BGB) und der zehnjährigen Frist orientiert, die für die Anfechtung einer Willenserklärung wegen eines Irrtums gilt (§ 121 Abs. 2 BGB).[81] Die Verwirkung soll jedoch nur eintreten, wenn der Arbeitnehmer zumindest in Textform die grundlegenden Informationen über den Betriebsübergang erhalten hat und darüber hinaus auch über sein Widerspruchsrecht belehrt worden ist.[82]

Mit dem Topos der grundlegenden Informationen greift das Gericht seine Rechtsprechung zum mehrfachen Betriebsübergang auf. Darunter versteht es auch hier die Mitteilung, welcher Betrieb zu welchem Zeitpunkt auf welchen Erwerber übergeht. Zugleich hat es jedoch den Katalog grundlegender Informationen der Sache nach ergänzt, weil es nunmehr auch verlangt, dass der Arbeitnehmer über sein Widerspruchsrecht belehrt wurde. Letztlich gehört daher auch dieser Gesichtspunkt zu den grundlegenden Informationen. Offen ist lediglich, ob dies allein für die widerspruchslose Fortsetzung des Arbeitsverhältnisses beim Betriebserwerber oder darüber hinaus auch für die Fallgruppe des mehrfachen Betriebsübergangs gelten soll.

77 S. dazu oben III.3.
78 BAG, NZA 2018, 168 Rn. 25.
79 Ähnl. *C. Meyer*, SAE 2018, 18, 20 („Neujustierung“); s. auch Staudinger/*Annuß* (Fn. 29), § 613a Rn. 313 (faktische Höchstfrist für die Verwirkung von sieben Jahren).
80 BAG, NZA 2018, 168 Rn. 26 f.
81 BAG, NZA 2018, 168 Rn. 28 ff.
82 BAG, NZA 2018, 168 Rn. 30.

Insgesamt ist die Entscheidung des BAG, nach der das Widerspruchsrecht regelmäßig nach sieben Jahren verwirkt, in der Tendenz zu begrüßen. Wenngleich nur recht lose, wird damit doch ein Zusammenhang zwischen dem Unterrichtungsfehler und der Verwirkung des Widerspruchsrechts hergestellt. Aus der Rechtsprechung ergibt sich nämlich auch der Umkehrschluss, dass bei einer fehlerhaften Unterrichtung über einen grundlegenden Gesichtspunkt auch die siebenjährige Tätigkeit beim Erwerber nicht zur Verwirkung des Widerspruchsrechts führt. In diesem mittelbaren Sinne ist die Rechtsprechung dazu übergangen, die Anforderungen an die Verwirkung vom Gewicht des Unterrichtungsfehlers abhängig zu machen.

Das ist ein Schritt in die richtige Richtung, bleibt allerdings recht pauschal. Man denke etwa an eine bewusste Täuschung des Arbeitnehmers über seine Ansprüche aus der betrieblichen Altersversorgung. In diesem Fall sollte eine Unterrichtung über die grundlegenden Informationen auch dann nicht zur Verwirkung des Widerspruchsrechts führen, wenn der Arbeitnehmer mehr als sieben Jahre beim Erwerber tätig war. Es bleibt daher vorzugswürdig, die Schwere des Unterrichtungsfehlers konkret und unmittelbar im jeweiligen Einzelfall mit dem Vertrauenstatbestand abzuwägen, den der Arbeitnehmer gesetzt hat.

V. Fazit

Schaut man sich die derzeitige Rechtsprechung des BAG zur Unterrichtung und zum Widerspruch beim Betriebsübergang an, dann ergibt sich das folgende Bild:

Den notwendigen Inhalt der Unterrichtung fasst die Rechtsprechung denkbar weit. Der Grund hierfür ist in erster Linie das Dogma der ausreichenden Wissensgrundlage, d.h. die Vorstellung, die Unterrichtung solle dem Arbeitnehmer eine ausreichende Wissensgrundlage für die Ausübung des Widerspruchsrechts vermitteln. Der Verwirkungstatbestand wird im Gegensatz dazu denkbar eng geführt. Die Schwere des Unterrichtungsfehlers wird regelmäßig nicht in den Blick genommen und auch von dem Erfordernis einer arbeitnehmerseitigen Disposition über den Bestand des Arbeitsverhältnisses ist die Rechtsprechung bislang weder ausdrücklich noch allgemeingültig abgerückt.

Auf der anderen Seite behauptet die Rechtsprechung eine angebliche Heilung von Unterrichtungsfehlern und senkt die Unterrichtungspflichten beim mehrfachen Betriebsübergang auf ein Minimum ab. Das gilt ebenso ab einer mindestens siebenjährigen Tätigkeit beim Betriebserwerber.

Die strengen Grundsätze und die punktuellen Ausnahmen passen wertungsmäßig nicht recht zusammen. In der Zusammenschau ergibt sich der Eindruck: „Das Bild hängt schief." Der Versuch der Rechtsprechung, das Bild mit minimalinvasiven Eingriffen fallweise zu korrigieren, richtet nur noch mehr Unheil an. Das Bild hängt schief, weil das Fundament schief ist. Kosmetische Begradigungen genügen nicht. Notwendig ist eine Änderung der Rechtsprechung zu den Grundlagen der Unterrichtung und des Widerspruchs beim Betriebsübergang.

FSC
www.fsc.org
MIX
Papier | Fördert gute Waldnutzung
FSC® C083411

Kolibri 360 GmbH
Ferdinand-Jühlke-Straße 7
99095 Erfurt, Deutschland
produktsicherheit@kolibri360.de